# 바다비안

는 에 ㅎ
결 젖 는
코 지 다

지금 힘든 당신을 위한 위로와 격려의 성공심리학

바다는 결코 비에 젖지 않는다

초 판 1쇄  2020년 06월 17일

지은이 김용전
펴낸이 류종렬

펴낸곳 미다스북스
총괄실장 명상완
책임편집 이다경
책임진행 박새연 김가영 신은서
본문교정 최은혜 강윤희 정은희 정필례

등록 2001년 3월 21일 제2001-000040호
주소 서울시 마포구 양화로 133 서교타워 711호
전화 02) 322-7802~3
팩스 02) 6007-1845
블로그 http://blog.naver.com/midasbooks
전자주소 midasbooks@hanmail.net
페이스북 https://www.facebook.com/midasbooks425

© 김용전, 미다스북스 2020, *Printed in Korea*.

ISBN 978-89-6637-801-2 03190

값 17,500원

미다스북스는 다음세대에게 필요한 지혜와 교양을 생각합니다.

지금 힘든 당신을 위한 위로와 격려의 성공심리학

# 바다비안

는　에　ㅎ
결　젖　는
코　지　다

김용전 지음

미다스북스

# '토사모'를 아시나요?

5년 전 다섯 번째 책 집필을 마치고 모처럼 쉬고 있던 어느 날, 집 전화가 요란하게 울렸다.

"김용전 작가님 맞으시죠? 휴대폰을 안 받으셔서, 할 수 없이 집 전화로 했습니다. 저는 토사모 회장 김종률이라고 합니다."

토사모? '토끼를 사랑하는 사람들의 모임'인가? 별 단체도 다 있군. 하긴 '전두환을 사랑하는 사람들의 모임'도 있으니까. 그러나 아니었다.

"아, 토사모요? 토사구팽 당한 사람들의 모임입니다."
"네?"

하마터면 크게 웃을 뻔했다. 내 귀를 의심했다. 잘못 들은 건 아니겠지? '토사구팽 당한 사람들의 모임'이라니? 토사구팽 당한 게 무슨 자랑이라고 모임까지 만드나? 그리고 그런 모임의 회장이 왜 나를 찾나?

"아, 저희는 등산모임인데요, 작가님이 하시는 상담 방송을 듣고 전화한 겁니다. 강의를 부탁드리려고 하는데요, 다음 주 수요일 강의가 가능하신가요?"

마침 일정은 비어 있었다. 그러나 등산모임에서 성공학 강의라니, 망설였지만 모임 회장은 아주 간곡했다.

"와보시면 알 겁니다. 꼭 부탁드립니다."

그렇게 해서 그 이름도 희한한 '토사모' 모임에서 질의응답식 강의를 하게 되었는데 솔직히 처음에는 큰 기대를 하지 않았다. 그저 '막걸리 마시고 우스갯소리나 하겠지.' 했는데 그게 아니었다. 진지하고 안타까운 사례 발표가 많았고 나는 나름대로 성의껏 답해줬다. 그러다가 그날 마지막 타자로 나온 회원이 다음 이야기를 발표했는데 그때의 경악을 지금도 잊지 못한다.

K는 대학을 다니지 않고도 동대문 의류 시장에서 알아주는 패션 디자이너였다. 그런데 디자인 실력은 뛰어났으나 성격이 좀 특이하고 우직하며 모난 데가 있었다. 유난히 불의를 보면 못 참았고, 특히 거짓말을 아주 싫어했다. 아무리 친한 사이라도 어쩌다 거짓말을 하게 되면 그날로 끝이었다. 어쨌든 그런 강골 성격에도 그의 실력을 알아주는 양재학원 선배를 만나 동대문 시장에서 그 선배가 하는 작은 패션 회사인 ㈜니트로에서 일하게 되었다. 그가 능력을 맘껏 발휘해서 좋은 옷을 만든 덕에

회사는 10여 년 무섭게 성장해서 어느덧 중견기업을 목전에 두게 되었으며 그도 30대에 이사를 달며 니트로의 생산 총책임자가 되었다.

그렇게 나름 잘나가던 K의 직장생활에 사건이 하나 터지면서 일대 변화가 일어났다. 그것은 한 영업사원이 중견기업의 연수원 단체복 주문을 받아내면서 벌어진 일로, 매월 500벌 이상의 고정 납품처가 생기는 터라 K는 로고의 배치나 원단, 색상 등을 기존 단체복과는 완전히 다르게 잘 만들었다. 그리고 그 결과 호평을 받으면서 주문을 따내게 되었다. 그렇게 일이 순조롭게 풀려서 몇 달 납품을 잘하고 있을 때 K에게 한 가지 소문이 들려왔다. 그것은 바로 최초 제시한 원단이 아니라 그보다 낮은 질의 원단을 사용해서 연수복을 제작 납품하고 있다는 것이었다. 그는 즉각 소문의 진위 확인에 들어갔는데 그 말은 사실이었다. 그동안 너무 바쁜 탓에 직접 검수를 하지 않았던 게 화근이었다. 생산의 총책임자인 자신을 빼고 공장장이 그런 식으로 옷을 만들고 있었다니, K는 참을 수 없었다. 그의 성격상 몰랐으면 모를까 알고 난 이상 그냥 둘 수 없었다. 그는 바로 공장장에게 쳐들어갔다.

"공장장님, 나 좀 봅시다. 아니, 이게 어찌 된 일입니까? 제가 만들어서 드린 옷이 원래 스펙대로 가지 않고 다른 원단으로 제작되어서 납품되고 있다는데 정말입니까?"

처음에는 당황한 공장장이 딱 잡아떼었으나 K가 여러 증거를 들이대면서 강하게 밀어붙이자 이렇게 털어놓으며 회사 핑계를 댔다.

"아니, 그게 나 혼자 좋자고 한 일인가. 다 회사 좋으라고 한 일이요."

"회사 좋은 일이라고요? 그게 어떻게 회사에 좋은 일이 됩니까? 이 사실이 알려지면 우리 회사 신용도는 먹칠당하고 그간 납품한 옷에 대해서 손해배상까지 물게 될 텐데 말입니다."

"아이고, 이사님은 너무 정직한 그 성품이 문제예요. 그 사실은 그 회사에 알려질 리도 없고 실제로 지금까지 아무 문제도 없잖아요. 그리고 그 옷을 조금 싼 원단으로 만들었다고 해서 연수가 제대로 안 된답니까? 어차피 그 사람들도 연수 기간에 한 번 입고 버린다는데…."

"아니, 공장장님 그렇게 안 봤는데, 왜 이러십니까? 이건 소탐대실입니다. 니트로 이미지에 치명적인 거예요. 명백한 해사 행위입니다."

"아이고, 이미지는 무슨 얼어 죽을… 아, 우리가 무슨 유명 메이커요? 당신이나 이미지 관리 잘하쇼. 공연히 그렇게 해봐야 당신만 손해야!"

"정말 보자 보자 하니까, 이대로는 안 되겠어요. 사장실로 갑시다. 공장장님 이대로 두었다가는 회사 망하게 생겼어요."

그렇게 해서 K는 공장장을 멱살잡이하다시피 해서 끌고 사장실로 향했는데 의기양양하게 들어선 사장실에서 뜻밖의 상황에 맞닥뜨리게 되었다.

"강 이사, 거 좀 살살 이야기해요. 직원들 다 듣겠어. 당신이 하는 이야기는 다 알겠는데 그거 내가 시킨 일이요. 그쪽 연수담당 이사가 내가 잘 아는 친구요. 그 친구가 먼저 제안해서… 옷을 너무 좋게 만든다고… 교육 기간 중 한 번 입고 각자한테 줘버리는 거니까 소모품 개념으로 보고 서로 좋은 게 좋은 거로 가자고 해서 그리 된 거요. 그쪽에도 합당한 인사치례를 다 하고 있으니까 절대 그쪽 검수에서는 문제 될 일이 없어요. 누이 좋고 매부 좋은 일이니까. 자, 당신은 그렇게 알고 가서 당신 일이나 열심히 해요. 알았지요?"

그 말에 '알았다'고만 하면 될 일이었다. 그러나 K는 오히려 반대로 한 발 더 나갔다.

"아니, 공장장님만 거짓으로 옷 만드는 줄 알았더니 사장님까지 이러십니까? 그렇게 원단이 고급일 필요가 없는 옷이면 그럼 애초부터 비용을 싸게 잡던지요. 좋은 연수복이 필요하다 해놓고, 이건 사기 아닙니까? 저는 한 번 입고 버리는 옷으로 만든 게 아니고요, 그 회사 연수생들이 계속 입어서 그 회사 홍보까지 되라고 만든 겁니다. 저희가 아무리 유명한 메이커 아니라도요, 사기 치는 옷은 못 만듭니다."
"아이고, 그래요? 그 회사 홍보까지 신경 썼어? 그리고 뭐? 사기? 당신한테 월급 주는 사람이 누군데 사기래? 알 만한 사람이 이거 왜 이래? 나도 다 회사 돌리고 당신들 월급 주려고 이러는 거야! '잘한다, 잘한다' 해주니까 이제는 아주…."

상황은 급전직하 파국으로 치달았다.

"아니, 사장님 돈으로 월급 줍니까? 사장님이 옷 만듭니까? 저랑 직원들이 옷 잘 만들어서 회사 이만큼 돌아가고 사장님도 돈 벌어가는 거 아닙니까?"

"뭐? 지들이 옷을 잘 만들어서 내가 돈을 벌어? 지난번에도 그러더니 또 그 이야기야? 당신이 그렇게 잘났어?"

그걸로 끝이었다. 더 따지려 드는 K를 사장이 책상을 내리치면서 사장실에서 쫓아냈는데, 같이 따라 나오는 공장장을 사장이 불러 세웠다.

"당신은 여기 남아!"

K는 사장실 문을 쾅 걷어차고 나왔지만 발길이 떨어지지 않았다. 화가 가라앉지 않아서 주먹이 부들거리고, 다음에는 무엇을 어떻게 해야 할지 감이 잡히지 않았다. 결국, 다음 날 K는 짐을 쌌고 한참 동안 일자리를 찾지 못했다.

그 세계가 그렇게 넓은 바다이 아니라서 그의 고집스러운 정의감 소식은 바람을 타고 이 회사 저 회사로 번졌고 다들 '거, 요즘 보기 힘든 정직한 사람일세.'라고 평했지만, 대부분의 오너는 괴팍하고 다루기 힘든 반골디자이너로 치부해서 등을 돌린 것이다. 그렇게 백수가 되어 반년쯤 시간을 보내던 K는 정신적으로 힘들어하다가 급기야 우울증에 걸려서 병원을 한참 다녔다. 그리고 의사의 권유로 등산을 시작했는데 도봉산에 들렀다가 우연히 토사모를 만나 회원이 되었고, 모임에 어울리면서 병세가 호전되는가 싶더니 10번째 취업 면접에서 떨어진 다음 날 등산모임에서 술을 폭음하고 회원들이 말릴 새도 없이 도봉산의 절벽에 몸을 던져생을 마감하고 말았다.

내용이 '분노 유발적'이라 손에 땀을 쥐며 진지하게 듣고 있었는데 K가 죽었다는 대목에서 정말 깜짝 놀랐다.

"아니, 죽다니요? 그럼 발표하는 분이 당사자가 아니란 말입니까?"
"아닙니다. 저는 강 이사와 가장 친했던 사람입니다. 사실 오늘이 강 이사 죽은 지 딱 1년째 되는 날이라 저희가 일부러 작가님을 모신 겁니다."
"아니, 강 이사 기일(忌日)에 왜 하필 저를 불러서 이런 행사를 합니까?"

내가 좀 화난 기색을 보이자 김 회장이 나섰다.

"너무 불쾌하게 생각하지 마십시오. 지난주에 등산 갔다가 강 이사 이야기가 나왔는데 그냥 모여서 술이나 마시느니 차라리 그 사람에 대한 추모라도 제대로 해보자고 해서 이런저런 말들이 나오다가 우연히 작가님 방송과 『토사구팽 당하라』 책 이야기가 나왔고, 그럼 그러지 말고 한 번 모셔서 속 시원히 이야기나 들어보자고 하게 된 것입니다."
"대충 뜻은 알겠는데요, 저한테 듣고 싶은 이야기가 도대체 뭡니까?"

그러자 맨 뒤에서 한 회원이 손을 번쩍 들고 인상을 쓰며 큰소리로 외쳤다.

**"왜 정직한 사람이 당해야 합니까? 나쁜 놈은 사장인데!"**

그날 나는 그 질문에 대한 답을 정확하게 하지 못했다. 사장이 나쁜 사람인 건 확실해 보이지만, 솔직히 말하면 K에게도 문제가 많다고 느꼈기 때문이다. 그러나 당사자의 제삿날에 그에게 문제가 많다고 할 수는 없지 않은가? 대충 위로와 격려와 공분(公憤)과 '인생이 다 그런 것이다.'라는 식으로 마무리 했는데 돌아오는 차 안에서 기분이 몹시 착잡했다.

그날 이후로 그 토사모 회원이 던졌던 질문 '왜 정직한 사람이 당해야 하는가?'에 대한 생각을 많이 했는데, 그것이 이 책을 쓰게 된 동기이다. 왜냐하면 나도 그와 비슷한 일을 당했기 때문이다. 그래서 그날 이후 토사모의 등산에 자주는 아니어도 꽤 여러 번 참여해서 더 많은 경험담을 듣는 한편, 가능한 그들이 이야기하는 사례에 대해 일종의 해설이랄까, 왜 그런 일을 당하게 되었는가에 대한 내 생각을 말해주었다. 그리고 그 과정에서 자연스레 **역사에서 토사구팽으로 이름을 남긴 유명한 인물들의 이야기도 곁들여 소개하게 되었는데 토사모 회원들은 이 부분을 특히 재미있어했다.** 또 이 과정을 거치면서 토사구팽은 리더십과 깊은 관계가 있음도 깨닫게 되었다. 즉 토사모 회원들의 이야기와 생각을 듣다가, 리더십에 대한 속성을 잘 알면 불행한 토사구팽을 피할 확률이 높아진다는 사실을 깨달은 것이다. 이 책은 그렇게 토사모 회원들과의 대화에서 깨달은 내용과 더불어, 필자가 토사구팽을 당한 뒤에 어떻게 작가, 방송인, 강사로 인생 2막을 일궈 냈는지에 대한 과정을 요약해서 정리한 것이다.

이 책에서 다루는 토사모 회원의 사례는 일반인에게는 흔치 않으며, 곁들여 소개되는 유명인의 사례도 흘러간 역사 속 일들이지만, 사실 토사구팽은 타인에게만 일어나거나 저 멀리 흘러간 고사(故事) 속에만 존재하는 이야기가 아니다. 지금도 우리 주변에서 끊임없이 반복되고 있는 일상으로 반드시 정치나 경제, 큰 조직에서만 생기는 일도 아니다. 친구 사이, 부부 사이, 형제 사이, 산촌, 강촌에서도 토사구팽이 벌어진다.

물론, '토사모 회원이나 그렇지, 나는 토사구팽과 무관한 사람이다. 나는 절대 그런 일 없다.'라고 생각하는 독자도 있을 것이다. 그러나 곰곰이 생각해보면 **우리는 모두 토사모 준회원이다.** 즉, 인생을 살면서 적어도 한두 번은 고의든 아니든 누군가를 버리거나 누군가에게 버림받아서 상처를 주거나 입은 적이 있을 것이며 또 지금까지는 없더라도 앞으로 그럴 수 있다. 그러나 그런 상황에서도 우리 인생은 행복해야 한다. 바로 그 점이 필자가 이 책을 쓴 이유이다. 자, 그럼 각설하고 이제 본론으로 들어가보자.

## 목 차

## 2장 억울한 것만 따지면 이길 수 없다

# 제2부
# 현명한 리더는 두 날개로 비상(飛翔)한다

## 3장　리더를 알아야 유종의 미를 거둔다

## 4장　불행한 역사를 알면 행복한 미래가 보인다

제1부

회사에서 잘려도

행복할 수 있다

# 리더라고 다 같은 리더가 아니다

토사구팽과 리더십은 불가분의 관계다. 왜냐면 토사구팽은 리더들 사이에 일어나는 버리고 버림받는 행위, 조금 더 정확히 말하면 어떤 일이 이루어진 다음에 오너십 리더가 스태프십 리더를 버리는 행위이기 때문이다. 물론 리더가 아닌 보통 사람들의 일상에서도 누군가를 버리거나 누군가에게 버림받는 일이 일어날 수는 있다.

그러나 우리가 그 모든 일을 일컬어 굳이 토사구팽이라고까지는 말하지 않는다. 따라서 역사에 흔적을 남긴 토사구팽의 예는 버린 사람이든, 버림받은 사람이든 모두 한 시기를 풍미했던 리더들에 관한 이야기다.

리더의 종류는 2가지이다. 더 정확히 말하면 리더십의 속성은 2가지이다. 하나는 오너십(Ownership)을 가진 리더요, 다른 하나는 스태프십(Staffship)을 가진 리더이다. 둘 다 남을 이끄는 자리에 서고자 하는 욕망이 강하고 타고난 리더십을 활용해서 열정적으로 살아가지만 많은 경우 두 속성의 차이 때문에 출발점은 같아도 종착점은 전혀 다르다.

먼저 오너십 리더는 무엇인가? 오너십(Ownership)은 우리말로 '주인 의식'이라고 표현할 수 있지만, 여기에서 말하는 오너십은 조직에서 흔히 '주인의식을 가지고 일하라'고 할 때의 주인의식과는 전혀 다르다. 그 주인의식은 일할 때 '남의 일처럼 하지 말고 내 일처럼 하라'는 근로정신을 말하는 것인데, 여기에서 말하는 오너십은 그야말로 '내가 주인이 되고자 하는 의식'을 말한다. 좀 더 직설적으로 말하면 어떤 결과를 내 것으로 소유하고자 하는, 말 그대로 오너(Owner)가 되고자 하는 욕망이다.

그러면 스태프십 리더는 어떤가? 남을 이끄는 리더가 되고자 하는 욕망이나 어떤 일을 이루고자 하는 욕망이 강하다는 측면에서는 오너십 리더와 같지만, 그 결과물을 꼭 내 것으로 소유하겠다는 의지는 상대적으로 약하거나 아예 없는 경우가 많다. 그는 결과물의 소유보다 그런 결말이 이루어지는 과정에 관심이 많기 때문이다.

따라서 이 두 리더는 어떤 일을 시작할 때 겉으로 보기에는 비슷하지만 속을 들여다보면 목표하는 바가 확연히 다르다. 즉 오너십 리더는 처음부터 뜻하는 일이 이루어졌을 때 그것을 내 것으로 삼는 것, 즉 결과를 소유하는 것이 근본 목표이다. 그러나 스태프십 리더는 그 일이 이루어지는 데 크게 한몫하는 것, 즉 결과의 소유보다 성취 과정에서 느끼는 희열을 주요 목표로 삼는다.

그러므로 두 리더의 운명은 일이 성사되어가는 과정에서는 공동운명체가 되지만 일이 이루어지고 나서는 전혀 다른 길을 가게 된다. 일을 성취하는 과정에서는 스태프십 리더가 현란한 솜씨로 일을 처리하며 빛나는 주인공 역할을 하지만 결과가 나오고 나서는 그 결과물의 소유주인 오너십 리더가 주인공으로 전면에 등장하면서 일을 이룬 스태프십 리더의 목숨까지 거머쥐게 된다.

앞서 리더를 오너십 리더와 스태프십 리더로 나누어 설명했는데 토사구팽이라는 항목을 기준으로 하면 다시 둘로 더 세분할 수 있다. 오너십 리더는 독점형 오너십 리더(Monopoly Ownership Leader: MO 리더)와 공유형(共有型) 오너십 리더(Sharing Ownership Leader: SO 리더)로 나눌 수 있으며 스태프십 리더는 다시 계산형 스태프십 리더(Cunning Staffship Leader: CS 리더)와 순수형 스태프십 리더(Pure Staffship Leader: PS 리더)로 나눌 수 있다.

이렇게 낯선 MO 리더, SO 리더, CS 리더, PS 리더라는 용어를 외우려고 노력할 필요는 없다. 우리는 학창 시절에 시험을 너무 많이 치른 탓에 용어만 보면 스펠링 하나까지 완벽하게 외우려고 하는 경향이 있다. 절대로 그러지 말기 바란다. 리더의 속성을 편의상 구분한 것이지, SO 리더 같은 경우는 현실에서 거의 찾아보기가 어렵다. 그러므로 너무 심각하게 생각하지 말고 **MO 리더와 PS 리더 이 2가지만 기억해두기 바란다.** 그래도 이 책을 읽는 데 아무런 어려움이 없을 것이다. 영화 〈기생충〉에 나오는 제시카 송처럼 리더 송으로 한번 연습해보자.

'MO는 독점형, PS는 순수형!'

## 리더의 구분

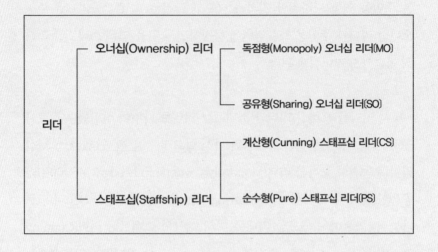

독점형(MO) 리더는 일이 이루어지고 나서 결과를 혼자 독점하는 유형이며 더 나아가 '아직 배가 고프다'는 식으로 무한 욕망을 추구하는 스타일이다. 이런 유형은 지금까지 이룬 것보다도 더 큰 것을 욕심내기 때문에 지나간 시절의 공(功)보다도 앞으로의 충성에 더 중점을 두며, 모든 것을 장악해야 하는 속성 때문에 혹시나 스태프십 리더가 딴마음을 품지나 않을까, 끊임없이 의심한다. 그리고 이러한 속성 때문에 아랫사람을 대할 때 필요시에는 무한 애정을 보이지만 일이 이루어지고 난 뒤에는 수단이나 도구로 보기 때문에 공이 많을수록 더욱 경계심을 가진다.

이에 반해 공유형(SO) 리더는 가급적 결과를 나누고자 하며 참모를 끝까지 믿는 유형이다. 참모의 비극은 오너십 리더들이 대부분 전자에 속하며 후자인 경우를 현실에서 찾아보기가 어렵다는 사실이다.

스태프십 리더를 계산형(CS) 리더와 순수형(PS) 리더로 나누는 기준은 '끊임없이 자신의 위치를 자각하고 있는가, 떠나갈 때를 준비하고 있는가, 자신의 한계를 생각하고 있는가, 오너십 리더의 변화 동향을 파악하고 있는가' 등으로 나누어볼 수 있는데 평소에 이런 생각들을 깊이 하고 실행에 옮길 의지가 있다면 계산형(CS) 리더요, 그렇지 않다면 순수형(PS) 리더다.

토사구팽은 리더십과 불가분의 관계다.
고로 내가 어떤 리더인지를 아는 것이 매우 중요하다.

# 1 장

# 지금 힘들고 억울한
# 당신에게 묻는다

# 정말 나만 힘들고 억울한가?

필자가 토사모와의 첫 만남에서 K의 자살에 관한 이야기를 듣고 가슴이 '쿵' 하고 내려앉았던 것은, 까딱했으면 내 인생도 그런 비극으로 막을 내릴 뻔했기 때문이다. 왜 무슨 일로? 사실 필자도 K와 비슷하게 한 회사에 창업 멤버로 들어가서 청춘을 바쳐 회사를 키운 뒤에 비정하게 버림받았다.

대부분 사람은 그런 위기에 처하면 3가지 반응을 보인다. 첫째는 '어떻게 나한테 이럴 수가 있는가?'라고 가슴을 쥐어뜯으며 마냥 억울해하는 것이고, 둘째는 잠깐 억울해하다가 '그래 세상이 다 그런 것이지.' 하고 비슷한 업종의 다른 직장을 찾아서 취직하는 것이며, 셋째는 아예 이 위기를 인생을 송두리째 바꿔볼 기회로 생각하고 다른 삶을 찾는 것이다. 필자도 처음에는 첫째 반응으로 괴로운 나날을 보냈는데 다행스럽게도 셋째 반응으로 방향 전환을 하면서 숱한 고생을 겪고 결국 인생 2막을 일궈 냈으며 이 책은 그 여정에서 절절하게 깨달은 점을 정리한 것이다.

그리고 독자들이 짐작하는 대로 K는 첫째 반응에서 못 벗어났기 때문에 결국 안타까운 결말을 맞이한 것이다. 그러나 이는 K만 그런 것이 아니다. 먼저 한 언론 보도를 살펴보자.

"해고된 데 앙심을 품고 자신이 일했던 식당에 불을 지르려 한 남성이 경찰에 붙잡혔다. 부산 강서경찰서는 오늘(19일) 현주 건조물 방화 미수로 47살 A씨에 대해 구속영장을 신청할 예정이라고 밝혔다. 경찰에 따르면 A씨는 어제(18일) 오후 10시쯤 부산 강서구 한 식당 출입문에 휘발유를 뿌린 뒤 불붙인 종이를 던진 혐의를 받고 있다. 다행히 불은 출입문을 그을린 채 건물로 옮겨 붙지 않았고 공휴일이라 식당이 영업하지 않는 상태로 인명피해는 없었다. 경비업체로부터 화재 신고를 받은 경찰은 주변 탐문 중 화재 현장에서 2㎞ 떨어진 곳에서 배회하던 A씨를 검거했다. 경찰 조사 결과 이 식당에서 주방장으로 일하던 A씨는 최근 자신을 해고한 업주에 앙심을 품고 이 같은 일을 저지른 것으로 드러났다."

이 기사는 2019년 8월 19일의 일간신문 기사이다. 필자가 이 기사를 인용한 이유는 토사구팽, 또는 해고에 앙심을 품고 이를 복수로 옮기면 어떤 일이 벌어지는지를 보여주기 위해서이다. 한번, '해고에 앙심'이라는 말로 기사 검색을 해보라. 어떤 뉴스들이 뜨는가? '해고에 앙심 품고 방화(放火)' 기사가 가장 많이 뜬다. 그러면 불을 지른 사람은 속 시원하게 복수를 했을까? 절대 아니다. 도리어 감방행으로 남은 인생을 완전히 망쳐버린다.

토사구팽이나 갑작스러운 해고에 앙심을 품고 복수하려는 그 마음은 필자도 이해한다. 왜? 앞에서 밝혔듯이 나도 그랬기 때문이다! 사범대학을 졸업하고 서울의 명문 고등학교에서 교편생활을 하던 필자가 창업 초창기 회사로 직장을 옮기는 데에는 정말 많은 반대가 있었다. 동료와 선배 교사들의 간곡한 만류가 있었고, 교감 선생님은 '김 선생은 타고난 교사다. 그 순한 심성으로 어떻게 아수라장 같은 회사에 가서 일하려 하느냐? 이용만 당한다.'라고 화를 내다시피 하며 극구 만류했다. 그러나 같이 일하자고 몇 번씩이나 학교 앞에 찾아오는 오너를 보며 삼국지의 삼고초려를 떠올린 나는 '신의 직장'이라는 학교를 떠나 과감하게 회사로 자리를 옮겼다.

그리고 나름대로 온몸을 불사르며 일했다. 재무 회계 분야를 빼고는 연구, 연수, 인사, 기획, 홍보, 영업, 노사, 심지어 해외 지사까지 모든 일을 두루 다 해냈다. 옮겨갈 때 매출 6억이던 회사는 십몇 년의 세월이 흘러서 매출 2,000억이 넘는 거대 기업이 되었다. 그러나 파국은 의외로 빨리 찾아왔다. 48살의 나이에 갑자기 무보직이 되어 빈방에 책상 하나 놓고 부끄러운 세월을 참아내다가 결국 못 견디고 회사를 나오고 말았다. 모셔갈 때와 달리 오너와 쓴 소주 한잔 마시는 자리도 없었다. 세상은 그렇게 비정한 것이다.

오로지 일을 즐기고 오너를 믿으며 고생한 대가는 나중에 알아서 다 해주리라 믿는 전형적 순수형(PS) 리더인 필자는 좋은 먹잇감이었다. 회사가 크고 난 뒤 이런저런 보상을 해달라고 요청하지도 않았고, 회사가 크면서 나보다 연봉을 많이 받는 임원들이 자꾸 들어와도 반발 한 번 하지 않고 오로지 오너만 믿었다. 수상한 징조가 조직에 떠돌아다녀서 임원들이 전전긍긍할 때도 나는 정말 태연했다. 왜? '나만은 다르다'는 자신감이 있었으므로! 그러나 그것은 나의 순진한 믿음이었다. 그 믿음을 뒤엎고 회사를 나오니 처음에는 증오가 하늘을 찔렀다. 철석같이 믿다가 처절하게 배신을 당해보지 않은 사람은 그 아픔을 모르리라. 어떻게 복수할지 유치한 생각으로 밤샌 적도 많았다. 그러나 엄밀히 따져보면 무슨 이유로 누구에게 어떻게 복수한단 말인가?

남들도 다 당하는 토사구팽이요, 남들도 다 열심히 일하다 하루아침에 쫓겨나는 세상인 것을 유독 나만 억울할 게 무엇이란 말인가? 그러던 어느 날 문득 교감 선생님이 만류하며 했던 말이 다시 떠올랐다. 그리고 그 말을 생각할수록 정말 부끄러웠다. 그랬다. 남들은 이미 알고 있는 것을 나만 모르고 있던 것이다. 떡 줄 사람은 생각도 안 하는데 혼자 김칫국 마시며 철없는 아이처럼 회사가 크면 나도 나중에 부귀영화를 누릴 거라고, 신나서 몸과 마음을 불사른 것이다. 그렇다면 누구의 잘못인가? 떡 줄 생각을 안 한 사람이 잘못인가? 아니다. 떡 줄 거라고 착각한 내가 잘못이다. 그렇게 생각하니 나에게 분노가 쏟아졌다. 내가 이다지도 어리석은 사람이었단 말인가? 어리석은 것은 그렇다 치고 지금의 모습은 무엇이란 말인가? 왜 이 넓은 세상에서 다른 곳으로 눈을 돌리지 못하고, 비참하게 나오고 나서도 오로지 그 회사 생각으로 날을 지새운단 말인가? 그러면 그럴수록 더 바보만 되는 것을! 이때부터 나는 밖으로 향하던 분노를 나 자신에게 돌렸다.

사람은 2가지 눈을 가졌다. 하나는 자신을 보는 눈이고, 다른 하나는 남을 보는 눈이다. 자신을 보는 눈은 언제나 관대하고 너그럽고 용서를 아끼지 않는다. 반면에 남을 보는 눈은 섭섭한 일을 꼭 기억하고, 물욕과 계산적이며, 용서에 인색하다. 토사구팽의 늪을 벗어나려면 반대로 해야 한다. 나 자신을 냉철하게 바라보고 나를 질책하며 과거가 아닌 새로운 길로 나가야 한다.

해고에 앙심을 품고 불상사를 일으키는 사람들 대부분은 상상력의 포로이다. 갑자기 찾아온 당황스러운 배신에 혼자 앉아서 상상의 뭉게구름을 피워 올린다. 나는 이렇게 힘든데 나를 내보낸 사람은 나를 보고 비웃으며 편히 지낼 것이라는 상상인데, 이는 거의 오산(誤算)이다. 상대는 내가 그를 생각하는 만큼 그렇게 골똘하게 나를 생각하지 않는다. 벌써 잊어버리고 자기 할 일에 바쁘다. 고로 분노를 품고 앙앙불락하는 것은 대부분 혼자만의 상상에 지나지 않는다. 상대는 발 뻗고 자는데 왜 나 혼자 일어나 앉아서 애를 끓이는가?

어리석은 사람은 복수하고, 보통 사람은 용서하고, 현명한 사람은 무시해버린다. 나를 버린 사람을 골똘히 생각하면 할수록 나는 그 사람의 포로가 된다. 고로 **토사구팽의 질곡에서 벗어나는 제1조는 상대를 미워하는 것이 아니라 나도 그를 똑같이 토사구팽하는 것이다.** 눈을 들어보면 누군가의 말처럼 세상은 넓고 할 일은 많다. 놓쳐버린 버스 쪽을 바라보며 분노할 게 아니라, 다음 버스를 놓치는 일이 없도록 냉철한 이성을 작동시켜야 한다. 인생에서 버스와 기회는 기다리면 오는 법이다. 때를 기다릴 줄만 안다면 말이다. 물론 쉽지는 않다. 그러나 심호흡 크게 하고 현실을 직시하면 가능하다. 그래도 못 참아서 복수하고 싶다면 내가 잘 사는 것을 보여주는 것이 진짜 복수임을 기억하라. 찾아가서 불을 싸지르거나 칼부림하는 것은 내가 그렇게 못난 인간이라는 걸 보여주는 것밖에 되지 않는다. 고로 토사구팽을 당해서 괴롭다면, 그가 당신을 버렸듯이 당신도 그를 버려라! 자신을 쫓아낸 사장을 버리지 못해서 비극으로 생을 마감한 K처럼 되지 말라!

# 위기를 어떻게 바라볼 것인가?

2008년 4월 영화 〈버킷리스트〉가 국내 개봉되었을 때 사람들 사이에 영화의 영향으로 각자의 버킷리스트를 작성하는 것이 유행이었다. 필자는 당시 강의를 위해서 여기저기 버킷리스트를 올려놓은 카페나 블로그를 많이 둘러보았는데 그중에 가장 눈길을 끌었던 것은 한 초등학교 6학년 학생이 만든 버킷리스트였다. 5가지를 적었는데 그중 하나가 '한 6개월 정도 아무 간섭도 안 받고 푹 쉬기. 그동안 내 인생은 단 하루도 편히 쉴 날이 없었다.'라는 거였다. 웃음이 나오면서도 한편으로는 하루도 쉴 날이 없었다는 말에 현대인의 비애를 보는 듯했다.

그리고 어른들이 만든 버킷리스트에서는 한 가지 재미있는 공통점을 발견할 수 있었다. 그것은 바로 거기에 달린 댓글 중에 '영화를 보고 나서 나도 후회 없이 살아야지 했는데, 시간이 지나고 보니 도로아미타불.'이라는 댓글이 많았다는 것이다. 영화를 보고 '아, 그래 나도 죽어라 일만 하지 말고 죽기 전에 하고 싶은 걸 하면서 살아야지.'라고 결심했는데 왜 시간이 흐르고 보면 도로아미타불일까? 다음 글을 깊이 음미하며 읽어보자.

"삶의 목적이 마치 임무를 완성하는 것이라도 되는 양 살아가는 사람들이 너무나 많다. 밤늦게까지 일하고, 아침에 일찍 일어나며, 즐거움을 누릴 여유도 없고, 사랑하는 사람들을 기다리게 만든다. 슬프게도 많은 사람이 사랑하는 사람들을 너무 오래 기다리게 한 나머지, 관계가 파탄 나는 경우도 많다. 나 역시 그런 사람 중의 하나였다. 우리는 일시적으로만 '임무 목록'에 몰두할 것을 다짐한다. 일단 목록에 적힌 일들만 다 끝내고 나면, 평정을 되찾아 느긋하고 행복한 사람이 될 거라고 믿는다. 하지만 현실에서 그런 일은 결코, 일어나지 않는다. 임무 목록에 적힌 항목을 다 완수하고 나면 곧바로 새로운 목록이 그 자리를 대체하기 때문이다. 우리의 임무 목록은 속성상 언제나 곧 완수해야 할 일들로 채워지게 마련이다. 즉, 절대로 비어 있는 상태를 원하지 않는다. 걸어야 할 전화, 마쳐야 할 과제, 해야 할 일이 적혀 있다. 사실상 **빽빽**한 '임무 목록'이야말로 성공하기 위한 필수 요건이라고 믿는 사람도 있다. 당신이 바쁜 사람임을 증명해주는 지표이기 때문이다."

이 말은 리처드 칼슨이 쓴 『우리는 사소한 것에 목숨 건다』라는 책에 나오는 구절이다. 이 말을 앞에 이야기한 버킷리스트를 예로 들어 설명하면, 우리나라 사람들이 꿈꾸는 버킷리스트 1위는 '자유로운 세계일주여행'인데 이걸 시행하는 시기가 문제라는 것이다. 즉 '막내 대학까지만 졸업시키고' 이랬는데, 금방 '큰아이 결혼만 시키고'로 바뀌고, 다시 '큰 손주 초등학교 갈 때까지만 봐주고'로 바뀌고, 또 다시 '막내 결혼만 시키고'로 바뀌는데 그때쯤 되면 나이 들고 병들어서 죽고 만다는 것이다. 사실 이 세상 모든 사람은 저마다의 버킷리스트가 있다. 그러나 그것을 실천할 결정적 계기를 찾기가 어렵다. 과감하게 일상을 벗어던져야 하는데 생각은 많지만 현실에 밀려서 그게 맘대로 안 된다. 그런데 필자에게는 그런 변화의 계기가 갑자기 눈앞에 찾아왔다. 평소에 그렇게 바랐지만, 용기가 없어서였든지 아니면 리처드 칼슨의 말처럼 아직 할 일이 많아서였든지 그도 아니면 벌어놓은 것이 없어서였든지 어쨌든 '나도 한번 하고 싶은 일 하면서 살아보자'는 꿈을 실천하지 못하고 있었는데 어느 날 갑자기 그런 기회가 찾아온 것이다. 어떻게? 바로 회사에서 토사구팽을 당했다.

물론 오라는 곳은 많았다. 그러나 다시 가서 비전을 이야기하고 충성을 이야기하고 회사를 키운다고 열정을 불사를 자신이 없었다. 그래서 나는 거꾸로 나갔다. 모든 것을 다 버리고 내가 바라던 대로 딴 세상을 경험해보려던 차에 지인의 소개로 귀농운동본부라는 곳을 찾아가게 되었는데 그곳에서 가슴을 치는 글귀를 읽게 되었다. 그것은 바로 '내가 주인 되는 삶을 살자'는 당시 귀농운동본부의 캐치프레이즈였다.

그렇다. 그동안 아무리 열심히 살아도 내가 내 삶의 주인이 아니었다. 학교에서 회사로 가서 매해 한 직급씩 고속승진을 하다가 마침내 '30대에 이사 승진'이라는 빛나는 계급장을 달았건만 한 번 광풍으로 감았던 눈을 뜨니 오너의 손짓 하나에 다 날아가고 남은 게 없었다. 다시 그런 인생을 살기는 싫었다. 그렇게 해서 귀농운동본부에서 3개월 교육을 마치고 그 뒤 마치 김삿갓처럼 전국을 돌며 귀농할 곳을 찾았는데 몸은 고달팠지만 마음은 즐거웠다.

사실 회사에서 갑자기 내쳐지면 한동안 공황 상태가 된다. 어떤 조직에 속해 있지 않으니 나 홀로 실패한 인생 같고, '무슨 무슨 담당 이사' 같은 명함이 없으니 어디 가서도 내세울 게 없어서 슬슬 사람을 피하게 된다. 지인들도 너나없이 '아니 그런 나쁜 회사가 있나? 자네처럼 성실한 사람을 자르다니!' 하면서 위로를 아끼지 않았는데 그 본질은 결국 실패한 인생에 대한 동정이었다. 필자도 처음에는 당황해서 어쩔 줄을 몰랐다. 그러나 시간이 좀 흐르자 어차피 이렇게 된 거 귀농운동본부의 캐치프레이즈처럼 '그래, 내가 주인 되는 삶을 한번 찾아보자'는 생각을 하게 된 것이다. 그렇게 해서 귀농의 길로 들어섰는데 거기에는 내가 여태껏 보지 못했던 전혀 새로운 세상이 나를 기다리고 있었다.

실로 내 인생의 반전은 토사구팽에서 비롯되었다. 그때 토사구팽이 아니었으면 나는 계속 나를 수단과 도구로 여기는 비정한 독점형(MO) 리더 밑에서 눈치나 보고 손바닥을 비비며 하인처럼 살았을 것이다. 물론 인생의 반전을 위해서 스스로 토사구팽을 바랄 수는 없는 일이다. 그러나 불가피하게 토사구팽을 당했다면 분노하고 실의에 빠져 있을 게 아니라 '변신의 기회가 왔다'고 오히려 기뻐하길 바란다.

모든 것은 일체유심조(一切唯心造)다. 원효 대사가 해골바가지에 든 물을 맛있게 마시고 이튿날 큰 깨달음을 얻었듯이, 마음만 바꾸면 남들이 다 '안됐다'고 혀를 차는 토사구팽의 위기가 오히려 기회가 된다. 그래서 지금도 **나는 그 회사에서 잘린 것을 다행으로 여긴다.**

토사구팽의 질곡에서 벗어나는 제1조는
상대를 미워하는 것이 아니라
나도 그를 똑같이 토사구팽해서 버리는 것이다.

# 진짜 나는 어떤 존재인가?

    직장에 다니는 사람들은 직장에서의 직급과 연봉을 기준으로 성공을 가늠한다. 즉 남보다 더 높은 직급으로 승진하고 남보다 더 많은 연봉을 받게 되면 남보다 더 많이 성공한 사람으로 자부심 가득한 인생을 살게 되는 것이다. 가족들도 인정해주고, 동창회에 나가도 친구들이 다 알아주고, 처음 보는 사람도 명함을 내밀면 한눈에 나를 알아준다. 그러나 단언하건대, 회사 명함을 지니고 그것을 보여주며 자랑스럽게 살아가는 그 인생은 진짜 내 모습이 아닐 확률이 매우 높다. 즉 진짜 내가 어떤 존재인가를 알려면 명함을 치우고 나를 세상에 보여줘야 한다. 그러면 남들이 나를 뭐라고 평할까?

    나는 회사에서 팽당한 뒤 아예 인생의 장(場)을 바꾸기로 작정하고 농사를 짓는 농부가 되기로 맘을 먹었다. 성과만 추구하며 동료들과 끝없이 경쟁하고 오너에게는 개처럼 충성하며 살다가 마침내는 헌신짝처럼 버려지는 직장생활이 너무도 싫었기 때문이다. 그렇게 농부로 사는 다른 세상을 찾기 위해 전국을 돌며 귀농지를 탐색하게 되었는데, 그 과정에서 진짜 내 존재에 대한 자존심이 여지없이 박살나는 일을 겪게 되었다.

사건은 섬진강 변의 한 마을에 면접을 보러 가면서 시작되었다. 그 마을은 20가구 정도가 모여 사는 집성촌이었는데 워낙 지리산 골짜기에 있는 마을이라 옹기종기 그림처럼 집들이 모여 있는 아름다운 시골이었다. 그런데 그곳은 마을의 혈연 중심 문화가 강한 곳이라 혹시나 외지에서 들어온 사람이 물을 흐리지나 않을까 해서 이장이 면접을 보았다. 사실 회사에서 잘려 갑자기 조직을 떠나 세상에 홀로 서게 되면 가장 당혹스러운 것이 명함이 사라진다는 사실이다. 다니던 회사에서 쓰던 명함이 여러 박스 뭉텅이로 남았지만, 그곳에서 잘린 마당에 그 명함을 쓸 수는 없지 않은가? 그러다 보니 당혹스러운 것은 누구를 처음 만났을 때 종이로 된 명함을 건네는 일 없이 말로만 자신을 소개해야 한다는 것이다. 어쨌든 그런 이유로 과연 이장에게 나를 어떻게 소개해야 할 것인가에 대해 불안했지만 크게 걱정은 하지 않았다. 왜냐면 내가 누구인가? 창업 초창기 회사로 가서 수많은 사원 면접을 보며 조직원 수를 만 명 가까이 키운 사람이 아니던가? 따라서 면접이라면 자신 있었다. 무엇을 물어보든 질문자의 의중을 파악해서 감동이 가득한 답변을 할 수 있다는 자신감이 있었다.

　그렇게 자신을 다독이며 드디어 마을 이장 앞에 앉았다. 과연 어떤 질문이 나올 것인가? '왜 귀농을 하려 하는가, 아니면 왜 우리 마을로 오려 하는가, 다른 곳은 어디를 알아봤는가, 서울에서 너무 멀지 않은가, 왜 고향으로는 안 가는가, 경험이 없는데 농사를 지을 수 있는가' 등등. 그 어떤 예상 문제도 다 답할 준비되어 있었다. 그런데 침묵을 깨고 어렵게 입을 연 이장의 질문은 너무나 의외였다.

"딱 한 가지만 물어보겠습니다잉. 김 선상님은 우리 마을에 오시믄 거 뭐시냐, 우리한테 어떤 도움을 줄 수 있당가요?"

내가 마을 주민들에게 줄 수 있는 도움? 얼른 생각이 떠오르지 않았다. 그래서 좀 뜸을 들이다가 가라앉은 목소리로 진지하게 정답을 말했다.

"네 저는 작은 회사를 큰 회사로 키운 경험이 있는 사람입니다. 저를 받아만 주신다면 그 경험을 살려서 마을이 발전하도록 성실하게 노력하겠습니다. 그리고 또…."

그때, 갑자기 마을 이장이 손을 들어 말을 막았다.

"아따, 이 양반이 좀 마이 거창하시구먼. 아, 우리 마을은 회사가 아니께, 그런 거시기한 거 말고 마을 주민을 위해서 구체적으로 뭐를 해줄 수 있는지 그란 걸 말씀해주시요."
"아 네, 그러니까 아까도 말씀드렸지만, 저를 받아만 주신다면 정말 농사도 열심히 짓고 마을 분들하고도 정말 사이좋게 화합하고 마을 발전을 위해서 성실하게…."

이장이 또 손을 들어 말을 가로막으며 안타깝다는 표정을 지었다.

"아, 김 선상님이 성실한 분이라는 건 잘 알겠어라. 그란디, 우리 마을에 받아만 주믄사 와서 성실하게 일하겠다는 분들은 해마다 떼거지로 몰려온다니께요. 지가 말씀드리는 건 그란 게 아이고요, 거 뭐시냐 짜장을 잘 만든다든가, 파마를 잘한다든가, 그림을 잘 그린다든가, 허다못해 나팔을 잘 분다든가 뭐 그란 걸 말하는 것이지라. 지난달에도 수지침 잘 놓는 양반이 오셨는디 마을 어르신들이 엄청시리 좋아합니다. 뭐 그란 걸 구체적으로 말씀해주시시요."

"아, 네 그런 거라면요…."

거기에서 말문이 딱 막혔다. 수많은 면접을 진행했고, 회사에서 잘 나가던 그 김 이사가 마을 이장 면접에서 딱 말문이 막혀버린 것이다. 그러자 이장이 이렇게 말했다.

"아따, 죄송하지만 오시라는 말씀은 못 드리겠네요."

그렇게 면접에 떨어져서 그 마을로 못 갔다. 여러분이라면 그 이장의 면접을 쉽게 통과할 수 있겠는가? 물론 그럴 분이 많을 것이다. 그러나 나는 아니었다. 회사의 명함이 있을 때는 그것을 척 내밀면 "아, 이 회사에 근무하시는구나. 아이고, 젊은 나이인데 이사시네." 하고 다 알아주던 내가 회사 명함을 떼고 사회에 던져졌더니 산골의 이장님도 몰라주는 것이다. 20여 년을 회사 키운다고 불같이 남을 가르치고 감히 우리 회사가, 내가 국가와 사회를 위해 뭔가를 한다고 떠들고 다니던 사람이 이장 눈에는 '해마다 몰려오는 떼거지 중의 하나'로밖에 보이지 않는 것이다. 나는 과연 누구이며 여기는 어디인가? 지난 세월 난 무엇을 하고 살았던가? 허울 좋은 명함 하나에 기대어 희희낙락하다가 그 허울을 벗으니 진짜 내 것이 아무것도 없었다.

필자는 이 대목에서 이 책을 읽는 독자 여러분에게 '회사인간'에서 벗어나라고 진지하게 권하고 싶다. 물론 '회사인간'이란 말 자체가 1980~1990년대를 치열하게 산 '베이비부머'들을 가리키는 용어이며, 요즘 직장인들 사이에 이직, 퇴직이 일상화되어서 그렇게 회사에 목숨 거는 사람이 드물다고 말한다. 그러나 필자가 15년 넘게 직장인 고민 상담을 해온 경험에 의하면 아직도 우리 사회에 '회사인간'은 많이 존재한다.

나에게 가장 많이 들어오는 고민 상담이 무엇이겠는가? 그것은 바로 회사가 나를 몰라줘서, 상사가 나를 몰라줘서 즉 이번 인사고과가 안 좋아서, 승진에 탈락해서, 안 좋은 부서로 좌천되어서 괴롭다는 내용이다. 물론 회사에 다니는 동안에는 그곳에서 인정받고 승진하고 성공하는 것이 옳다. 그러나 좀 더 큰 안목, 좀 더 넓은 안목으로 바라본다면 내 회사가 아닌 이상, 회사는 결코 여러분 인생의 목적지나 종착지가 아니다.

회사를 그만두고도 가야 할 길은 아직 멀고, 내 존재의 의미가 회사와는 전혀 상관없는 시기가 반드시 온다. 그러므로 **회사의 명함 없이도 '나는 누구인가'를 확실하게 설명할 수 있는 인생을 미리 준비해야 한다.** 그렇게 해서 섬진강변의 마을 이장님 면접에 당당하게 통과할 수 있는, '내가 주인인 인생'을 살아야 한다.

어쨌든 그렇게, 귀농 답사를 다니는 길은 기대에 부풀면서도 허울뿐인 나를 여지없이 두들겨 깨부수는 과정이었다. 만약 내가 토사구팽을 당하지 않고 그 회사에 그대로 있었더라면 내 명함에 쓰인 직급과 직책을 보고 굽신거리는 사람들의 반응이 그대로 나의 존재를 인정하는 것이라 착각하고 그렇게 껍데기로 살다가 생을 마쳤을 것이다. 그런데 **토사구팽을 당해서 힘들어도 나를 다시 돌아보게 되었으니 이 얼마나 다행인가?**

# 진정으로 하고 싶은 일이란 무엇인가?

그렇게 귀농지를 찾아다니는 발길은 이후 문경, 상주, 곡성, 하동, 보성 등 여러 곳으로 이어졌는데 충남 서산에 갔을 때 또 한 번 나를 깨부수는 일이 벌어졌다. 당시에 내가 방문했던 집은 젊은 부부가 사는 곳이었는데 신랑은 논농사 1,500평을 짓고 아내는 읍내에서 미용사를 하며 사는 사람들이었다. 사실 그때까지만 해도 귀농이 지금처럼 대세를 이루던 시절이 아니라서 대부분 귀농하는 사람은 뭔가 특이한 이념을 지닌 경우가 많았는데 그 집은 학교 교육에 대한 무용론(無用論)이 확실했다.

즉 아이들이 4학년과 6학년이었는데 둘 다 학교에 보내지 않고 집에서 홈스쿨링으로 가르치고 있었다. 그 당시 우루과이 라운드 여파로 쌀시장이 개방되면서 전국에서 우리 농촌 살리기 운동이 벌어지고 있었는데 그 집에서는 아이들을 그런 시위 현장에 보내서 직접 3보 1배 행진에 참여하게 하고 있었다. 초등학생 아이들을 아직 어린아이로만 보던 내 눈에는 상당히 신기한 모습이었다.

어쨌든 그 집 신랑이 하는 논농사 현장을 다녀왔는데 유기농을 한다고 화학비료와 농약을 쓰지 않아서 벼가 어딘지 비실비실해 보였다. 그러나 신랑은 지구를 살리려면 이 길밖에 없다고 열변을 토했다. 그런데 아무리 봐도 불안한 것이 '과연 그렇게 엉성하게 논농사 1,500평을 지어서 생계를 꾸리는 것이 가능한가'였다. 그러자 이 부분에 대해서 아내분이 말하기를, 그래서 자기가 미용실에서 일하는 것이란다. 즉 생계에 대한 책임은 아내가 지고 남편은 이데올로기적 농사를 지으며 아이들은 홈스쿨링을 하고 그렇게 산다는 것이었다.

당시에 나도 경제적 수입이 없이 귀농지를 찾아다니는 사람이었기 때문에 사돈 남 말할 처지는 아니었지만 그래도 그 말을 듣고 나니 남편의 처신이 좀 못마땅했다. 그래서 아내분에게 넌지시 물어봤다.

"아니, 아내분이 그렇게 고생하면서 생계에 대한 책임을 지면 저렇게 농사짓는 남편이 야속하지 않습니까? 제가 보기에는 좀 능력이 없어 보이는데요."

그러자 정말 의외의 답이 돌아왔다.

"왜 능력이 없어요? 그이가 이래 봬도 S대 공대 나오고 S전자에서 전문 엔지니어를 하던 사람인 걸요. 여기 내려오기 전에 연봉 8,000 받던 사람이에요."

나는 귀를 의심했다. 당시(2003년) 연봉 8,000이라면 30대에 이사 달았다고 큰소리치고 다니는 나도 못 받아본 액수이다. 물론 내가 다녔던 회사가 워낙 연봉이 박해서 그랬지만 어쨌든 연봉 8,000을 버리고 시골로 와서 논농사 1,500평을 짓고 있다니! 나는 깜짝 놀라서 되물었다.

"아니, 그런데 그걸 그냥 받아들이셨단 말입니까? 연봉 8,000을 버리고 와서 이렇게 논농사 짓고 아내분은 미용실 다니면서 돈을 벌어야 하는데?"

그러자 정말 또 의외의 답이 돌아왔다.

"그럼 어쩌겠어요? 고생해도 신랑이 죽는 거보다는 낫잖아요."
"네? 신랑이 죽다뇨? 왜 무슨 불치병에 걸리기라도 했습니까?"
"아뇨. 그냥 어느 날 회사 다니기 싫다면서 자기는 정말 논농사 지으며 시골에 살고 싶다는 거예요. 그래서 저도 처음에는 무슨 자다 봉창 두들기는 소리냐고 엄청 반대했죠. 그런데 그 뒤로 남편이 밥도 잘 안 먹고 회사 나가서 일은 하는데 집에 돌아오면 너무 힘들어하더니 나중에는 사람이 바짝바짝 말라가는 거예요. 그러니 어쩌겠어요? 이러다 정말 사람 잡겠다 싶어서 허락했죠. 그런데 회사 때려치우고 여기 와서 지금 저렇게 논농사 지으니까 매일매일 엄청 좋아하잖아요. 고생스러워도 자기가 좋아서 하겠다는데 별 도리가 없죠."

순간 망치로 머리를 얻어맞은 듯한 느낌이 들었다. 연봉 8,000을 받는 사람이 그걸 버리고 1,500평 논농사를 짓는 게 그렇게 이상해 보이는 나는 뭐 하는 사람인가? 나는 무엇을 위해서 귀농한다고 이리 전국을 돌아다니고 있단 말인가? 제법 그럴듯한, 새로운 인생과 새로운 가치를 찾아보겠다는 결심을 하고 귀농지를 찾아다닌다고 생각했는데 그것조차도 알고 보니 가식이었다. 아직도 내 머릿속에는 돈으로 사람을 판단하고 돈으로 일을 판단하는 속물근성이 그대로 남아 있던 것이다. 토사구팽을 당한 뒤 오라는 곳 많아도 안 갔다고 자부하고 있었지만, 만약 그곳에서 연봉을 1억이나 2억을 줄 테니 와달라고 했다면 귀농이니 새로운 인생이니 다 집어던지고 돈 많이 주는 그리로 가지 않았을까? 나는 아직도 참 인생을 깨닫기에는 한참 멀었다는 생각이 들었다.

그렇게 나는 그날 밤 그곳 서산의 외딴 마을 외딴집에서, 큰 깨달음을 얻었다. 진정으로 좋아서 하는 일이란 무엇인가? 바로 그 집 신랑처럼 그 일을 못 하면 죽을 것 같은 느낌을 지니고 하는 것이다. 즉 **남들이 보기에는 아니 저렇게 고생스럽고 돈도 안 되는 일을 왜 저리 열심히 할까 할 때, 본인은 이 일을 안 하면 살아도 사는 게 아니라면, 누가 뭐라고 하든 무소의 뿔처럼 그 일을 하며 앞으로 나가는 것이다.**

이 문제와 관련해서 나는 요즘도 난다 긴다 하는, 청년 희망 콘서트의 인기 강사들을 다시 생각한다. 그들은 청바지 주머니에 손을 찔러 넣고 강단에 서서 환호하는 젊은이들에게 거침없이 당신이 하고 싶은 일이 있으면 망설이지 말고 그냥 그 일을 하라고 외친다.

과연 이 외침은 맞는 말인가? 용기를 주는 측면에서는 맞지만, 현실을 생각해야 하는 측면에서는 문제가 있다고 본다. 판·검사 하고 싶은 사람은 그냥 판·검사 하라는 말인데 그게 그냥 하고 싶다고 해서 아무나 할 수 있는 일인가? 시험을 쳐서 자격을 얻어야 할 것 아닌가? 게다가 왜 판·검사를 하고 싶은지를 물어야 할 것 아닌가? 판·검사 하다가 국회의원 나가기 좋으니까 그 길로 가려고 한다면 그것도 권장 사항인가? 실력도 안 되고 공부도 안 하는데 권력은 누려보고 싶어서 판·검사를 하고 싶다면 과연 뭐라고 말해줘야 하는가? 과연 그렇게 쉽게 말하는 강사들이 자기 아들이 공부는 안 하면서 무조건 판·검사 하고 싶다면 뭐라고 말할 것인가? 왜 판·검사를 하려 하는지를 묻고 하고 싶으면 먼저 공부를 하라고 하지 않을까?

정답은 2가지 조건에 있다. 즉 마음만 먹으면 할 수 있는 일이고 또 그 일을 안 하면 살아도 사는 게 아니라면 누가 뭐라든 무소의 뿔처럼 그 일을 하는 것이다. 하고 싶어도 결코 할 수 없는 일인데도, 뭔가 거기에서 얻는 권력과 부, 유명세를 생각해서 그 일을 하려고 하는데도, 무조건 하고 싶으면 망설이지 말고 그 일을 하라고 하는 건 그야말로 희망 고문이다. 필자가 실제로 상담했던 사례를 하나 읽어보자.

"금융업에 종사하다가 한 미용인의 블로그를 1년간 애독하고 그분의 창의적 직업의식과 자부심, 고소득 등에 감명받아서 미용인을 꿈꿨는데 주위의 반대가 심했습니다. 그러나 한 청춘 희망 콘서트에서 '하고 싶은 일을 하라'는 강사분의 멘트에 용기를 얻어 과감하게 미용 자격증을 따고 미용사로 전직한 사람입니다. 그런데 몇 달을 다니면서 여기 선배들의 이야기를 들어보고 그 블로그를 쓰는 미용인의 이야기가 현실과는 너무 다르다는 걸 깨달았습니다. 그래서 이전 직장으로 다시 돌아갈까 고민 중입니다."

이분의 잘못은 무엇인가? 블로그에 나오는 그 환상적이고 보람찬 미용인의 세계와 지금 처한 자신의 세계를 같이 비교한 것이 잘못이다. 풀어서 이야기하면 그 환상적인 삶에 대한 블로그 글이 거짓이 아니라 그것을 이루기 위해서 얼마나 힘든 과정을 거쳐야 하는지에 대한 상세한 설명이 블로그에 없었을 것이다. 물론 글이 없어도 상식이기 때문에 이분도 대강 짐작은 했을 것이다. 그런데 문제는 현실이 그 짐작보다 훨씬 더힘들다는 것을 이제 안 것이다. 그렇다면 블로그 선배와는 비교도 안 되는 주변 선배들 이야기를 끌어다 붙이지 말고 자신의 의지를 재점검해야한다. 당장 블로그 선배의 삶처럼 되면 좋겠지만, 세상에 공짜는 없다. 어설프게 갈팡질팡하며 금융업으로 돌아가면 스트레스를 받을 때마다두고두고 '아, 그때 좀 더 참고 버틸 걸.' 하며 후회할 것이다.

그래서 사실은 아무리 고생이 되어도 참고 일해보라고 권하고 싶었다. 왜냐면 '시작이 반이기 때문'이다. 용감하게 반을 해놓고 왜 포기하려 하는가? 그러나 딱 잘라서 그렇게 권하지 못했던 이유는 본인 스스로 의지를 불태우지 못하면, 미용 일이 힘들 때마다 '그때 김 작가 말 들었다가개고생한다'고 두고두고 필자를 탓할 것이기 때문이다! 남의 말만 듣고직업을 전격적으로 바꾸는 것은 위험하다. 남의 말을 듣더라도 판단은스스로 해야 한다.

내가 나선 귀농의 길도 마찬가지였다. 회사에서 토사구팽을 당했다고, 그래서 다시는 회사에서 일하기 싫다고, 뭔가 새로운 인생 2막을 연다고 무작정 덤벼들어서 할 일은 아니었다. 정말 깊은 고뇌와 결심이 따라야 하는 중대한 일이었다. 사실 귀농만이 아니라 인생 자체가 그런 것이다. 남들이 뭐라고 하든 죽기 전에 꼭 한번은 해보고 싶은 일, 그걸 못하면 살아도 사는 게 아닌 그런 일, 그것이 진정한 버킷리스트이며 나에게는 귀농이 과연 그런 일인지 직접 부딪쳐봐야 하는 냉혹한 시기가 다가오고 있었다.

이 일을 안 하면 살아도 사는 게 아니라면,
누가 뭐라고 하든 무소의 뿔처럼 그 일을 하며 앞으로 나가라!

# 남이 몰라줘도 행복할 수 있는가?

2004년 3월 22일, 3년간의 긴 탐색을 마치고 드디어 나는 충북 진천의 한 마을로 내려갔다. 그곳은 마을버스도 들어오지 않는 그야말로 산속 오지 마을이었는데, 아내는 나중에 합류하기로 하고 나 혼자 먼저 1년 동안 농사를 지으러 나선 것이다. 승용차에 달랑 이불 한 채와 냄비 하나, 밥솥 하나, 사발 몇 개, 수저 한 벌, 휴대용 가스레인지 한 개를 들고 서울 집을 떠나는데 그 비장함은 그야말로 황산벌로 향하는 계백 장군 못지않았다. 거처는 한 집의 창고에 붙은 쪽방을 구했다. 메주 등을 삶기 위한 아궁이를 만드느라고 임시로 만든 구들방이었는데, 방은 그런대로 괜찮았지만 아궁이가 있는 부엌은 문이 엉성해서 사방으로 바람이 숭숭 들어왔다.

3,000평 정도를 빌려서 농사를 짓는데 일은 밭 정리부터 시작됐다. 전(前)해에 수풀처럼 자라서 드러누운 풀을 불태우고, 겨우내 버려둔 비닐을 걷어내는데 재가 날아올라서 온몸이 그야말로 탄광의 광부처럼 까만데 눈만 하얗게 껌뻑였다. 옥수수를 심었던 곳은 비닐이 뽑히지를 않았다. 며칠째 3,000평을 다 정리하는데 장난이 아니었다. 하루 일을 마치

고 들어오면 온몸이 재와 땀으로 뒤범벅이 되건만 더운물이 나오는 시설이 없으니 가마솥에 불을 데운 뒤 세숫대야에 찬물과 섞어서 씻었다. 3월이지만 꽃샘추위가 쌩쌩거릴 때라 찬바람이 사정없이 부엌을 들이쳐서 몸에 끼얹는 물이 시리게 느껴졌다.

주방 시설이 없으니 휴대용 가스레인지로 반찬을 만들어 먹었다. 그러니 자연히 반찬은 날마다 한 가지, 참치김치찌개였다. **어떤 날에는 정말 힘들어서 김치찌개조차 만들기 귀찮으면 그냥 막걸리에 밥을 말아 먹고 잠들었다. 그래도 이상하게 행복했다.**

새로운 세상에 대한 기대
전혀 해보지 않은 일에 대한 도전 의욕
그간 벼르던 일에 대한 실행 의지

이 모든 것이 겹쳐서 몸은 힘들고 지쳐도 정말 마음은 편했다. 아무도 보아주는 이 없어도 서운할 것이 없었다. 오로지 혼자만의 희열이었다. 그러나 집주인 아주머니와 영감님, 그리고 10가구쯤 되는 동네 사람들은 날마다 수군댔다. "창고 방 김 씨 언제 서울로 돌아간디야? 아 저 나이에 멀쩡한 사람이 왜 여기 와서 저러는지 몰라도 오래 못 갈끼여! 암만, 오래 못 가고 말고. 농사는 아무나 짓남?"

수군대거나 말거나 나는 일만 했다. 말로 해명하고 각오를 이야기한들 무슨 소용이 있으랴? 오로지 행동으로 보여줄 뿐이고, 그러자면 시간이 필요했다. 그리고 가장 중요한 것은 동네 사람들한테 보여주기 위해서 하는 일이 아니기 때문에 아무런 상관이 없었다. 오로지 나 자신과의 투쟁이었고 전투 의지는 충만했다.

작목으로 고추, 옥수수, 쥐눈이콩, 호박을 심기로 하고 밭을 만들기 시작했다. 17만 원으로 중고 경운기를 사서 밭을 갈았다. 로터리는 남이 버린 것을 주워서 썼다. 생전 처음 해보는 경운기 운전을 그야말로 원 없이 해보았다. 보름 정도를 밭 갈고 로터리로 두들기는데, 온종일 얼마나 손아귀에 힘을 주었는지 저녁이면 밥을 먹을 때 숟가락이 쥐어지질 않아서 손가락 사이에 끼우고 밥을 먹었다. 새벽 5시면 밭에 나가고 해가 지면 들어와 잤다.

가장 기억에 남는 농사는 맷돌 호박이었다. 400개 구덩이에 모종 2개씩 800대를 심었는데 모종값이 장난이 아니었고 구덩이를 파고 일일이 거름을 넣는 것만 해도 힘이 많이 들었다. 그런데 오랫동안 농사를 안 짓고 묵힌 밭이라서 그런지 날이 지나도 호박 모종이 비실비실 노랗게 되는 게 아닌가? 달리 방도가 없어서 집주인 영감님을 찾아가서 물었다. 그러자 영감님은 전혀 의외의 답을 주는 게 아닌가? 호박에는 인분(人糞)이 최고의 거름이라는 것이다. 당시 창고에는 화장실이 없고 밭 귀퉁이에 간이로 만든 푸세식 화장실이 있었는데 그걸 퍼다가 호박에 뿌려주라는 것이다. 처음에는 '인분을?' 했지만 기왕에 새로운 길 찾는다고 나선 마당에 무엇을 망설이랴? 쇼트닝 통을 2개 사다가 위쪽을 삼각형으로 반 잘라서 입구를 만든 뒤 작업을 개시했다. 그런데 푸세식 화장실의 커다란 인분통 위에 노란 물만 휘저으며 길어 붓고 있는 나를 보더니 영감님이 이렇게 말하는 것 아닌가.

"김 씨, 시방 뭐 허는 기여? 아, 밑에 건더기를 건져다 뿌려야 진짜 거름이 되지. 그렇게 할 거면 안 하는 게 좋아."

그래 좋다. 긴 막대에 달린 바가지를 인분통 깊이 찔러 넣고 휘저었더니, 오! 그 냄새란 이루 말로 다 표현할 수 없었다. 그리고 그렇게 걸쭉한 인분을 지게 양쪽에 매달고 운반하자니 무게가 있어서 발이 잘 떨어지지를 않았다. 그러다가 한 찰나, 발이 휘청하며 지게가 기울자 한쪽 쇼트닝 통이 주먹만 한 돌에 걸리며 텅하고 출렁거렸다. 순간 인분이 팍 튀면서 얼굴에 범벅이 되는데 맙소사! 그 순간에 웃음이 나왔다. 왜? 아무도 보는 이 없었지만 누군가가 이 장면을 본다면 뭐라고 할까를 생각하니 웃음이 나온 것이다.

'아니, 그 잘나가던 김 이사가 어째서 저렇게까지 망가진 거지, 참 안됐다!'

누가 본다면 이럴 것이 분명했다. 그러나 나는 생각이 달랐다. 그래, 그 잘나가던 김 이사가 회사에서 잘리지 않았다면 어찌 이런 경험을 해 볼 수 있다는 말인가? **호박밭에 똥거름 주다가 얼굴에 인분 범벅하는 일이 아무나 경험할 수 있는 일인가?** 학벌도, 경력도, 명함도 다 버리고 마음을 비운 채 바닥으로, 또 바닥으로 내려갔더니 비로소 똥바가지를 뒤

집어쓰고도 웃을 수 있는 경지가 보였다.

그곳에서 지내는 1년 동안 아내 외에는 아무에게도 알리지 않았기 때문에 찾아오는 이도 없었다. 새벽 별 보며 밭에 나가고 저녁 달 보며 집으로 돌아왔다. 인분을 뒤집어쓰며 쇼를 해도, 아무도 보아주는 이 없어도, 오직 혼자 밭을 만들고 작물을 심고 거름 주고 자라는 것을 보며 즐거워했다. 그야말로 남이 안 봐줘도, 안 알아줘도 혼자 행복할 수 있다는 사실을 그때 깨달았다.

그곳에서 혼자 지내며 극한의 고생을 하며 깨달은 것은, 하고 싶은 일을 하면 몸이 아무리 힘들어도 마음에는 희열이 있다는 것, 그리고 **행복은 남의 감정이 아니라 내 감정이라는 사실이다.** 진실로 자기 일을 사랑한다면 남들이 알아주지 않아도 얼마든지 행복할 수 있음을 깊이 깨달았고, 그런 깨달음으로 언제 어디서 무슨 일을 해도 남의 눈 의식하지 않고 행복할 수 있다는 자신감이 생겼다.

# 행복은 결과인가, 과정인가?

진천에서의 1년은 새로운 경험을 하면서 몸이 힘들어도 마음은 즐거운 날들이었지만, 한편으로는 잘난 줄 알았던 내가 얼마나 모자란 사람인지를 날마다 부서지며 깨닫는 시간이었다. 그 깨달음을 준 사람은 다름 아닌 방 하나를 빌려준 집주인 영감님이었는데 그분은 초등학교도 안 나오고 무학(無學)인데 가방끈 길다는 나를 사정없이 두들겨 부숴서 가르침을 줬다. 중요한 몇 가지만 소개하겠다.

옥수수를 심을 때의 일이다. 옥수수 2,000포기를 심으려니 일꾼을 빌릴 수밖에 없었는데, 날이 가물어서 호스로 물을 주면서 심어야 했다. 전날부터 세심하게 준비해서 큰 물통에다 수도를 연결해서 물을 받았다. 그 물을 다시 경운기에 장착된 모터에 연결했는데, 경운기 시동을 걸면 모터가 돌아가고 그러면 호스 끝에 달린 물총으로 물을 줄 수 있도록 했다. 그런데 영감님이 지나가면서 희미하게 웃고 간다. 저 미소는 무슨 뜻일까?

드디어 다음 날 작업을 시작해서 모종을 심는데 이게 웬일? 작업 시작

20분도 안 되어서 물총으로 물이 안 나온다. 알고 보니 수도에서 물통으로 들어가는 물의 양보다 경운기 모터를 통해 물총으로 쏘는 물의 양이 2배는 더 많아서 물통이 금세 비어버린 것이다. 일꾼 아주머니들은 모여서 노는데, 물통의 물은 졸졸거리며 차오르지 않으니 정말 낭패였다. 그런데 갑자기 영감님이 나타나더니 이렇게 말하며 등을 떠민다.

"김 씨, 경운기 몰고 냇가로 뛰어. 수돗물 받아서는 일이 안 되여!"

밭에서 냇가까지 500m는 족히 되는데 그렇게 긴 호스가 어디 있다는 말인가? 그러자 영감님이 "이거 싣고 얼른 가 연결해." 하며 경운기에 호스를 실어주는데 오호라 길이가 어마어마한 호스였다. 그렇게 해서 냇물에 호스를 연결한 뒤 무사히 그날 일을 마쳤다.

하루는 쟁기를 단 경운기로 밭을 갈러 나서는데 그 밭은 기울기가 30도 정도에 500평가량 되는 경사진 밭이었다. 아래쪽에서부터 경운기로 밭을 갈아가는데 조금만 까딱하면 기계가 아래쪽으로 훌러덩 뒤집힐 것 같아 몹시 불안했다. 그런데 이번에도 집주인 영감님이 지나가면서 씩 웃고 간다. '저 미소는 또 무슨 뜻인가?' 하는 찰나 바퀴가 큰 돌 하나를 만나더니 덜컹하고 흔들리면서 기계가 아래쪽으로 구르고 말았다. 깜짝 놀라서 넘어진 경운기를 일으켜 세우려 했더니 혼자서는 어림도 없었다. 그런데 그때였다. 영감님이 어디선가 지렛대로 쓸 큰 나무를 들고 달려오더니 "안 다쳤어?" 하고는 같이 기계를 일으켜 세워줬다. 그리고 이렇게 말했다.

"기울어진 밭은 위에서부터 밭을 갈아야지 위쪽 바퀴가 파인 고랑으로 들어가서 기계가 수평이 잡히는 게야. 그걸 반대로 하니 아래쪽 바퀴가 고랑으로 들어가서 더 기울어지잖는가 말이야?"

설명을 들어도 처음에는 도무지 무슨 말인지 모르겠고, 아까 웃고 지나간 것이 결국 기계가 넘어갈 걸 알았다는 뜻인데 왜 안 알려줬는지 야속하기만 했다.

이번에는 고추를 심고 나서 어느 정도 자라서 지주대를 세울 때의 일이다. 당시에도 농기구 점에 가면 쇠로 만든 지주대가 있었지만, 동네 분들을 보니 모두 산에 가서 나무를 잘라다 만들어 쓰고 있었다. 그래서 나도 똑같이 산에 가서 나무를 잘라다 지주대를 만들었다. 고추를 무려 7,000대나 심었으니 지주대도 어마어마하게 필요했다. 어림잡아 1,000개가 넘는 나무 막대를 만들어야 했는데 시간과 수고가 장난이 아니었다. 그래도 어쨌든 몇 날 며칠을 산에 가서 엎어지고 자빠지며 부지런히 만들어다 경운기로 실어 내려서 고추밭 한쪽 머리에 무더기로 쌓아놓았다. 이제는 그놈을 고추 4~5그루당 하나씩 박아넣고 끈으로 매주면 되는 것이다.

그런데 지주대를 고추밭 한쪽에 나란히 나누어 준비해놓은 걸 보고 영감님이 지나가다가 또 웃는다. 나무를 너무 가느다란 놈으로 잘라왔나? 아니면 곧지 않고 휜 놈을 잘라서 그러나? 이제는 기다릴 수 없다. 벌써 몇 번째이던가? 웃고 간 뒤 꼭 일이 터지고 나서야 알려주기를.

"아저씨, 또 뭐가 어설프게 됐습니까? 왜 웃으세요?"

"아니여. 잘혔구먼. 그냥 그대로 혀봐."

"아닙니다. 아저씨 웃으시는 거 보니까 또 제가 뭘 모르고 일을 하는 거 같은데요. 좀 미리 알려주세요."

"그리여? 그럼 알려주지. 나무를 고추밭 양쪽 머리에 나누어놓아야 멀리 왔다 갔다 안 하고 지주대를 박을 거 아니여! 저렇게 한쪽에만 놓으면 고추밭이 이렇게 긴데 저 끝에서 이 끝까지 가지러 왔다 갔다 해봐. 엄청 힘들거구먼! 암, 2~3배는 더 힘들지."

아하! 그렇구나. 에라! 모르겠다. 내친김에 다른 것까지 물어보았다.

"근데요, 어르신! 아, 그런 거를 미리 좀 알려주면 수고도 덜하고 훨씬 좋잖아요. 왜 꼭 일을 벌여놓은 다음에야 알려주세요? 이거 다시 실어 날라야 되잖아요, 힘들게!"

"미리? 아, 언제 김 씨가 나한테 그런 거 물어봤남? 혼자 알아서 다 허더구먼 그랴? 그리고 이런 거 나도 70년이나 배워서 깨달은 기여!"

그랬다. 가방끈 길다고, 회사에서 잘나갔다고, 도시적 잔 계산에 철저히 물들어 있는 인간이 어떻게 시골에서 초등학교도 안 나온 영감님에게 고분고분 물어보면서 일을 하겠는가? 또 미리 일러준들 무슨 소용이 있었겠는가? 그게 무슨 말인지를 해보지 않고는 도무지 알 수가 없는 걸. 그러기에 말씀은 미리 안 해도 어떤 사태가 벌어지리라는 것을 짐작하고 지켜보고 있다가 무슨 일이 생기면 '홍반장'처럼 어김없이 나타나서 해결해준 것이다. 그야말로 겉으로 표현은 안 해도 속으로는 혼자 와서 농사짓는다고 설치는 생 초보 농사꾼에게 깊은 관심을 가지고 지켜본 것이다. 1년 내내 이런 일은 수없이 이어졌다. 그렇게 여러 번 타박을 받고 문제를 해결하고 가르침을 받다가 어느 날 문득 새삼스레 깨달은 게 있었다. 그것은 바로 내가 사범대학에서 교육학을 전공하고 고등학교에서 아이들을 가르친 교사였다는 사실이다.

그런데, 그게 무슨 깨달음인가? 깨달음이다. 아이들을 가르친다고 몇 년씩이나 교육학을 공부하고 실제로 교직에 있었으면서도 가르침의 진짜 원리는 영감님만큼도 모르고 있었다는 깨달음이다.

영감님은 처음 마을로 내려왔을 때부터 말씀이 없었다. '뭐 하러 농사를 지으려 하느냐'는 말도, '왜 이 깊은 산골까지 왔느냐'는 말도, '농사 잘 지으려면 이래야 한다, 저래야 한다'는 말도 없었다. 오로지 지켜만 봤다. 그러면서 문제가 생길 것 같으면 미리 가서 연장이나 도구를 준비해뒀다가 일이 터지면 잽싸게 오셔서 해결해주고 그때야 비로소 이건 이렇게 해야 하고 저건 저렇게 한다고 가르쳐준 것이다. **깊은 애정과 관심, 그러면서도 앞서 욕심내지 않고 먼저 해보게 뒀다가 비로소 가르쳐주는 세심함, 절대로 잘못한다고 비난하지 않는 배려, 과연 누가 진정한 교사인가?** 나는 지금도, 돈 많은 재벌이나 권력 있는 정치인이나 유명한 예술가나 그 누구도 아닌 그때의 영감님을 닮은 인생으로 살고 싶다.

그렇게 농사가 다 끝나갈 무렵 그동안의 결과를 합산해서 따져보니 무려 250만 원의 손실이 났다. 처음 농사지으러 내려갈 때 아내에게 장담한 목표가 1,500만 원의 수익이었다. 귀농운동본부에서 공부할 때 어느 강사가 말하기를 한 평당 만 원의 수익을 낸다면 훌륭한 농부라고 하기에 대략 3,000평으로 잡고 초보니까 반으로 쳐서 1,500만 원을 목표로 삼은 것이다. 결과만 놓고 보면 참담한 실패였다. 그러나 돈을 못 벌었어도 생각할수록 행복한 미소가 떠올랐다. 힘들었지만 시행착오를 겪는 그 과정 하나하나에 희열이 있었다. 1년 농사를 마치면서 **나는 분명하게 행복은 결과가 아니라 과정이라는 사실을 깨달았다.**

현대인들이 옛날보다 훨씬 나은 물질적 풍요 속에 살면서도 행복하지 않은 것은 너무 결과에 치중하기 때문이다. 실제로 돈을 많이 벌어서 소위 성공했다고 하는 사람들도 '그때가 좋았다'는 말을 자주 한다. 없어서 못 먹고 못 살았어도 악착같이 잘살아보려고 노력했던 그 시절, 즉 그 과정이 행복했다는 것이다.

그렇다면 토사구팽을 당해서 분노하고, 앙심을 품고, 심지어 복수한다며 불까지 싸지르는 것은 모두 너무 결과에 치중한 탓이다. 필자의 경우만 봐도 회사를 키우면서 빛나는 시절, 행복한 순간이 엄청 많았다. 그 행복은 내가 살아 있는 한 아무도 **뺏어갈 수 없는 나의 것이다.** 예전에는 왜 그걸 몰랐을까?

그렇게 바라보면 '역사 속에 이름난 계산형(CS) 리더들, 토사구팽을 피해서 표표히 오너를 떠나 목숨을 살린 범려, 손무, 장량 등은 이미 이 진리를 분명하게 깨달은 것이 아닐까?' 하는 생각이 든다. 즉 **그들은 일이 이루어지고 난 뒤 오너한테 목숨을 잃는 것이 무서워서 피한 게 아니라 과정을 충분히 즐겼기에 만족하고 떠난 것이다.**

오늘날을 사는 우리라고 해서 그리 못할 게 없다. 토사구팽을 당했어도 충분히 행복할 수 있는 이유가 바로 여기에 있다.

# 정말 하늘이 무너져도 솟아날 구멍이 있을까?

옛 어른들은 '궁즉통(窮則通)' 즉 '하늘이 무너져도 솟아날 구멍이 있다'고 한다. 정말로 그럴까? 하늘이 무너져본 적이 없으니 그 말이 사실인지 아닌지는 알 길이 없으나 진천에서의 경험만 가지고 이야기한다면 나는 그 말이 진리라고 생각한다. 그렇다면 우리는 **아무리 힘든 상황에 직면해도 절대로 좌절하면 안 된다. 왜? 하늘이 무너져도 솟아날 구멍이 있기 때문이다.**

서울에 있는 전국귀농학교에서 교육을 받을 때 농부의 소득에 관한 중요한 이야기를 들었다. 그것은 한 평 당 1만 원의 소출을 올리면 훌륭한 농부라는 것이었다. 그 기준에 의하면 진천에서 3,000평 농사를 지었으니 3,000만 원의 소득을 올려야 하지만 생초보 농사꾼이 어디 그게 가능하겠는가? 그래서 집을 떠날 때 아내에게 한 해 농사를 짓고 나서 상경할 때는 1500만 원을 벌어오겠노라고 약조했다. 초보인 점을 고려해서 소득을 반으로 접은 것이다.

그러나 농사를 짓고 보니 기대했던 맷돌 호박은 풀에 덮여서 완전 실패했다. 인분까지 갖다 퍼부었지만, 제때 풀을 잡지 못하니 풀이 오히려 그 인분을 빨아먹고 무럭무럭 시커멓게 무성해져서 호박넝쿨은 그 속에 녹아버려 자취를 찾기 어려웠다. 옥수수는 익은 상태를 알 수가 없어서 대충 수확한 뒤 서울에 있는 둔촌 주공아파트 부녀회에 팔았더니 덜 익어서 비린 놈을 보냈다고 항의가 쏟아졌다. 가장 많이 심은 것이 1,500평 쥐눈이콩이었는데 그 역시 풀에 묻혀서 그 넓은 콩밭이 저 푸른 초원처럼 변해버리고 자취를 찾기가 어려웠다. 귀농학교에서 배운 대로 '지구를 구한다'고 제초제를 쓰지 않고 자연 농법으로 해본 것인데 어림없는 일이었다. 그나마 일부 수확한 것이 고추인데 고추 7,000대에서 쏟아지는 물량을 다 말릴 수가 없어서 물고추로 안산 농산물 시장에 내다 팔았는데, 그것만 가지고는 1년간 들어간 모종값, 비료값, 인건비, 도지 등을 감당할 수가 없었다. 결국, 대강 계산해보니 한 해 농사를 짓고 손해가 250만 원이 났다.

물론 손해가 났어도 농사를 짓는 과정은 앞에 말한 대로 행복했다. 그러나 현실은 냉정한 것, 아이 둘은 대학을 다니는 중인데 가장이 돈을 못 버니 아내는 동네 통장을 맡아서 손수레를 끌고 구민회보를 돌리면서 한 푼이라도 벌겠다고 하는 중이었다. 그런 사정을 잘 아는 터라 빈손은커녕 손해를 보고 집에 가기는 참 어려웠다. 그래서 더 벌지는 못해도 본전은 채우고자 무언가 일하기로 작정하고 마을 이장한테 어디 일용직을 구하는 데가 없느냐고 물었더니 마침 군청에서 산불이 난 자리에 약을 치는 인부를 구하는 중이란다. 무슨 약을 치는지 물어볼 겨를도 없이 무작정 일하겠다고 했다. 그렇게 해서 다음날 증평 어느 산속에 가보니 나보다 나이 많은 노인들 10명가량이 모여 있었다.

그날 맡겨진 일은 산불이 난 곳에 '근사미'라는 제초제를 뿌리는 일이었다. 이 근사미라는 제초제는 원래 이름이 '살라신 액'인데 뿌리까지 죽인다 해서 상품명을 그렇게 붙인 것이다. 나무에 뿌리면 잎에서부터 독이 스며들어가 결국 시들시들 말라 죽게 되는 맹독성 농약이며 우리나라에서만 사용한다고 한다. 현장에서 감독하는 조장이 절대로 맞바람 맞으며 치지 말라, 조금만 이상하면 바로 살포를 중지하고 내려와라 등 강한 어조로 주의 사항을 강조했는데 이 약을 치다가 질식해서 사망한 사람도 있기 때문이었다.

그러나 그런 내용을 전혀 알 리 없는 나는 오로지 하루 8만 원이라는 일당에만 정신이 팔려서 근사미 희석액 한 통을 등에 지고 용감하게 산자락에 달라붙었다. 일은 10명이 한 줄로 서서 산 밑에서부터 꼭대기로 약을 쳐나가는데 약을 치는 대상은 불난 자리에 새로 난 아카시아였다. 약이 옆으로 날려서 흡입하면 안 되므로 속도를 서로 일정하게 맞춰서 올라가는데, 마스크를 쓰고 작업하다 보니 호흡이 곤란했다. 더구나 약통이 어느 정도 비워지는 때부터는 괜찮은데 한 말이 가득 찬 통을 처음에 지고 나설 때는 힘이 들었다. 경사가 45도 정도로 가팔라서 잠깐만 방심해도 몸이 뒤로 넘어가려고 했다. 그래도 그 당시에는 어떤 일이든 하기로 작정하면 마다하지 않고 덤벼들 때였으므로 힘들어도 땀을 뻘뻘 흘리며 하루 일을 무사히 마쳤다.

그런데 복병은 의외의 곳에 숨어 있었다. 다음 날 또 증평 어딘가 산속에 가서 다시 약통을 지고 땀을 뻘뻘 흘리고 있는데 갑자기 휴대폰이 울렸다. 아내였다. 농사일 거의 끝났는데 어디 가서 무얼 하고 있는지 궁금해서 전화했다는 것이다. 일행이 산자락에 같이 붙어 있을 때라 통화를 다 하지 못하고 잠시 뒤에 약을 재충전하러 내려왔을 때 전화를 했다. 그리고 산불 난 자리에 '근사미'를 뿌리러 왔다고 자랑스레 이야기했다. 위험한 일도 마다하지 않고 이렇게 노력하는 중이라는 걸 보여주려 한 것이다. 그런데 그 순간 아내의 날카로운 단말마가 울려 퍼졌다.

"뭐? 근사미 치고 있다고? 그거 독한 거잖아? 이 사람이 지금 제정신이야 뭐야? 아니 농사일 한다고 시골로 가더니 왜 고엽제를 붙들고 난리야? 난리가!"

순간 깜짝 놀랐다. 서울서만 사는 아내가 어떻게 근사미를 아나? 그러자 아내의 외침이 들려왔다.

"자기, 내가 지금 어디에 있는 줄 알아?"
"어, 어딘데?"
"어디긴 어디야? 둔촌동 보훈병원 고엽제 환자실에 봉사활동 나와 있지! 고엽제 환자들이 그 후유증으로 얼마나 고생하는데 자기는 왜 스스로 나서서 그 약을 치는 거야?"

그랬다. 아내는 성당에서 오랫동안 레지오 봉사활동을 했는데 그 주

대상이 둔촌동 보훈병원 고엽제 환자들이었다. 그리고 이어서 엄명이 떨어졌다.

"일당이고 뭐고 다 때려치우고, 당장 내일 서울로 돌아와요!"

어느 명이라고 거역을 하겠는가? 당장 서울로 돌아가지는 않았지만 그렇게 근사미 치는 일은 이틀 만에 파하고 말았다. 그렇다고 1년 만에 덜렁덜렁 빈손으로 돌아가기도 그래서 어떻게든 다른 일을 하려고 해봤는데 도무지 낯선 시골에서는 일을 찾을 수가 없었다. 어디 한 군데 연고도 없고, 책상물림이라 변변한 전문 기술도 없다. 하릴없이 파리 날리며 창고 방에 앉아 온갖 궁리만 하고 있었다.

그런데 이게 웬일인가? 하려고만 한다면 세상에 사람이 죽으라는 법은 없었다. 그렇게 며칠을 죽치고 앉아 있는데 문득 이웃 마을에 사는 종업이라는 동생한테서 연락이 왔다. 봄에 벼 모종을 할 때 주인아저씨 논에서 이앙기 작업하는 걸 잠깐 도와준 적이 있었는데 잊지 않고 전화한 것이다. 이제 가을이라 벼를 벨 때가 되었는데 자기가 콤바인을 하니 한 달 동안 조수로 일해보라며 일당 7만 원에 하루 세끼를 먹여준다고 했다. **세상에! 일당이 7만 원이라면 한 달 총액이 210만 원! 적어도 본전만은 만들려고 애태웠던 딱 그 액수다!** 더 묻지도 따지지도 않고 무조건 하겠노라고 답했다. 손해액이 채워질 것이라는 기대는 물론이요, 그보다 더 반가운 건 하루 세끼를 먹여준다는 말이었다. 정말 그렇게 반가울 수가 없었다. 1년 동안 라면과 참치김치찌개로 때우는 끼니에 신물이 나 있던 터라 제대로 된 집밥을 먹을 수 있다는 사실이 눈물 나게 반가웠다.

그렇게 다음 날부터 생전 들도 보도 못한 콤바인 조수 생활이 시작됐는데 막상 종업이네 집에 가서 커다란 콤바인을 보니 주눅이 들었다. 덩치가 가장 큰 8조 콤바인이었는데, 문제는 그놈을 싣고 다니는 트럭이었다. 조수가 하는 일이 그 트럭에다 벼를 싣고 농협 창고까지 나르는 일이라니 운전이라고는 승용차만 해본 사람이 갑자기 4.5톤 트럭을 몰아야 한다니 난감한 일이 아닌가? 그래도 어쩔 것인가? 이 일이 아니면 이제는 정말 손해액을 채울 길이 없는 것을!

일과는 아침 일찍 종업이네 집으로 가서 커다란 유류 저장고에서 한 말들이 통 4개에 기름을 받아 트럭에 싣는 일부터 시작됐다. 그다음에는 트럭으로 콤바인이 올라갈 수 있도록 철제 사다리를 적재함에 걸치는 일, 콤바인을 싣고 나면 사다리를 걷어 올리고 문을 닫은 뒤 그날 벼를 벨 논으로 출발한다. 논에 도착하면 역순, 문 열고 사다리 걸치고 콤바인이 내려오면 사다리를 올리고 벼를 담을 1톤짜리 큰 마대를 준비한다. 그러고 나면 잽싸게 논에 뛰어 들어가서 콤바인이 들어갈 자리만큼 벼를 베어내고 논 네 귀퉁이의 벼도 베어낸다. 이를 '갓 돌림'이라 하는데 콤바인이 큰 기계라 귀퉁이 직각 부분을 바짝 베지 못하고 둥그렇게 원형으로 돌아야 하기 때문이다. 이 일도 매우 위험했다. 낫으로 벼를 베는 일이야 쉬웠지만 베어낸 벼를 돌아가는 콤바인에 집어넣는 일이 힘든 것이다. 앞으로 움직이는 콤바인을 따라가며 웽웽 돌아가는 톱니바퀴 사이로 벼를 끼워 넣어야 하는데 자칫 손이 들어가기라도 하면 생각만 해도 끔

찍한 일이었다!

콤바인이 논으로 들어가서 벼를 베기 시작하면 그때부터 조수의 진정한 업무가 시작된다. 콤바인의 벼 저장 통이 다 차면 트럭 있는 데로 와서 마대에 벼를 쏟아내는데 적재함에 가득 실으면 1톤짜리 마대 3개가 찬다. 그러면 그걸 진천 읍내 농협 창고까지 싣고 가서 벼를 부리고 다시 돌아오는데 이 대목이 가장 중요하다. 제때 논으로 돌아오지 못하면 저장 통이 다 찬 콤바인이 운행을 중지하고 기다리기 때문이다. 그야말로 시간과 싸움인데 얼른 보면 쉬운 일 같지만 날마다 벼를 베는 논이 바뀌니 농협으로 가는 길이 날마다 바뀌는 것이다. 처음 가는 곳이니 지리를 잘 모를 뿐만 아니라 게다가 논이 있는 곳의 길이라는 게 딱 차 한 대가 지나가기 좋게 만든 좁은 농로라 마주 오는 차를 만나기라도 하면 커다란 트럭을 후진시키느라 애를 먹었다. 한번은 급기야 사고를 쳤다. 마주 오는 차를 만나서 급하게 후진하다가 뒷바퀴가 도랑에 빠진 것이다. 아우한테 전화해도 받지 않았다. 기계가 돌아가는 소음 때문이다. 맞은 편에 밀려서 있는 차들은 빵빵대고 욕하고 난리가 났다. 난감하기 짝이 없는 시간이 10분쯤 흘렀는데 어디선가 아우가 큰 트랙터를 몰고 나타나더니 바가지로 트럭을 건져 주었다. 하도 차들이 빵빵대니 혹시나 해서 쳐다봤는데 아니나 다를까 내가 사고 쳤음을 안 것이다.

한번은 농협 창고에 가서 벼 마대를 드는데 아뿔싸! 마대 밑을 묶지 않아서 벼가 그대로 적재함에 쏟아지는 게 아닌가? 마대는 아래쪽에 기다란 소매처럼 늘어진 부분이 있는데 그놈을 쉽게 풀 수 있도록 매듭을 지어놓으면 크레인으로 들어서 창고로 옮긴 뒤 곡물 저장고에 매듭을 풀어서 쏟는 건데, 그걸 깜빡 잊고 묶지 않은 것이다. 어찌할 것인가? 빗자루로 적재함에 쏟아진 벼를 다 쓸어 담느라고 시간이 한참 지체됐다. 부랴부랴 논으로 돌아와 보니 벼 탱크가 가득 찬 콤바인이 논바닥 한 편에서 기다리고 있는데 고개를 들 수가 없었다. 어쨌든 그렇게 매일 우여곡절 끝에 한 논이 끝나면 다른 논으로 기계를 싣고 재빨리 이동해서 다시 같은 일을 반복했다.

처음 하는 일이라 좀 힘들었지만 눈치껏 일머리를 파악하니 그런 대로 할 만했다. 특히 아침에 일하러 나갈 때나 저녁에 마치고 돌아올 때 긴 시간을 차 안에서 아우와 이런저런 이야기를 나누다 보면 정말 재미있었다. 아우는 나보다 16살이 어렸는데 위계가 분명해야 한다고 해서 내가 아우를 부르는 호칭은 '대장'이었다. 아우는 그 동네에서 콤바인 일 잘하기로 소문난 전문가였는데, 내가 어디서 무엇을 하던 사람인지는 묻지 않았지만, 그저 대학과 대학원을 나왔다니까 '지금까지 썼던 조수 중에 형님이 가장 가방끈 긴 조수'라며 좋아했다. 그리고 무엇보다도 종업이 아버지가 나를 아껴줬다. 콤바인 일이 시작되면 한 달 내내 논에서 벼 이삭만 바라보고 일하니 재미없다고 투정이 많았는데, 올해는 김 씨를 조수로 삼고 나서 만날 재미있다고 아들이 즐거워한다는 것이다. 나도 일이 재미있고 밥이 맛있어서 룰루랄라 하고 있었는데 그렇게 평탄한 며칠이 지나고 드디어 콤바인 조수의 진짜 쓴맛을 보는 날이 왔다.

논이 어느 정도 말라 있으면 콤바인이 술술 벼를 베며 잘 돌아가는데 그날은 깊은 진흙 펄이 있는 논을 만난 것이다. 갑자기 콤바인이 그 펄에 빠지면서 부릉부릉하고 가속 페달을 밟아도 그럴수록 점점 깊이 빠져들기만 했다. 급기야 아우와 같이 트럭을 타고 종업이네 집으로 가서 어마어마하게 큰 트랙터를 끌고 왔다. 거기에다 체인을 걸고 펄에 빠진 콤바인을 끌어내는데 맙소사 평소에 영상으로만 보던 UDT 훈련이 따로 없었다. 진흙 펄 속을 기어 다니며 체인을 연결한 뒤 이리 구르고 저리 뛰는데 온몸이 펄투성이라 눈만 하얗게 보이니, 그야말로 나는 누구이고 여기는 어디인가였다. 게다가 그렇게 기계를 빼내느라 힘이 다 빠졌는데 아우는 그날 예약된 벼 베기 작업을 미룰 수 없다며 헤드라이트를 켜고 밤일을 했고 거의 자정이 다 되어서야 일이 끝났다. 낮에도 운전하기 힘든 좁은 농로를 컴컴한 밤에 벼를 싣고 달리는 모습을 상상해보라! 집에 돌아와 방에 누우니 완전 파김치가 되었다. 이 일을 계속할 것인가, 말 것인가 이때가 가장 큰 고비였다.

그러나 어찌할 것인가? 어차피 쉬운 일이라고 생각하고 나선 건 아니지 않은가? 그래, 끝까지 가보자. 어디 힘들면 얼마나 힘든지 한번 해보자. 다음 날 아침, 쑤시는 몸을 추스르며 다시 종업이네 집으로 갔다. 한 달 내내 몸은 힘들었지만, 마음이 맞고 손발이 척척 맞는 아우와 일하니 힘든 만큼 그래도 희열이 컸다. 그렇게 생각지도 않았던 콤바인 조수 일을 한 달 무사히 마치고 드디어 품삯을 받는 날, 종업이 아버지가 한 달 치 210만 원을 현찰로 주더니 쌀 한 가마를 선뜻 현물로 더 주는 게 아닌가? 콤바인이 펄에 빠지던 날 파김치가 된 내 모습을 보면서, '그럼 그렇지, 먹물 든 사람이 과연 힘든 일을 버텨내겠나.' 하고 걱정했는데 예상외로 한 달 동안 잘해주어서 주는 보너스란다. 그렇게 250만 원 손해액이 보충됐고 그때 정말 사람이 죽으라는 법은 없다는 것을 깨달았다. 그렇다. 아무리 어렵고 힘들어도 열심히 하고자 진실한 마음만 먹으면 도움의 손길은 항상 어디에선가 대기하고 있다. 물론 그 도움의 손길은 그냥 앉아서 받아먹을 수 있는 건 아니다. 숨이 끊어지고 몸이 부서질 듯이 힘들어도 끝까지 버텨야 보상이 주어지는 것인데, 다시 말하면 하늘이 무너져도 솟아날 구멍은 분명 생기지만 그 구멍을 적당히 통과하려고 하면 구멍은 금세 닫혀버린다.

콤바인 일을 하면서 한 가지 더 알게 된 것은 세상은 정말 좁다는 사실이었다. 한 달 일을 마치고 나니 종업 아우가 '형님 수고했으니 지가 술 한잔 크게 살게유!' 해서 아우 집이 있는 청주로 가게 되었다. 그런데 집에 들러서 아우가 옷을 갈아입는 동안 거실에서 기다리는데 문득 책장에 눈이 익은 책이 몇 권 보였다. 내가 그렇게 청춘을 바쳐 일했던 회사에서 만든 아동 도서였다. 한두 권이 아니라 꽤 많길래 물었다.

"왜 이 회사 책이 이리 많은가?"
"아, 그거요? 우리 처제가 그 회사 다녀요."

호기심에 다시 물어봤다.

"어디에서 일하는데?"
"서청주 지국에서 업무사원으로 일해요."

이렇게 답하는 게 아닌가? 세상이 이렇게 좁다니! 서청주 지국장은 내가 잘나가던 현역 시절 주례를 서준 친구였다. 그래서 술을 마시러 식당에 갔는데 갑자기 장난기가 발동해서 아우에게 심령술을 한번 보여주겠다고 내 손을 잡아보라고 했다.

"속으로 처제 전화번호를 생각해보게. 그럼 내가 알아맞혀보지."
"에이, 형님 쓸데없는 장난하지 말고 술이나 드셔유!"

믿지를 않는다. 그러나 나는 이미 준비가 되어 있었다. 뭣 때문에 그때까지 그걸 들고 다녔는지는 기억이 안 나지만 회사에서 인사담당을 하던 시절 전 직원 비상 연락망을 포켓용으로 만든 게 있었는데 그게 주머니에 들어 있었고 그걸 보고 미리 전화번호를 외워둔 것이다. 내가 다시 정색하고 말했다.

"아, 이 사람아. 믿음을 가지고 손 이리 줘봐!"

처제 전화번호를 맘속으로 떠올리라고 한 뒤, 심각한 표정을 짓다가 드디어 전화번호를 띄엄띄엄 말해줬다. 그러자 아우가 경악하면서 파랗게 질린 얼굴을 하는 게 아닌가?

"아니, 형님 정말 뭐 하는 사람이유? 어떻게 그걸 알아 맞혀유?"

아우가 너무 놀라는 바람에 도리어 내가 무안해서 바로 진실을 말해줬더니 재미있어했다.

"제가 형님이 어딘지 범상한 사람이 아닌 줄은 진즉 알아봤슈!"

세상이 얼마나 좁은가? 전혀 남인 것 같아도 한두 다리만 건너면 모두가 아는 사람이다. 회사에서 쫓겨난 이야기를 하니 아우가 주먹을 쥐고 분개하는데, '백인이왈가살(百人而曰可殺)'이라는 말이 있듯이 그런 악평이 쌓여서 자신도 모르는 사이에 사람이나 회사가 힘들어진다는 사실을 그때 새삼 깊이 깨달았다.

# 내 운명은 왜 나를 외면하는가?

콤바인 조수를 마지막으로 논밭에서 하는 농사가 다 끝났으니 겨울을 나려면 다른 일을 잡아야 했다. 마침, 마을 근처에 중소 제약회사가 있었는데 그곳에서 경비를 구한다는 이야기를 이장한테 들었다. 격일 24시간 근무에 한 달 급여가 70만 원이라는데 그 정도면 생활비 하고 농사짓기에 부족함이 없을 것 같아서 해보겠다고 했더니 지원서를 내란다. 그런데 이장 말이 그곳 사장이 좀 괴팍한 사람이라 면접을 볼 때 고분고분하게 굴라고 조언을 해준다. 모든 것을 다 내려놓고 인생 저 깊은 밑바닥까지 다 가본 내가 고분고분하지 않을 이유가 무엇이겠는가? 염려 붙들어매시라 하고 지원서를 냈다.

그런데 면접 보는 날 회사로 갔더니 사장은 만나지도 못했다. 인사과장이라는 사람이 오더니 대뜸 우리는 오래 일할 사람을 찾는다는 것이다. 즉 불합격 통지였다. 난 여기 마을에서 죽을 때까지 농사를 지을 사람이니 오래 일할 건데 왜 불합격이냐고 했더니 학력과 경력이 너무 화려하단다. 고대(高大) 나온 데다 고등학교 교사를 하고, 큰 회사에서 임원까지 한 사람이 무슨 경비원을 오래 하겠느냐는 것이다. 그도 그럴 것이 경비원이라는 직종의 특성을 생각 못 하고, 이력서라면 무조건 있는 경력은 다 쓰는 게 습관이 되어서 회사에서 뉴욕 지사장 한 것까지 다 썼으니 그 과장이 놀란 모양이었다. 그래서 그런 거 다 부질없는 간판일 뿐이며, 난 한다면 오래 할 생각이라고 조금 부연 설명을 했다. 우스갯소리로 호박 농사지으며 똥거름 뒤집어쓴 이야기까지 했더니 그 과장이 웃으며 그러면 이력서를 다시 쓰라고 했다. 초등학교까지만 쓰고 나머지는 다 빼라는 것이다. 한마디로 학력을 국졸로 해야 사장이 안심하고 뽑을 거라는 것이었다. 그래서 알겠노라 하고 그렇게 썼더니 이번에도 다시 퇴짜란다. 시키는 대로 했는데 왜 그러느냐고 했더니, 초등학교만 나온 사람이 글씨를 이렇게 잘 쓸 수 있느냐는 것이다. 그래서 이번에는 왼손으로 이력서를 썼는데 형편없이 삐뚤빼뚤한 글씨를 보니 이제는 합격할 것 같았다. 그런데 또 불합격, 다시 고치란다. 도대체 뭐가 문제냐고 했더니 종교가 문제라는 것이다. 사장이 독실한 불교 신자인데 '예수쟁이'는 채용하지 않는다면서 종교란에 쓴 천주교를 빼라는 것이다.

그러자 이번에는 나도 생각이 달랐다. 왜 이리 문턱이 높은가? 아무리 내가 시골에 정착해서 농사를 지으려 하고 소득이 정상화될 때까지 생활비가 필요해서 취업이 간절하지만, 주말마다 성당에 나가는 천주교 신자가 종교 없음이라고 거짓말을 하면서까지 경비원을 해야 하는가? 어디서 오는 것인지는 알 수 없지만, 문득 그곳은 네가 있을 곳이 아니라는 계시를 주시는 것 같은 느낌이 들었다. 그래서 "그렇게까지 하면서 취업할 생각은 없습니다." 하고 포기하고 말았다. 그리고 하는 일도 없이 바람 새는 창고 방에서 추운 겨울을 날 수는 없으므로 일단 서울 집으로 철수하게 되었다.

그때는 잘 몰랐지만, 만약 그때 그 제약회사에 경비원이 되었다면 내 인생은 어떤 방향으로 흘러갔을까? 과거(過去)에는 가정(假定)이 없다지만, 아마 주경야독 식으로 하루는 회사 나가 경비 서고 하루는 농사지으면서 열심히 살았을 것이다. 이미 그때는 모든 것을 다 내려놓은 상태였기 때문에 '경비원이면 어떻고 수위면 어떤가?' 하는 심정으로 분명 하루하루 재미있게 살았을 텐데 3번씩이나 이력서를 고치라고 하는 바람에 그곳을 포기하고 귀경해서 결국은 작가가 되었으니 인생이란 참 알 수 없다.

어쨌든 경비원을 하며 농사짓는 것도 괜찮지만, 작가로서 방송으로 강연으로 책으로 작게나마 직장인들에게 고민 상담을 해주며 보람찬 인생을 살고 있으니 지금이 훨씬 낫다. 결국 나로서는 그때의 불합격이 전화위복이 된 셈이다. 그때는 간절히 원하는데도 대단할 것도 없는 경비원 자리마저 왜 주어지지 않는가 하고 안타까워한 것이 사실이지만 그리 힘들어하지는 않았다. 왜? 이미 그때는 토사구팽이라는 최악의 불행이 나하기에 따라서 얼마든지 최상의 행운으로 바뀔 수도 있음을 깊이 깨달은 시점이었기 때문이다.

그리고 지금 돌아보면서 중요한 것 한 가지를 더 알게 되었는데 그것은 바로 **내 운명은 항상 내 편이라는 사실이다.** 내 운명이 나를 파탄으로 내몰기 위해서 애쓸 리는 없지 않은가? 다만 여러 가지 길을 준비해놓고

가야 하는 길이 아닐 때 그것을 막아서는 것뿐이다. 안타까운 것은, 운명은 그런 내막을 누구에게도 일일이 설명해주지 않는다는 것이다. 간절히 원하고 노력해도 안 될 때, 그것을 운칠기삼(運七技三)이라고 변명할건지, 아니면 내 팔자가 박(薄)하다고 실망할 것인지, '이 길이 아닌가 보다.' 하고 순순히 받아들여서 다른 길을 찾아 나설 것인지는 오직 본인의선택에 달려 있다.

그리고 운명의 시험에는 정직하게 답해야 한다고 본다. 기어이 안 되는 일을 끝까지 '운명아, 비켜라.' 하고 억지를 부린다든지, 잔머리로 순간을 넘기려 하면 그때는 불행이 찾아온다. 필자가 만일 그때 이력서 종교란에 천주교를 지우고 경비원으로 들어갔다면 오늘의 이 자리에는 결코 올라서지 못했을 것이다. 따라서 혹 '내 팔자가 왜 이리 사나운가?' 하고 힘들어하는 독자가 있다면 운명을 탓하지 말고 운명이 내 편임을 믿고 정직하게 최선을 다하기 바란다. 그러면 반드시 웃는 날이 올 것이다.

# 나한테는 왜 이렇게 시련이 많은가?

진천에서 중소 제약회사 취업에 실패하고 서울로 돌아와서 C일보 편집국 교열부에 편집위원으로 취직했다. 겨울에는 농사를 못 지으니 바람 숭숭 새는 찬 방에서 할 일 없이 앉아서 겨울을 날 수는 없었다. 그래서 다음 해, 봄이 되면 다시 귀농지를 찾아갈 요량으로 겨울 동안 직장 일을 하기로 한 것이다.

신문사에서 일한 지 반년이 지난 2005년 4월, 화천군 동촌리에서 마을 사무장을 구한다는 소식이 들려왔다. 15년이 지난 지금도 그렇지만 동촌리는 해발 645m의 고개를 넘어야 들어올 수 있고, 나가는 길도 달리 없는 지리적으로는 오지 중의 오지 마을이다. 물론 그러다 보니 환경 훼손이 덜 되어서 물이 맑고 풍광이 아름다운 장점이 있다.

어쨌든 당시에는 '도농상생(都農相生)'이라는 깃발 아래 많은 시골 마을이 농촌관광 사업을 추진할 때였는데 나는 그 이야기를 듣고 꿈에 부풀었다. 왜냐면 회사에서 연수실장을 7년씩이나 하면서 많은 프로그램을 진행해보고 강의도 직접 해봤으니 그런 쪽의 일에는 자신이 있었기 때문이다. 그래서 '마을 사무장'이라는 명칭이 마치 유엔 사무총장 같이 느껴졌으나 막상 임해보니 현실은 내 생각과 너무 달랐다.

5월 22일 마을로 내려와서 짐을 풀자마자 이장이 말하기를 내일 한 등산모임에서 1박 2일 합숙을 오니 오늘 돼지를 한 마리 잡아야 한다는 것이다. 나는 아무 생각 없이 이장을 따라나섰고 노인회 회원들과 함께 돼지를 기르는 집에 가서 실한 놈으로 한 마리 포획하는 모습을 쭈그리고 앉아서 구경했다. 그런데 연수원 마당으로 돼지를 싣고 왔을 때부터 일이 이상하게 돌아갔다. 커다란 LP 가스통에 토치램프를 연결하더니 불을 붙인 뒤에 나를 불러서 붙잡으라는 게 아닌가?

'아니, 이걸 왜 나보고 붙잡으라고 하지?'

생각할 겨를도 없이 이장과 다른 한 사람이 삽을 들고 털을 벗기기 시작했다.

"아, 뭐 해? 가스 불 똑바로 갖다 대야지!"

성화가 대단했다. '사무장이면 사무를 보는 게 아니었나?' 잠깐 그런 생각을 했지만, 털이 타는 매캐한 냄새와 쏟아지는 호스 물이 시커멓게 튀어서 옷이 엉망이 되니 이런저런 생각할 겨를이 없었다. 털을 다 벗기고 나서 돼지를 잡는 일은 전문가들이 달려들어서 처리했다. 나는 그 모양을 보면서 비로소 안심했다.

'그래, 돼지 잡는데 그까짓 가스 불 한 번 잡아주는 거야 뭐 그리 대수인가?'

그러나 그게 아니었다. 부위별로 떼어낸 돼지 한 마리를 주방의 큰 탁자 위에 턱턱 갖다 놓더니 이장이 다시 나를 불렀다. 그리고는 정육점에 가면 일꾼들이 입는 기다란 검정 고무 치마를 입혀준 뒤 식칼을 주면서 양념 불고기를 할 거니까 먹기 좋은 크기로 썰라는 게 아닌가? 아니, 붉은 피 철철 흐르는 돼지고기를 왜 내가 썰어야 하나? 나는 사무(事務)의 장(長)인데? 그래서 이렇게 물어봤다.

"아니, 이걸 제가 썰어야 하는 겁니까?"

그러자 이장이 답한다.

"그럼 이장인 내가 하리?"

갑자기 할 말이 없었다. 할 수 없이 칼을 들고 고기를 써는데 이게 정육점에서 뼈를 발라준 놈과는 전혀 사정이 달랐다. 살 속에 있는 뼈를 발라내면서 고기를 썰어야 하는데 칼이 자꾸 엇나가서 손이 다칠까 봐 엄청 신경이 쓰였다. 그러다 보니 '서툰 백정 쇠갈비 발라내듯 한다'는 옛말처럼 고기를 뼈에서 잘 발라내지 못하고 뭉텅이로 붙여둔 뒤 나중에 뼈에 붙은 놈을 칼로 긁어냈다. 그랬더니 지나가던 이장이 보고 화를 버럭 낸다.

"아, 살코기를 잘 발라낸 뒤에 불고기거리로 썰라고 했지. 누가 고기를 다 부스러트리래? 칼질이 엉망이구만. 좀 똑바로 해봐!"

나는 어이가 없었다. 아니, 왜 엉망이 아니겠는가? 내가 정육점 사장을 해본 것도 아니고 뼈가 그대로 달린 돼지고기는 통째로 썰어본 일도 아예 없으니 말이다. 땀은 소낙비처럼 흐르고 그 땀을 닦느라 얼굴을 손으로 훔치니 얼굴은 돼지 피로 칠갑이 되었다. 잠깐 쉬느라 거울을 봤더니 영락없는 정육점 아저씨 모습이다. '여기는 어디고 나는 누구인가? 농촌 관광 사업을 일으키리라는 청운의 뜻을 품고 내려왔는데 첫날부터 이게 무슨 꼴인가? 나 혼자 내려왔기에 망정이지 아내가 이 꼴을 봤다면 뭐라고 했을까? 이게 사무장의 일이란 말인가?' 별별 생각이 다 들었다.

그렇게 담배 연기를 후후하고 내뿜다가 문득 진천에서 호박밭에 거름 준다고, 인분통 나르다가 돌에 튕겨서 얼굴에 똥 범벅 했던 일이 떠올랐다. 그래 그랬지. 그때 '인분 나르다가 얼굴에 똥 범벅 해본 임원 있으면 나와보라'는 마음이지 않았던가? 이 일이라고 다를 게 무언가? 그래. 검정 고무 치마 입고 식칼 하나로 돼지 한 마리 다 썰어본 임원 있으면 나와보라고 하자. 일단 그렇게 마음먹으니 화가 가라앉으면서 웃음이 나왔다. 어쨌거나 그렇게 오후 내내 땀을 뻘뻘 흘리며 고기를 썰었는데, 그 뒤로 1년 동안 사무장 하면서 잡은 돼지만 10마리가 넘었다. 그리고 연수원에 손님이 오면 숯불 피우고 고기 굽고 술 나르고, 손님 빠지면 이불 개고 방 쓸고 닦는 게 일이었는데 특히 화장실 청소, 그중 여자 화장실 청소는 아주 고역이었다.

하루는 동네 청년이 다가오더니 빈정거리는 말투로 이렇게 말했다.

"아니, 사무장님, 서울서 좋은 대학도 나오고 회사에서 임원도 했다는데, 다른 건 몰라도 여자 화장실 청소하는 거 괜찮습니까?"

나는 단호하게 이렇게 답했다.

"그럼요. 괜찮습니다."

그 청년이 그렇게 물어본 이유가 뻔했기 때문이다. 여자 생리대를 남자 손으로 치우는 게 창피하지 않은지 묻는 건데 그래서 어쩌란 말인가? 원효 스님이 해골바가지에 든 물을 맛있게 들이켰듯이 나에게 맡겨진 일이니 내가 해야 하지 않겠는가? 그 문제를 들고 이장한테 가서 "아니, 여자 화장실도 제가 청소해야 합니까?"라고 하면 돌아올 답은 뻔하다.

"그럼 이장이 하리?"

그렇게 해서 남들은 뭐라고 할지 모르지만 나는 '얼굴에 똥 범벅 해본 사람'이라는 이력 위에 '돼지 한 마리 다 썰어본 사람'이라는 이력과 '여자 화장실 1년 동안 청소한 사람'이라는 이력 2가지를 더하게 되었다. 요즘은 세상이 달라져서 힘든 일을 안 하려고 하는 추세라고 하는데, 나는 어떤 일을 하기로 했으면 망설이지 않고 몸을 던져서 일해야 한다고 본다. 물론 힘든 일을 안 해도 되는 처지라면 안 해도 된다. 그러나 힘든 일이라도 해야 하는 처지임에도 불구하고 '에이 더러워.'라거나 '아이고, 힘들어.' 하면서 아예 일을 안 하고 피하거나 대충하는 건 잘못이다.

인생을 살면서 바닥을 경험하는 것은 결코, 부끄러운 일이 아니다. 왜냐면 운명이란 존재는 엄격하고 노련한 스승과 같기 때문이다. 즉 어떤 사람에게 기회를 줄 때 그 사람의 기량과 수준이 어느 정도인지를 시험해보고 그 기회를 살릴 만하면 준다. 즉 무대에 세울 만하면 출연 기회를 주지만 아직 수준이 멀었다면 무대에 세워달라고 조른다고 해도 섣불리 들어주지 않는 것이다. 그래서 **운명은 기회를 주기 전에 여러 번 시련으로 시험한다. 결국 시련은 기회가 파견한 정찰병과도 같은 것이다.**

# 어떻게 해야 기회를 붙잡을 수 있는가?

　우리는 왜 성공의 기회를 붙잡기가 어려울까? 그것은 기회가 분명한 모양이 아니라 '희미한 싹'의 모습을 하고 있기 때문이다. 그렇다. 필자가 험난한 인생을 살아보니 **기회는 완성된 모양으로 오지 않고 가능성의 모습으로 온다.** 모든 사람에게 기회는 온다. 그러나 그것이 처음에는 기회인지 아닌지 구분하기 힘든 '싹'의 모습으로 오고, 또 하나가 아니라 이런저런 싹이 겹쳐서 나오며, 그 싹은 상당히 여려서 까딱하면 말라 죽어버린다. 그렇기 때문에 기회의 싹을 제대로 알아보고 그것을 잘 포착해야 하며, 여러 개 중에서 가장 튼튼하고 알맞은 것으로 골라야 하고, 일단 선택했으면 꺼지기 쉬운 촛불을 바람 속에 들고 가듯이 잘 보듬고 살펴서 점차 밝은 빛이 타오르도록 키워내야 한다. 그러면 그 싹은 점점 자라나 어느 한순간에 잎이 무성한 큰 나무처럼 울창해지는데 그때가 되면 비로소 열매를 맺어 후드득거리며 알맹이가 쏟아져 내린다. 그리고 그것을 겸손하게 받아 챙기면 기회는 완성된다.

　다시 한 번 요약하면 기회의 싹을 완성하는 과정은 4단계로 나뉜다. 첫째 싹을 보는 눈이 있어야 하고, 둘째 여러 싹 중에 그야말로 가장 튼튼

한 싹수를 선택해야 하며, 셋째 잘 자랄 때까지 꾸준히 물을 주어서 무성하게 길러내야 하고, 마지막으로 넷째는 열매를 공손하게 챙겨야 한다. 그리고 이 4단계를 잘 수행할 수 있는 비결은 각각 신념(信念), 성실(誠實), 인내(忍耐), 감사(感謝)이다.

신념이란 앞 장(章)에서 이야기한 '내 운명은 항상 내 편임을 믿는 것'이다. 그 **어떤 고난이나 실패가 있더라도 그것은 내 운명이 나를 시험하며 더 좋은 길을 찾는 과정이지, 결코 운명이 나를 버린 것이 아님을 분명하게 믿어야 한다.** 그러면 어느 순간 기회의 싹이 보인다. 그러나 불평불만하고, 세상을 탓하고, 내 팔자와 운명을 한탄하고만 있으면 눈에 비늘이 덮여 기회의 싹은 보이지 않는다. 아니 보이지 않을 뿐만 아니라 찾아온 기회의 싹을 발 아래 바삭바삭 스스로 밟아서 부숴버린다. 어찌 보면 이 신념은 태교(胎敎)와도 같다. 임산부가 듣고 보고 먹고 마시는 모든 것이 아기에게 영향을 주듯이 기회의 싹도 그러하다. 그렇기 때문에 좋은 말을 가려 들어야 하고, 좋은 것을 가려 보아야 하고, 정신을 맑게 해야 한다. 실제로 세상에는 남의 불행을 나의 위안으로 삼는 사람들이 허다하다. 아니 허다한 게 아니라 어찌 보면 그것이 인간의 본성이므로 필자도 그런 사람 중의 하나일 수밖에 없다. 따라서 당신을 원래 불행한 존재라고, 세상 사람이 다 나쁜 놈이라고, 제대로 된 기회는 찾아오지 않을 거라고 당신을 유혹하는 사람이 주변에는 수두룩하다. 그러니 이 유혹을 가려듣고 가려볼 줄 알아야 한다.

성실은 **남이 보지 않는 곳에서도 열심히 하는 것이다.** 남의 눈을 의식해서 남이 볼 때 열심히 하는 사람들은 쌔고 쌨다. 직장에서는 상사가 볼 때, 종업원은 가게 주인이 볼 때, 학생은 선생이 볼 때, 아이는 어른이 볼 때, 자녀는 부모가 볼 때, 운전자는 교통경찰이 볼 때, 연인은 애인이 볼 때, 정치인은 유권자가 볼 때, 스타는 팬들이 볼 때 등등 남들이 볼 때는 대부분 다 정직한 모습으로 열심히 한다. 그러나 그 모든 눈이 사라지고 혼자가 되었을 때도 정직하고 열심인 사람은 드물다. 그래서 기회의 싹을 제대로 키우는 사람이 드문 것이다.

인내는 기다릴 줄 아는 것이다. **기회의 싹은 처음에는 산술급수적으로 자라다가 나중이 되어서 기하급수적으로 자라는 특성이 있다.** 그런데 자라는 기간을 열로 친다면 아홉이 산술급수적으로 자라다가 마지막 하나가 기하급수적으로 자란다. 그러기 때문에 기회가 뻥튀기되는 10번째 단계에 도달하려면 끊임없이 싹에 물을 주며 상당히 지루한 시간을 기다려야 한다. 그리고 이 과정은 물을 끓이는 것과 같다. 아무리 불을 때도 물은 100도가 되어야 끓는다. 즉 기회를 뻥튀기하려면 9단계의 마지막까지 완벽하게 정성을 들여야 한다. 세상 사람 중에는 어느 정도 노력하다가 99도 지점인 이 마지막 순간을 넘기지 못해서, 즉 1도가 부족해서 기회를 날려버리는 이들이 많다. 사실 오늘 이 순간에도 한번 인생을 제대로 살아보겠노라고 입술 깨물며 도전하는 사람이 많다. 그러나 대부분 5나 6단계에서 주저앉고 말며, 9까지 가서도 방심해서 주저앉는다.

마지막 감사는 겸손을 뜻한다. 열매를 맺고 그 열매가 후드득거리며 내 발 앞에 쏟아지면 대부분 사람은 교만해지거나 이기적으로 변한다.

그러나 **이 열매는 교만이나 이기심으로는 제대로 건져지지 않고 신기루처럼 사라져버리는 특성이 있다.** 그래서 오랜 노력 끝에 열매를 맺는 단계에 다다랐는데도 교만과 이기심에 빠져 한 방에 훅 가고 만 기업가, 스포츠 스타, 연예계 스타, 문인(文人), 정치인, 교수 등이 수없이 많다. 필자가 일일이 구체적으로 이름을 대지 않아도 독자들은 다 알 것이다. 따라서 끝까지 방심하지 말고 겸손해야 하며 열매를 남과 나눠야 한다. 그러려면 항상 감사하는 마음을 지녀야 한다.

이상이 필자가 토사구팽을 당한 이후에 작가가 되어 방송인이자 강사로 이 자리에 설 때까지 나름대로 깨달은 성공의 4단계이자 비결이다. 그런데 우리는 잘 못 느끼고 살지만, 이 세상이 돌아가는 원리는 하나도 어김이 없다. 즉 우리가 애쓰거나 간섭하지 않아도 해와 달은 어김없이 뜨고 지며, 봄 여름 가을 겨울은 어김없이 찾아오고 또 지나간다. 아무리 못난 사람이나 잘난 사람도, 아무리 가난한 사람이나 부자인 사람도 어김없이 나고 자라고 병들어 때가 되면 죽는다. 그런데 성공의 4단계도 이처럼 어김이 없다. 그것이 눈에 보이지 않는 형이상학이어서 그렇지, 이 세상이 돌아가는 원리임에는 틀림이 없기 때문이다.

그 원리에 따라 나에게도 어김없이 기회의 싹이 찾아왔다. 시작은 2005년 C일보 편집국에서 일할 때, 한 유머 강사의 단행본 원고에 대한 윤문(潤文 : Rewriting) 작업을 의뢰받으면서 비롯되었다. 그 유머 강사가 쓴 단행본은 아이들의 미래를 엄마의 유머가 결정한다는 내용이었는데 저자가 교육학 전공이 아니어서 유머는 많이 들어갔어도 교육학 지식은 많이 부족했다. 사범대에서 교육학을 전공하고 실제로 학교에서 교사까지 해본 나는 정말 성심성의껏 수정 보완 작업을 해주었다. 그랬더니 작업 의뢰자인 출판사 홍승록 과장이 고맙다고 저녁을 같이하자는 것이다. 그래서 소주를 곁들인 저녁을 했는데 이런저런 이야기를 하다가 자연스레 신문사 교열위원으로 오기까지의 내 인생 여정을 풀어놓게 되었다. 그런데 홍 과장이 재미있다고 다시 한 번 만나자고 해서 한 번 더 저녁을 같이했다. 그런데 또 재미있다고 세 번째 만남을 제안하는 것이 아닌가? 나야 술 얻어먹고 내 속에 쌓인 지나간 직장생활의 열정과 배신에 얽힌 이야기를 풀어놓으니 일거양득이라 불감청이언정 고소원이었다. 그래서 세 번째 만남에서도 시간 가는 줄 모르고 열변을 토했는데 이야기를 다 듣고 난 홍 과장이 문득 내 이야기를 책으로 내고 하는 것이 아닌가?

처음에는 내 귀를 의심했다. 책을 쓴다는 생각은 단 한 번도 해본 적이 없고 또 아무리 열심히 직장생활하고 끝에는 극적으로 토사구팽 당했더라도 이 세상에 그만한 사연 없는 사람이 어디 있겠는가? 게다가 나는 직장생활을 통해서 무언가 크게 이루어놓은 것도 없는 무명인에 불과하지 않은가? 그래서 단칼에 생각 없다고 거절했는데, 홍 과장은 그래도 한번 잘 생각해보기 바란다며 여운을 남기고 헤어졌다.

그리고 그것으로 책 이야기는 끝이 났다. 앞 장에서 말한 것처럼, 동촌리로 귀농을 해버렸기 때문이다. 그렇게 마을에서 새로운 환경에 적응하며 1년을 보내고 사무장을 그만둔 뒤 이제는 본격적으로 농사를 지어보리라 마음먹고 있던 다음 해 봄날 서울에서 2통의 전화가 동시에 걸려왔다. 하나는 한 헤드헌터에게서 온 전화로 연봉 1억을 주겠다는 곳이 있으니 서울로 와서 대표이사로 일할 생각이 없느냐는 제안이었다. 그리고 다른 하나는 바로 홍 과장의 전화였는데 1년 동안 시골살이를 해봤을 테니 이제는 그때 이야기했던 책을 쓰자는 것이다. 참으로 놀라운 끈기였다. 내가 무슨 유명 인사도 아니요, 모든 걸 버리고 시골로 잠적해버린 귀농자인데 잊지 않고 기억해두었다가 1년 만에 다시 전화한 것이다.

갑자기 2가지 새로운 길이 짠하고 나타났으니 어찌 가슴에 흔들림이 없을 수 있으랴? 며칠 고민하다가 일단 헤드헌터를 만나보기로 했다. 그도 그럴 것이 직장생활을 다시는 안 한다고 했지만, 대표이사라는 자리와 연봉 1억이라는 제안에 죽기 전에 그래도 한 번은 해보아야 하는 게 아닌가 하는 욕망이 새삼 꿈틀댔기 때문이다. 그리고 농사짓는다고 시골로 잠적한 지가 벌써 3년 차인데 아직도 나를 찾는 회사가 있다는 게 신기해서 마음이 움직인 것이었다. 초심을 지키기란 참으로 어렵다. 그래서 쇠는 달았을 때 치라고 하는 것이다. 죽으나 사나 시골에서 농사지으며 살리라던 결심이 서울의 신문사에 반년 다니면서 어느덧 무뎌져버린 것이다.

어쨌든 헤드헌터를 만났고 사람 찾아달라고 의뢰한 그룹 오너도 만났다. 그러나 자리는 대표이사요, 연봉 1억도 맞는데 일은 내가 생각한 그런 것이 아니었다. 영업 총괄을 맡아서 전국을 돌며 프랜차이즈 학원장들을 관리하는 일이었는데 그 일이 얼마나 사람을 쥐어짜는 일인지 보고 들어서 알고 있었고 또 나 같은 순수형(PS) 리더에게는 전혀 어울리지 않는 일이었다. 그때쯤에는, 하고 싶지 않은 일을 돈 때문에 하는 것은 시간 낭비요, 불행의 씨앗이라는 사실을 절실하게 깨닫고 있었기에 미련 없이 대표이사 자리를 포기해버렸다.

그리고 결국, 이제까지 전혀 경험하지 못한 책을 쓰는 일로 방향을 바꿨다. 물론 회사 다닐 적에 시집을 2권 낸 적이 있고, 또 요즘은 '성공하려면 책을 쓰라'는 강의도 많지만, 아무리 그래도 직장생활만 하다가 낯선 곳에서 농사짓는 경험만 죽어라 한 사람이 단행본을 낸다는 게 말이 되는지 두렵기도 했다. 그러나 **단 한 가지 이유로 책을 내기로 결심했다. 그것은 바로 내가 청춘을 걸고 열심히 일한 그 이야기를, 열매를 누리지 못하고 잘려 나와서 아픈 그 절절함을 기록으로 남기고 싶은 마음이었다.** 그렇게 해서 2006년 12월 나의 첫 책『토사구팽 당하라』가 세상에 나오게 되었다. 부족하고 어설프고 거칠지만, 후배 직장인들에게 하고 싶은 이야기를 나름대로 다 담은 책이고 개인적으로는 기회의 싹이 세상에 나왔으니 그것을 키울 차례가 된 것이었다.

기회의 싹은 처음에는 산술급수적으로 자라다가
나중이 되어서 기하급수적으로 자라는 특성이 있다.

# 내 귀인(貴人)은 어디에 숨어 있는가?

누구에게나 귀인이 있을까? 그렇다. 귀인은 누구에게나 있다. 그러나 문제는 내 앞에 쉽게 나타나지 않는다는 것이다. 그러면 귀인을 어디서 찾을 것인가? 아니다. 그렇게 생각해서는 귀인을 찾을 수 없다. 왜? **귀인은 내가 찾아가는 존재가 아니라 나에게 찾아오는 존재이기 때문이다.**

귀인은 '나를 알아주고 나의 재능을 펼칠 기회를 주는 사람'이다. 그래서 혼자 노력하는 것보다 귀인을 만나면 훨씬 성공이 쉬워진다. 홍콩의 유명한 부자인 이가성(李嘉誠)은 '인생의 가장 큰 기회란 바로 귀인을 만나는 것'이라고 했다. 그런 귀인을 만나기 위해서는 어찌해야 하는가? 귀인의 속성을 알아야 한다. 사람이나 동물이나 서로 비슷한 부류끼리 모이려는 성질이 있다. 귀인도 예외는 아니다. 이들도 비슷한 사람들끼리 모여 그들만의 생활 영역을 형성한다. 그러므로 귀인을 만나고 싶다면 우선 그들의 영역으로 들어가서 나를 보여줘야 한다. 그러면 귀인은 사람을 알아보는 데 도사이므로 나를 알아보고 먼저 찾아온다. 한마디로 이야기하면 **내가 누구인지를 진지하게 고민하고, 내 삶을 사랑하고 실패가 있어도 억울해하지 않고 다시 일어서며, 하루하루 내 일에 최선을 다**

**하면서, 나를 알아주기를 기다리는 사람에게 귀인이 나타난다.**

요즘은 시대가 바뀌어서 토정비결을 잘 안 보는 것 같은데 어쨌든 예전에는 새해가 되면 토정비결을 보는 게 다반사였다. 그리고 그 토정비결에 가장 많이 나오는 말이 '귀인(貴人)'이다. 즉 '6월에는 동쪽에서 귀인이 나타날 운수' 식으로 자주 등장한다. 그러면 그 운수를 점지받은 사람은 6월이 되어 동쪽에서 오는 귀인을 기다리게 된다. '동쪽에 사는 삼촌을 말하는 건가, 아니면 예전 나를 아끼던 은사님을 말하는 건가, 그도 아니면 누구일까?' 하고 이런저런 추측을 하면서 기다린다. 물론 이런 종류의 귀인도 있지만 그런 귀인을 만나서 성공하라고 권할 수는 없다. 인생을 점(占)에 맡길 수는 없기 때문이다.

귀인 이야기를 한 이유는 이제부터 필자가 만난 귀인 이야기를 하려는 것이다. 내가 만난 첫 번째 귀인은 C일보에 근무할 때 만난 미다스북스 홍승록 과장과 나의 첫 책을 출간한 류종렬 대표다. 홍 과장은 한 번 권한 것으로 그만두지 않고 1년이나 기다렸다가 책을 내자고 다시 권해줬고, 류 대표는 출판을 흔쾌히 수락했을 뿐만 아니라 전폭적으로 밀어주었다. 세상에 아무런 인지도도 없는 생초보의 책을 낸다는 것이 쉬운 결정은 아니었을 것이다. 게다가 작은 규모였지만 출판사의 전력을 바쳐 책을 만들어주었다.

어쨌든 그렇게 해서 『토사구팽 당하라』가 세상에 나오게 되었고 당시 인터넷으로 독후감을 모집해서 사은품을 주는 온라인 마케팅을 하게 되었는데 이를 공지하면서 누군가 좀 유명한 분의 추천사를 받는 게 좋겠다는 의견이 나왔다. 그러나 회사 생활만 했고, 그나마 시골로 와서 농사를 짓다가 첫 책을 낸 나에게 누가 추천사를 써줄 것인가? 그런데 정말 생각하지도 않은 곳에서 두 번째 귀인이 나타났다. 당시 미다스북스에서 내 책의 편집을 맡았던 Y씨가 이외수 작가와 잘 안다고 추천사를 부탁해보겠다는 것이다. 나는 반신반의했다. 아무리 Y씨와 연고가 있다 한들 이외수라는 유명 작가가 나 같은 무명작가에게 뭐 한다고 추천사를 써줄 것인가? 그런데 그게 아니었다. 당시 내가 화천 동촌리로 귀농한 게 2005년 5월이었는데 이외수 씨는 그 전해인 2004년에 이미 화천군 상서면에 집필실을 마련하고 내려와 있던 것이다. 부탁을 받은 선생은 같은 화천군에 사는 작가가 있다는 사실이 너무 반갑다며 흔쾌히 추천사를 써주었고 그 이후 책이 나올 때나 어려움이 있을 때마다 부탁을 드리러 가면 어김없이 도움을 주었다.

그렇게 이외수 선생의 추천사를 받아서 온라인 마케팅을 시작한 지 일주일쯤 지났을 때 청주에 있는 친구한테서 '너 신문에 나왔더라'고 전화가 걸려왔다. 일간지인 J일보에 독서 칼럼을 쓰는 김성희 기자가 『토사구팽 당하라』를 소개해줬는데 산골에 있는 나는 몰랐고 도시에 사는 그 친구가 먼저 본 것이다. 보통 독서 칼럼에는 자기계발서를 잘 다루지 않는다. 그런데 4대 일간지 중 하나인 J일보의 독서 칼럼에 내 책이 실린 것이다. 게다가 기자와는 아무 연고도 없고, 전혀 이름도 없는 무명작가의 책이며, 많이 팔린 베스트셀러도 아닌데 말이다. 바로 그분이 나에겐 세 번째 귀인이었다. 감사 전화를 했더니 앞으로 좋은 책 많이 쓰라고 덕담을 하며 식사도 거절했다. 그분은 지금 유명한 전문 북 칼럼니스트로 활동 중이다. 나는 지금까지 그분을 직접 만나보지 못했지만 나에게 작가로 클 수 있는 길을 열어준 귀인이요, 은인으로 생각한다. 왜냐면 그 칼럼을 읽고 다른 출판사에서 다음 책을 쓰자고 제의가 왔기 때문이다. 즉 네 번째 귀인인 국일미디어의 당시 김종원 기획과장이 나타난 것이다.

　이때쯤 되어서 나는 확연히 깨달았다. 진천에서 그렇게 힘들게 1년 농사를 짓고, 다음에는 제약회사 경비원으로 취직해서라도 정착하려 그렇게 애를 썼는데 운명이 나를 이곳 화천군 동촌리로 밀어낸 이유를 알게된 것이다. 즉 이외수 선생이 2004년에 화천으로 오고, 내가 2005년에 화천으로 왔고, 2006년에 생각지도 않은 책을 내게 되었고 그동안 전혀 모르던 선생을 만나서 많은 도움을 받게 되었고, 일면식도 없는 김성희 기자가 칼럼을 써준 이 모든 일이 결코 우연이 아니라는 것이다. 다시 말하면, **귀농학교를 졸업하고 4년 동안 전국을 돌고 돌아 동촌리로 와서 책을 내기까지 겪었던 그 많은 어려운 순간들은 모두 운명이 나를 시험하는 과정이던 것이다.** 섬진강 변의 마을 이장 면접에 떨어졌다고 화를 내거나, 인분을 나르다가 얼굴에 똥 범벅이 되었다고 부끄러워하거나, 농사에서 소득을 내지 못해 실망거나, 제약회사 경비 취직이 안 되었다고 낙담하거나, 돼지 한 마리를 혼자 다 썰었다고 해서 노여워하거나, 여자 화장실의 생리대를 내 손으로 직접 치워서 창피해하거나 그 어느 한 가지에라도 걸려서 넘어졌다면 운명은 나에게 이런 기회를 주지 않았을 것이며 이런 귀인들이 나를 도와주지도 않았을 것이다. 토사구팽을 당하고 난 뒤 그 좌절과 증오와 복수심을 다 버리고 죽을 고생을 하는 인생

밑바닥에서도 홀로 행복할 수 있음을 경험했기에, 운명이 시련을 줄 때마다 오히려 감사하며 받아들였기에 그에 대한 보답이 주어진 것이다. 향기 있는 꽃은 바람이 불지 않아도 향기가 멀리 간다 했는데 그 향기가 과연 얼마나 멀리까지 가는지는 나도 모른다. **그러나 사람이 단련을 통해 꽃처럼 향기를 지닐 수 있다면 자기 입으로 떠들지 않아도 그 향기가 다른 사람에게 전해진다고 굳게 믿는다.**

국일 미디어의 김종원 과장(현재는 인기 작가)에 의해 두 번째 책 『회사에서 당신의 실력을 보여주는 법』이 2007년 8월 세상에 나왔다. 그러나 내가 붙잡은 기회의 싹은 아직 땅 위로 불쑥 솟아오르지 않고 때를 기다리고 있었다. 인내의 시간이 더 필요했다. 책을 낸 지 무려 1년 반의 세월이 흐른 2008년 11월 말에 KBS 1라디오의 '성공 예감'을 진행하는 김방희 소장에게서 인터뷰 요청 전화가 왔다. 내 두 번째 책을 읽었는데 재미있다면서 '사내정치'를 주제로 10분만 말해달라는 것이다. 당시에는 전혀 몰랐지만, 김 소장이 다섯 번째 귀인이며 그 순간이 바로 내 인생의 반전의 시작점이었다.

실제 인터뷰를 한 것은 12월 3일인데 생방송이었기 때문에 엄청 긴장되었다. 전날 받은 질문지를 몇 번씩이나 숙지하고 **방송 날 아침에는 목욕재계(沐浴齋戒)한 뒤 30분 전부터 전화 앞에 앉아 기다렸다.** 아내도 덩달아 건넌방으로 피신해서 숨을 죽이고 있었다. 누가 그 장면을 보았으면 방송에 생 초보가 10분 인터뷰를 위해 긴장하고 준비하며 별짓을 다 한다고 우스워했을지도 모른다. 그러나 나는 정말 진지했다. 수백만 명이 그 방송을 듣는다는데 초보가 어찌 긴장하지 않겠는가? 그렇게 첫 라디오 인터뷰 방송을 무사히 끝마쳤다.

그리고 약 3개월 뒤인 2009년 2월 20일에 KBS 1라디오에서 김방희 소장이 다시 인터뷰 요청을 해왔다. 당시 KBS는 '일터를 찾아주자'라는 캠페인을 전개하고 있었는데 젊은이들이 너무 대기업만 선호한다고, 중소기업으로도 가자고 호소하는 중이었다. 그래서 중소기업으로 가면 어떤 장점이 있는가를 말해줄 패널을 찾는데 대부분 유명한 커리어 컨설턴트들이 대기업 출신이라 중소기업은 잘 모른다고 인터뷰를 고사한다는 것이다. 세상에! 작은 회사에 다닌 것이 전화위복이 된 것이다.

실제 인터뷰는 2월 27일에 했는데 생방송 마지막 15초 정도를 남겨놓고 김 소장이 갑자기 대본에 없던 질문을 던졌다. 요즘 이직이 잦은 게 유행인데 그런 측면에서 직장인들에게 한마디를 꼭 한다면 무슨 말을 해주겠냐는 것이었다. 순간 정말 당황했다. 그러나 평소에 생각하던 말을 담담하게 했다. 인생 살아보면 언제고 반드시 다시 만나니 떠나면 그만이라고 깽판을 치며 나가지 말고 유종의 미를 거두며야 한다고 답했다.

방송에 어느 정도 익숙해진 지금 생각해보면 **바로 그 15초가 앞으로의 내 인생을 결정짓는 운명의 순간이었다.** 왜냐면 방송의 살아 있는 느낌을 전하기 위해서, 미리 주는 질문지에는 없지만 진행자가 정말 궁금한 것을 갑자기 물어보기도 하는데 대본에 없는 그 돌발질문에 버벅대면서 답을 못하면 다시는 섭외를 하지 않기 때문이다.

그렇게 두 번째 인터뷰를 진행하고 나서 약 8개월이 흐른 2009년 10월 15일에 다시 KBS 1라디오에서 전화가 왔다. 그런데 이번에는 일회성 인터뷰를 요청하는 게 아니라 아예 직장인 고민 상담을 하는 고정 코너를 10월 개편 때부터 맡아줄 수 있는지를 묻는 게 아닌가? 2001년 회사에서 토사구팽을 당하고 그 긴 세월을 돌고 돌아 10년이 흐른 시점에 드디어 KBS 라디오에서 고정 코너를 진행하게 된 것이다. 땅속에서 여린 끝자락만 보이며 귀인에서 귀인으로 바통을 이어가면서 때를 기다리던 기회의 싹이 마침내 땅 위로 솟아오른 것이다.

10월 28일부터 생방송으로 '직장인 성공학' 코너 방송을 시작했는데 반응이 엄청났다. KBS '성공 예감' 홈페이지에 날마다 고민 상담을 의뢰하는 글들이 올라왔고, 이메일을 통해서 '작가님 방송 너무 재미있습니다.'라는 성원의 글도 쇄도했다. 이른바 팬이 생긴 것이다. 그 이후 '성공 예감' 고정 코너는 2014년 10월 27일까지 만 5년을 진행하고 중간에 쉬었다가 2019년 3월 11일부터 '성공학개론'으로 이름을 바꿔서 다시 진행하고 있다.

# 꿈은 어떻게 이루어지는가?

흔히 '꿈은 이루어진다'고 한다. 그러면 정말 누구에게나 꿈은 이루어질까? 필자의 경험으로 보면 그렇다. 꿈은 이루어진다. 아니 간절한 꿈은 이루어진다. 아니, 더 엄밀히 말하면 절실하게 노력하며 간절하게 꾸는 꿈은 이루어진다.

2010년 10월 28일 마침내 KBS 1라디오에서 '직장인 성공학'이라는 상담 프로를 고정으로 맡아서 진행하게 되었는데 당시 방송 시간은 정확히 6분짜리였다(현재는 8분). 1분 뉴스도 있는 라디오 방송에서 6분이 그렇게 짧은 시간은 아니지만, 직장인의 고민을 자세하게 상담해주기에는 많이 부족한 시간이었다. 그러나 나는 6분짜리 방송일망정 질문을 해오는 청취자들의 고민은 그야말로 밤새워 고민하고 현실적인 답을 찾아서 상담해줬다. 방송 시간이 부족했기에 긴 설명이 필요하면 질문자 본인에게는 이메일을 통해서 더 자세한 답을 보내줬다. 답을 하는 원칙의 기본은 희망 고문이 안 되도록 하는 것이었다. 우리 사회에서 직장 고민을 상담하는 분들을 보면 '참고 지내면 좋은 날이 올 것이다, 견디면 이긴다, 실망하지 말고 끝까지 희망을 지녀라.' 등등 사실 누구나 할 수 있는 두루뭉

술한 조언을 하는 경우도 많다. 그러나 나는 실제로 열렬하게 직장생활을 해봤고, 거의 매년 직급이 올라가 30대에 임원이 되는 고속승진도 해봤으며, 종국에는 토사구팽이라는 아픈 일도 겪어봤다.

그랬기에 미사여구로 하는 상담은 차마 하지 못하겠고 어떻게 하든 실질적인 조언이 되도록 노력했다. 승진이 안 되어서 고민이라는 어떤 대리분이 있었는데 이야기를 듣고 보니, 성과는 좋았지만 너무 독단적인 성격이 문제였다. **대리 때는 혼자 잘하면 되지만 과장이 되면 남들도 잘하도록 만들어야 하는데 독선적이면 그게 어렵다. 그러니 성과가 좋아도 승진에서 탈락한 것이다.** 그래서 방송에서 대놓고 '이분이 성과가 좋으면서도 승진이 안 된 이유는 자신의 독선적인 성격 때문이다'고 직격탄을 날렸는데 방송이 끝난 뒤 전화가 와서 '위로는 못 할망정 그렇게 혼을 내느냐?'라고 항의하더니 전화를 끊을 때는 '다들 대충 안됐다, 회사가 그럴 수 있느냐고 형식적으로 위로하는데 작가님이 원인을 확실하게 말해줘서 그래도 속은 후련하다. 고맙다.'라는 말을 했다. 그만큼 조언이 현실적이었기 때문에 듣기에 아프면서도 답을 찾았다는 것인데, 10년이 지난 지금도 이 상담 기조는 변함이 없다.

나는 지금도 상담을 진행하면서 특히 어느 일방의 입장, 즉 강자나 약자만 편향되게 대변하는 우를 범하지 않기 위해 많이 노력한다. 상사에게는 상사 나름의 사정이 있게 마련인데 아랫사람은 그 점을 잘 모르는 경우가 많다. 특히나 요즘은 젊은 사람들 위주로 여론이 흘러가다 보니 회사를 두둔하거나 상사를 두둔하는 식의 발언은 바로 '꼰대'라는 비난을 받을 수도 있다. 그러나 나는 상사와 부하를 막론하고 '옳은 것은 옳다고 하고 그른 것은 그르다'고 직설적인 조언을 했다. 그러자 방송 개시 3개월 정도 되어서부터 프로그램 홈피에 청취자 질문이 하루에도 여러 건이 쏟아져 들어왔다. 그 모든 질문에 무상으로 일일이 답하는 것이 힘들었지만, 조언을 받고 나서 고맙다는 편지와 일이 잘 해결되었다는 감사 편지, 상사나 부하를 서로 이해하게 되었다는 편지를 받을 때 그 무엇보다 큰 보람이 있었다.

어쨌든 그렇게 꾸준히 청취자들의 질문에 실질적 조언하기를 무려 1년 반이 지난 2011년 2월 말에 국내 유수의 이·미용기구 제조사인 U전자에서 첫 강의 의뢰가 들어왔다. U전자는 당시 미국에 합작 사업을 추진하다가 상대회사가 중국 업체로 방향을 트는 바람에 사기(士氣)가 상당히 가라앉아 있었다. 여러 외부 강사를 불러서 특강을 했는데 분위기가 살아나지 않는다고 오너가 직접 나를 섭외하라고 지시했다는데, 그 오너는 출근길에 내 방송을 빠짐없이 듣는 애청자였다. 한 방울씩 떨어지는 낙수가 바위를 뚫어내듯이 최선을 다해 묵묵히 직장인들의 고민에 답하고 방송하는 노력이 빛을 보는 순간이었다.

생애 첫 기업교육이라 준비를 소홀히 할 수 없었다. 나름대로 회사 상황을 파악하고 담당자로부터 조언도 들은 뒤 강의안을 만들어서 수십 번 반복 연습했다. 강의 내용을 녹음한 뒤 여러 번 들어보면서 이상한 어휘를 바꾸고 강의 시간을 조정하며 어느 부분에서 말이 다른 곳으로 새는지를 계속 점검했다. 드디어 2011년 3월 11일 U전자 사옥에 가서 강의를 진행했는데 당시 맨 뒤에 앉아서 긴장된 얼굴로 강의를 듣던 오너의 표정을 잊을 수 없다. 본인이 추천한 강사가 과연 제대로 강의를 하는지 궁금할 수밖에 없었을 것이다.

나는 전 임직원에게 '합작 사업이 무산된 지금이야말로 여러분의 능력을 보여줄 절호의 기회이니 의기소침하지 말고 역발상하라'고 외쳤다. 이는 경험에서 우러나온 외침이었다. 토사구팽이라는 위기가 오히려 내 인생을 바꾸는 기회가 되었듯이 **모든 위기는 기회를 동반한다.** 그러니까 난세에 영웅이 난다고 하지 않는가? 고로 회사가 큰 어려움에 부닥쳤을 때, 그때가 바로 나를 보여줄 절호의 기회인 것이다. 강의가 끝나고 나서야 오너가 화색이 돈 얼굴로 다가와 좋은 강의 감사하다고 악수를 청했다.

한번 기업교육의 문이 열리니 이후 봇물이 터지듯 강의 의뢰가 들어왔다. 나는 단 하나의 강의도 허투루 생각하지 않았다. 매번 처음 하는 기업교육처럼 최선을 다해서 그 회사 특성에 맞춰서 강의안을 만들고 연습하고 고치고 또 연습한 뒤 현장에 섰다. 한번은 중소 건강 기능식품 회사에서 의뢰가 들어왔는데 홈피를 살펴보니 그곳 오너가 앞으로 자신의 발명품으로 인해 노벨상을 받을 거라는 홍보 문구가 있었다. 나는 바로 몇 군데 지사에 전화를 걸어서 당신네 회장이 노벨상을 받을 거라는데 그 말이 사실이냐고 물어봤다. 그러자 대부분 직원이 "글쎄요, 잘 모르겠는데요. 그건 회장님 주장 아닌가요?"라고 답했다.

강의 당일 오너에게 노벨상을 정말 받을 거 같냐고 질문했다. 그러자 오너는 당연히 그렇게 생각한다고 답했다. 그리고 이어서 내가 "저는 그렇게 생각하지 않습니다."라고 폭탄 발언을 했다. 순간 강의실에 긴장이 싸하고 감도는데 영하 20도 정도의 분위기였다. 나는 아랑곳하지 않고 "회장님 혼자 그렇게 생각하는 건 환상입니다. 곁에서 지켜보는 직원들이 진실로 그렇게 생각해야 합니다. 제가 직접 확인해봤는데 직원들은 잘 모르겠다고 합니다."라고 결정타를 날렸다. 그리고 이어서 "이 일로 인해 이 강의 끝나고 나서 제 전화를 받았던 직원들 색출하지 마십시오. 그 직원의 죄가 아닙니다. **먼저 직원들에게 왜 우리가 노벨상을 받을 수 있는가를 이해시키고 그리고 난 뒤에 고객들한테 노벨상 받을 거라고 홍보하십시오. 그러면 이 회사 승승장구할 겁니다.**"라고 설파했다. 강의가 끝나고 나서 오너로부터 진실한 조언에 고맙다는 인사를 받았다. 그 회사는 현재 매출액이 4배 성장했다.

그렇게 기업교육이 LG, NC소프트, 한전, 한국도로공사, ING생명, 서울우유, 한국타이어 등의 대기업까지 끊임없이 이어졌지만 나는 아직 시작에 불과하다고 생각했다. 왜냐면 전문강사라면 모름지기 3곳의 무대에 다 서봐야 한다고 생각했기 때문이다. 거기가 어딘가 하면 바로 **EBS TV, SERICEO, 아침마당 목요특강이다. 이 3곳이 바로 내가 서보고 싶은 꿈의 무대였는데,** 이 3곳은 언감생심 아무런 연고도 없고 바란다고 될 일도 아니었다. 그래도 나는 간절히 바라는 꿈은 이루어진다는 마음으로, 언젠가 기회가 올 것을 기도하며 기다렸다.

그런데 그 기다림은 그리 오래 걸리지 않았다. U전자에서 첫 기업교육을 한 지 불과 한 달 만인 4월 8일 거짓말처럼 EBS TV에서 출연 섭외가 온 것이다. 프로 제목은 '직장학개론'으로 1회 25분짜리였는데 일단 2회분을 먼저 찍어보자고 했다. 항상 그렇듯이 **이 '일단'이라는 말이 중요하다. 한번 찍어보고 잘하면 계속 더 하고 아니면 그걸로 끝내겠다는 뜻이다. 방송은 그처럼 비정한 세계이다.** 담당인 박영주 PD를 만났더니 엄청나게 겁을 줬다. 유명한 전문강사들도 25분짜리 찍는 데 대부분 1~2시간이 걸린다는 것이다. 열심히 해보겠다고 하고 집으로 돌아와서 바로 준비에 착수했다. 준비는 기업교육과 마찬가지로 강의안을 만들고 연습하고, 연습내용 녹음해서 다시 듣고 고치기를 반복했다. 그리고 25분짜리 최종 강의안이 만들어지자 2개를 아예 통째로 달달 외웠다. 드디어 녹화 당일 '큐' 사인이 나자마자 일사천리로 강의를 했는데 '컷' 사인이 나고 보니 정확히 25분이었다. 놀라는 PD와 촬영 감독을 보면서 나는 속으로 미소 지었다. 모르는 사람에겐 놀랄 일이지만 그 수많은 밤을 지새우면서 준비한 사람에겐 당연한 일이 아닌가? 촬영을 마치자마자 담당 PD가 아닌 촬영 감독이 다가오더니 "이 프로그램 강의 여러 개 찍었지만, 작가님 강의가 제일 재밌습니다."라며 엄지 척을 해주는 게 아닌가?

그렇게 인정받고 이후 10회를 더 찍었는데 한번은 박 PD가 시험 삼아 그랬는지 몰라도 4회를 한꺼번에 녹화하자고 한다. **2회와 4회가 무엇이 다르랴? 날밤을 지새우면서 준비하는 시간이 더 필요할 뿐이다.** 결국, 그렇게 해서 녹화 당일 4회 분량 100분을 한 번의 NG도 없이 찍었다. 이 EBS TV의 '직장학개론' 강의는 이후 EBS에서 6분 분량으로 쪼개서 유튜

브에 올려놓았는데, 그 동영상을 보고 강의를 의뢰하는 곳이 많았기 때문에 이 또한 나에게는 행운이었다.

SERICEO는 시간이 좀 많이 걸렸다. 다섯 번째 단행본 『출근길의 철학 퇴근길의 명상』을 샘터에서 2014년 9월 25일에 발간했는데 한 달 뒤인 10월 25일에 그 책을 보고 손인숙 PD가 연락을 해왔다. 분류는 '리더십'이고 내 강의 제목은 '처세의 기술'이라는데 일단 몇 회를 계약해서 찍어보자는 것이다. 어딜 가나 이 '일단'은 따라다닌다. 그만큼 진입 장벽이 높은 곳이라는 뜻이다. 준비과정은 이전과 똑같았다. 동영상 1회 강의 분량이 7분짜리니 그래도 EBS TV보다는 훨씬 쉬웠다. 그런데 녹화 당일 스튜디오에 가보니 이런! 프롬프터라는 것을 난생 처음 봤다. 카메라 앞에 자막이 올라가는 장치라 그걸 보면서 하면 되는 건데 녹화를 시작하자마자 1분 만에 '컷'하고 NG가 났다. 원고를 통째로 외워간 내가 프롬프터 자막을 안 보고 마구 달려나갔더니 강의 속도가 너무 빠르다는 것이다. 이런 강사 처음 본다고 손 PD는 신기해했다.

어쨌든 그렇게 시작한 SERICEO 동영상 강의는 유료 콘텐츠로 월 1회 온라인에서 회원들에게 공개되었고, 그때마다 조회 수를 집계해서 주간 베스트와 월간 베스트를 선정하는데 내 강의 상당수가 베스트 강의로 선정되었다. 강의가 실질적 내용이라 조회가 많기도 하고, 회원 대다수가 직장인이었기 때문에 자신들과 직결되는 직장 문제에 대해 조회를 많이 한 면도 크게 작용했다. 그리고 이 동영상 강의를 본 회사 관계자를 통해서 또 많은 기업교육 의뢰가 들어왔는데 이 모든 게 나에겐 일석이조(一

石二鳥)의 행운이었다. SERICEO 동영상 강의는 이후 연장을 거듭해서 2020년 2월까지 무려 66회를 찍었다.

강의를 처음 시작하면서 꼭 서보고 싶다고 꼽았던 3개의 무대 중에서 이제 마지막 하나가 남은 셈이다. 그러나 아침마당 목요특강은 워낙 진입 장벽이 높아서 솔직히 말하면 긴가민가하면서 기대를 안 했던 것이 사실이다. EBS TV와 SERICEO에 선 것만 해도 어디냐 하는 심정이었는데 2015년 5월 19일 거짓말 같은 기적이 또 일어났다. 이번에는 전화가 아니라 이메일로 목요특강 출연 섭외가 온 것이다. 당시 아침마당 담당 허정원 방송작가가 보낸 이메일의 일부를 소개하면 다음과 같다.

"사실 아침마당 중에서도 특강만큼은 연사분을 전적으로 믿고 한 시간을 통째로 100% 맡기는 거나 다름없는 형태거든요. 저희는 그저 시청자를 대변한 니즈나 궁금한 점 포인트 정도만 전달하는 중간자 역할이라고 할까요. 섭외 연락을 드리는 것 자체가 믿고 맡길 수 있는 분께만 가능한 일이죠. KBS 작가 말고도 EBS 작가의 강추도 이미 받은 터이고 어떤 콘텐츠든 사례가 워낙 풍부하시니 김용전 작가님 강연은 믿고 볼 수 있는 알찬 강연이 될 것 같아요."

나는 이 이메일의 내용 중에서 마지막 부분이 지금도 가장 기억에 남는다. 왜? 일단 출연 대상자로 선정은 했지만 그래도 추가 검증이 필요해서 KBS의 '성공 예감' 작가와 EBS의 '직장학개론' 작가한테 재확인했다는 말이기 때문이다. 거기에서 '글쎄요.'라는 답이 나왔다면 목요특강 출연은 물 건너갔을 것이다. 그런데 그냥 추천도 아니라 강추를 받아서 일이 이루어졌으니 아침마당 출연은 그 앞에 방송 출연을 하면서 수많은 밤을 지새우며 준비한 결과로 얻은 것이다. 즉 나는 모르고 있었지만, KBS '성공 예감' 작가와 EBS '직장학 개론' 작가는 나를 알아주고 나에게 귀한 기회를 열어준 귀인들이었다.

이쯤에서 독자들에게 당부한다. **훗날 저기에 꼭 서보고 싶으면 지금 여기에 최선을 다하라. 저기에서 인정받고 싶으면 먼저 여기에서 인정받아라. 왜? 이 세상 모든 일과 사람은 서로 연결되어 있기 때문이다.** 사실 이 한마디를 하기 위해서 앞에 내 인생 스토리를 길게 이야기한 것이다.

직장인 고민 상담하다 보면, 지금 일하는 부서는 적성에 안 맞아서 저 부서로 가면 정말 일을 잘할 수 있을 것 같다는 사람이 너무 많다. 또 지금 직장에서는 상사로부터 인정을 못 받기 때문에 저 직장으로 가서 새로운 상사 밑에서 인정을 받으며 일하고 싶다는 사람들도 아주 많다. 아니, 직장인만이 아니라 이 세상 많은 사람이 시대를 잘 타고났다면, 부모를 잘 만났다면, 상사를 잘 만났다면, 배우자를 잘 만났다면, 친구를 잘 만났다면, 이 일이 아닌 저 일이었다면 정말 성공할 수 있었을 텐데 그러지 못해 실패했다고 불평불만을 한다. 그러나 이는 잘못된 생각이다. 성공하는 사람은 시대를 잘못 타고났어도, 부모를 잘못 만났어도, 배우자를 잘못 만났어도, 친구를 잘못 만났어도, 저 일이 아닌 이 일에서도 반드시 성공한다. 왜? **성공은 남이 아니라 나 자신에게 달려 있기 때문이다.**

필자는 7분짜리 동영상을 찍든, 10분짜리 라디오 방송을 하든, 25분짜리 TV 녹화를 하든, 2시간짜리 기업강의를 하든 항상 그 전에 목욕재계를 한다. 2008년 12월 3일 난생처음 라디오 방송을 할 때부터 생긴 습관으로, 나름대로 정성을 들이는 한 방법이다. 그러다 보니 월요일 오전 9시 40분에 진행하고 있는 KBS 1 라디오의 '성공학 개론'을 위해서는 이곳 동촌리에서 새벽 4시에 집을 나선다. 춘천까지 1시간, 서울까지 2시간, 아침 먹는 데 30분, 목욕하는 데 1시간 반 하면 합이 5시간이 걸리기 때문이다. 집이 산속에 있는 탓도 있지만 어쨌든 오전 10분 방송을 위해서 새벽 4시에 집을 나서는 사람은 드물 것이다. 그러나 나는 이 상황을 감사하게 생각한다. 왜냐면 일의 성과란 거기에 들인 정성에 비례하는 것인데 짧은 10분을 위해 그 많은 정성을 들일 기회가 주어졌기 때문이다.

**언제 어디서 어떤 일을 하더라도 그 일에 정성을 들이고 강하게 집중하라. 그러면 그곳에서의 인정을 기반으로 본인이 절실하게 원하는 일로 가는 문이 연달아 열린다.**

훗날 저기에 꼭 서보고 싶으면 지금 여기에 최선을 다하라.
저기에서 인정받고 싶으면 먼저 여기에서 인정받아라.
왜? 이 세상 모든 일과 사람은 서로 연결되어 있기 때문이다.

# 성공한 사람이 왜 한 방에 무너지는가?

"완성되었다고 생각하는 순간 사람은 퇴보하게 되어 있다. 그러므로 최고의 완성을 향해 끊임없이 나아가야 한다."

이는 톨스토이의 말이다. 이 말에 대해 공감을 하면서도 막연할 뿐이지 그렇게 피부에 와닿는 느낌은 없었는데 어느 날 갑자기 이 말의 뜻을 호되게 깨닫는 일이 생기게 되었다.

4년여의 세월을 돌고 돌아 마침내 동촌리라고 하는 인심 좋고 아름다운 마을에 터를 잡았고, 부족하지만 책도 몇 권 냈다. 게다가 방송까지 하게 되었으니 얼마나 출세한 것인가? 때마침 월간지 〈행복한 동행〉에서 연재 요청이 와서 「남자의 눈물」이라는 글을 쓰게 되었고, 〈샘터〉에서도 연재 요청이 와서 「드라마를 보는 남자」라는 글을 쓰게 되었다. 특히 〈샘터〉에 칼럼을 연재하게 된 것은 작가로서 큰 자부심이 생기는 일이었는데, 두 칼럼 모두 그럴듯하게 남에게 가르침을 주는, 마치 내가 대단한 깨달음을 얻은 양 이래라저래라 하는 식으로 쓴 내용이 많았다. 그러다 보니 마치 내가 무언가 대단한 일을 하며 사는 것 같은 생각이 들었다.

그러나 그게 엄청난 착각이었음을 알게 되었다. 아주 우연한 기회에 나는 아무것도 아니며 수양이 멀고 멀었음을 통감(痛感)하게 되는 일이 생긴 것이다. 먼저 다음 글을 읽고 이야기를 이어가보자.

산길을 가던 나그네가 숲속 넓은 공터에서 낙엽을 끌어모아 이부자리를 만들고 잠자는 멧돼지 한 쌍을 만났다. 나그네는 속으로 생각했다. '사람을 만나면 위험할 텐데. 저런 곳에서 잠을 자다니 참으로 어리석은 동물이군.'

그 나그네는 어리석은 멧돼지가 걱정되어서 그냥 지나칠 수가 없었다. 그래서 멧돼지에 다가가 친절하게 일러주었다.

"여보게. 아무리 생각이 없어도 그렇지. 이렇게 탁 트인 곳에서 잠을 자면 사람들 눈에 띄어 위험하지 않은가? 잘 보이지 않는 으슥한 곳에 가서 자리를 잡게나."

그러자 멧돼지가 대답했다.

"시야가 가려진 곳에 자리 잡으면 나도 밖을 볼 수 없다오. 그러면 자칫 그 자리가 막다른 골목이 될 수도 있지. 그리고 지금 눈에 띄어서 위험한 건 우리가 아니라 당신인 것 같소."

그제야 멧돼지의 날카로운 송곳니를 보고 제정신이 퍼뜩 든 나그네는 걸음아 날 살려라 하고 도망쳤고, 멧돼지는 코웃음을 치며 다시 잠을 청했다.

인생에서 어떤 종류의 것이든 문제를 해결하는 성공의 지름길은 정견(正見)이요, 실패의 지름길은 편견(偏見)이다. 정견은 나는 물론 남의 입장에서까지 상황을 파악하는 것, 편견은 나의 입장에만 치우쳐 상황을 파악하는 것, 그리고 편견보다 더 나쁜 것은 자신의 처지를 망각하고 '다 안다'고 우쭐거리는 쓸데없는 교만이다.

이는 필자의 졸저(拙著)『출근길의 철학 퇴근길의 명상』의 프롤로그에 나오는 내용이다. 여러분은 이 글을 읽고 어떤 느낌이 드는가? 이 글만 보면 마치 필자가 성공의 원리를 깨달아서 독자들에게 한 수 가르쳐주는 것처럼 느껴질 것이다. 그러나 실체를 알고 나면 쓴웃음을 지으리라! 그 실체가 무엇인가? 멧돼지에게 한 수 가르치다가 놀라서 도망친 어리석은 나그네가 바로 필자라는 사실이다.

이야기는 10여 년 전으로 거슬러 올라간다. 하루는 동네 아우들과 몸에 좋다는 겨우살이를 채취하러 산에 올랐다. 날씨가 꽤 쌀쌀한 겨울이었는데 해발 800m 정도를 올라가면 잎사귀를 떨군 참나무에 겨우살이들이 무더기로 매달려 있어서 그걸 긴 장대에 달린 낫으로 따는 것이다. 그렇게 여기저기를 돌아다니며 작업을 하는 중에 아주 널따란 비탈을 건너가게 되었다. 바닥에는 낙엽들이 수북이 쌓여 있어서 밟을 때마다 버석버석하고 부서지는 소리가 났다.

그런데 갑자기 한곳에 눈에 띄는 낙엽 무더기가 있었다. 마치 사람이 손으로 잘 다져서 만든 듯, 낙엽을 둥그렇게 성처럼 쌓아놓고 가운데에는 잠을 잔 듯한 흔적이 남아 있었다. 난생처음 보는 광경이라 신기해서 아우에게 물었다.

"달님 아빠, 여기 이게 무슨 흔적이지? 꽤 정교하게 만들었는걸."
"아, 그거요? 멧돼지가 잠자리 만들어서 자고 간 흔적이에요. 아마 다시 와서 잘지도 모를걸요."

그 말을 듣고 나자 문득 멧돼지가 정말 어리석다는 생각이 들었다. 잠자리를 만들려면 어느 정도 엄폐물이 있는 바위 밑 같은 곳을 찾아서 만들어야지 이러다가 사람한테 발견되면 어쩔 것인가? 그래서 이렇게 한마디했다.

"아우, 멧돼지가 어리석기는 정말 어리석구먼. 이렇게 탁 트인 곳에서 잠자다가 사람이라도 만나면 위험하잖아? 어디 좀 안 보이는 바위틈 같은 데 가서 자야지 말이야! 참 한심하네."

그러자 아우가 갑자기 껄껄대며 오히려 내가 한심하다는 듯 한마디 던졌다.

"어허, 형님이 멧돼지하고 딱 마주치면 누가 더 위험하우? 당연히 형님이 더 위험하지. 송곳니에 걸리면 내장이 다 튀어나와요. 지금 멧돼지한테는 천적이 없어요. 이 산속에서 왕이에요, 왕! 그리고 절벽 밑에 가서 숨으면 자기도 밖을 못 보니까 오히려 더 불리하지. 형님은 어째, 하나만 알고 둘은 모르우?"

갑자기 망치로 머리를 얻어맞은 듯했다. 가방끈 길다고, 회사에서 임원 했다고, 책을 냈다고, 그리고 월간지에 칼럼 연재한다고 마치 세상을 다 아는 듯 어깨에 힘을 주었는데 그것이 다 무슨 소용이란 말인가? 아는 것보다 알지 못하는 것이 수두룩한데도 멧돼지 잠자리 보고 다 아는 척 교만을 떨었으니 어리석은 자, 그대 이름은 김용전이었다!

달님 아빠가 배운 형이라고 나한테 고개를 숙일 때 '그럼 그렇지.'라고 생각한 것도 부끄러웠다. 그날 아우들은 겨우살이 딴다고 시끌벅적했지만 나는 머릿속이 하얗게 되어서 산속을 누비면서도 '겸손하자, 겸손하자'를 끝없이 되뇌었다. 그때 그렇게 작지 않은 충격을 받아 가슴에 간직했던 깨달음을 샘터에서 책을 낼 때 우화로 각색해서 프롤로그에 사용한 것이다. **어떤 경우에도 교만은 성공을 좀먹는 쥐약이다.**

혹시, 말 한마디 실수한 거 가지고 그렇게까지 심각하게 생각하느냐고 반론을 제기할 독자가 있을 거 같아서 좀 더 부연 설명하겠다. 나는 한마디의 말이 바로 그 순간 그 사람의 완성도를 나타내는 기준이라고 본다. 즉 본인이 실수를 깨닫고 '실수했다'고 해명해도 그 실수는 사라지지 않는 것이며, 말실수를 하는 그 순간의 인간 됨됨이가 바로 본인도 모르는 '무의식의 진정한 자아'라는 것이다. 달리 말하면 아무리 평소에 자신을 보살이자 인격자로 위장하고 있어도 어느 순간 자기도 모르게 튀어나오는 '어리석은 말 한마디'가 바로 자기 본성이라는 것이다.

　그래서 상당한 수준의 공부를 하고, 높은 지위에 있어도 한마디 말로 해서 본인의 바닥을 드러내고 손가락질을 받는 사람들이 얼마나 많은가? 유명한 '이부망천(이혼하면 부천에 와 살고 거기서 망하면 인천에 와서 산다는 뜻)'이라는 망언으로 한순간에 부천, 인천 주민들로부터 질타받은 정치인, '세월호 가족들이 시체 장사하고 있다'는 한마디로 변절자로 낙인찍힌 유명한 어느 시인, '위안부는 자발적 매춘이다. 학생도 궁금하면 한번 해보라'는 한마디로 강단에서 쫓겨난 대학교수, '자식의 죽음에 대한 세간의 동병상련을 회 처먹고, 찜 쪄먹고, 그것도 모자라 뼈까지 발라 먹고 정말 징하게 해먹는다'는 말 한마디 말로 바닥을 드러낸 정치인, '민중은 개, 돼지'라고 말해서 민중의 분노를 자아낸 어느 공무원 등등 이루 말할 수 없이 많은 이들이, 순간의 한마디로 그 빛나던 인격이 어디까지 굴러떨어지는지를 여지없이 보여주었다.

　이처럼, 속이 덜 찬 하수는 먼저 떠벌려서 불행의 진흙탕에 나뒹굴고, 속이 꽉 찬 고수는 입 다물고 들으면서 행복한 자리에 머무는 것이다.

# 2 장

# 억울한 것만 따지면
# 이길 수 없다

# 유능할수록 더 겸손하라

프롤로그에서 소개한 토사모 회원들과 만나서 이야기를 나누는 중에 가장 크게 느꼈던 점은, '억울하다'는 감정이었다. 즉 자신들은 열과 성을 다해서 오너를 보좌하고 정직하게 일했을 뿐인데 억울하게 토사구팽 당했다는 것이다. 그러나 필자가 보기에는, 억울한 측면이 있는 건 사실이지만 다른 한편으로 본인들의 처신에도 상당한 문제가 있었다. 그 문제의 핵심은 무엇일까? **바로 '정의한의 함정'이다.**

정의한의 함정이란 '나는 불의를 보면 못 참는다'는 식으로 정의를 추구하려는 성향이 강한 사람이 지니는 일종의 착시 현상이다. 즉 이 세상에는 그 누구도 거스를 수 없는 정의가 존재하며 그것을 수호하기 위해 항상 정의의 편에 서는 본인은 절대로 패할 수 없다는 신념을 지니는 것이다.

물론 그런 정의가 존재하는 것은 맞다. 그러나 회사는 그런 정의를 추구하기 위해 만들어진 곳이 아니다. 오히려 도덕적 정의와는 배치되는 물질적 이윤을 추구하기 위해서 존재하는 곳이다. 그러다 보니 회사에서 정의한을 자처하는 사람들은 종종 위기에 노출된다. 즉 오너가 이익을 위해서 어떤 문제를 합법적이지만 비도덕적으로 처리하라고 했을 때 갈등하며 반항하게 되는 것이다. 마치 왕조 시대에 '폐하, 이러시면 아니 되옵니다.'라고 끝까지 매달리는 충신 같은 모습을 보이게 되는데 오너는 그런 정의한의 도덕성에 크게 관심을 두지 않고, '그러려면 뭐하러 회사에 나와서 일해? 어디 봉사단체나 자선 단체에를 가지!'라고 생각한다. 그러면 결국, 어떤 문제 상황에서 오너는 정의한을 버리게 되고 정의를 수호하다 내쳐진 당사자는 어찌 이럴 수가 있느냐며 억울해한다. 그러나 억울하다고 따지기만 해서는 절대로 이길 수 없다. 그러면 어떻게 해야 할까? 답은 3가지로 간단하다.

첫째, 억울한 일이 생기지 않도록 미리 현명하게 처신해야 한다. 아무리 내가 옳은 주장을 해도 조직에서 그런 주장이 관철되려면 힘을 지니고 있어야 한다. 고로 결론은 자기 힘을 가늠해서 행동해야 한다는 것이다. 힘도 없으면서 무조건 정의만 주장하는 것은 프롤로그의 K처럼 오히려 본인이 당할 위험이 더 크다.

둘째, 사필귀정에는 시간이 필요하다는 점을 알아야 한다. 인류의 역사를 보면 항상 정의가 이기지는 않았다. 어찌 보면 부정과 불의, 음모가 판을 친 날들이 더 많았다. 물론 나중에 그 진실이 밝혀지지만, 그것은 대체로 시간이 흐른 뒤에 이루어진다는 것이다. 그러므로 내가 도덕적으로 옳다고 해서 지금 당장 무조건 이기리라고 생각하는 건 위험한 발상이다.

셋째, 조직은 우는 아이에게 젖을 준다는 사실이다. 정의한들은 자기가 옳기 때문에 가만히 있어도 조직이나 세상이 자기를 알아줄 것으로 믿는다. 그러나 현실은 그렇지 않다. 대부분 조직은 만들어진 생리상 위로 올라갈수록 자리를 놓고 벌어지는 싸움이 치열하기 때문에 구성원들 사이에 거의 무한경쟁이 일어난다. 나를 알아달라고 여기저기서 아우성치는 부하들이 수두룩한데 상사가 과연 어디에 먼저 귀를 기울이겠는가? 더 크게 우는 아이에게 더 많은 젖을 물릴 수밖에 없다. 따라서 경쟁에서 이기려면 유치하더라도 큰 소리로 계속 같이 울어야 한다.

이 3가지를 명심하면 조직에서 그렇게 억울한 일은 크게 당하지 않을 것이다. 그러나 필자를 비롯한 순수형(PS) 리더들은 이 세상의 보편적 진리를 믿으며 묵묵히 일만 해도 다 알아주리라 믿고 자기 홍보나 아부, 현명하고 재빠른 처신, 상사의 심기 등에는 크게 신경을 쓰지 않는다. 그러다 보니 한창 일할 때는 괜찮지만, 뭔가 일이 이루어지고 나서 보면 자기도 모르는 사이 어느새 '어찌 나에게 이럴 수 있느냐?' 라고 하소연하는 억울한 자리로 밀려나 있다. 믿는 건 좋지만, 손 놓고 무작정 믿는 건 잘못이다.

당연히 억울한 처지가 되기 이전에 손을 써야 한다. '억울하다'고 하소연하는 처지가 되면 벌써 늦은 것이다. 그럼 이제 억울하다고 주장하는 토사모 회원들의 사례를 통해서 이 험한 세상 어떻게 헤쳐나가야 하는지를 같이 생각해보자.

한 회사에 정말 유능하고 원칙주의자이며 성실한 부장이 한 명 있었다. 그는 상사에 대한 아부를 멀리하고 항상 일로 자신의 능력을 입증했으며, 누가 좀 허접하다 싶으면 말을 잘 섞지도 않았다. 그러나 그는 자신의 뛰어난 능력과 강직함을 과신한 나머지 독야청청해서 교만한 면이 있었으며 다혈질적인 기질도 있어서 때로는 회사나 상사의 부조리를 신랄하게 꼬집기도 하고, 말이 날카롭다 보니 종종 구설에 오르기도 했다.

어느 해, 그 부장이 중요한 일에서 실수를 저지르는 바람에 회사가 적지 않은 손해를 보게 되었고 이에 화가 난 사장이 사건의 진상을 조사해서 보고하라고 감사실에 특별 지시를 내렸다. 사람들은 그 부장을 걱정하면서도 그가 평소에 워낙 성실하게 일했고 유능한 사람이었기 때문에, 실수하기는 했지만 그동안의 공으로 봐서 중징계만은 피할 것으로 예상했다. 또 감사실장 역시 그렇게 방향을 잡고 있었다.

드디어 감사 개시일이 되자 감사실장과 감사관이 그 부서에 들이닥쳤고 실장이 그 부장의 자리 앞에 섰는데, 부장은 뭔가를 들여다보느라 그를 쳐다보지도 않았다. 이에 감사실장이 좀 괘씸한 생각이 들어서 헛기침을 하며 나무랐다.

"김 부장, 일 열심히 하시는구만. 근데 아무리 그래도 그렇지, 오늘 우리가 감사 나오는 거 다 공지했는데 이렇게 신경 안 쓰면 되나? 더구나 마중은커녕 자리에서 일어나지도 않고 말이야!"

그러자 부장이 순간 욱해서 벌떡 일어서며 이렇게 말했다.

"아, 죄송합니다. 그런데 실장님처럼 높은 분이 왜 하필이면 제 자리를 그렇게 탐내십니까? 여기에 꼭 앉고 싶으시다면 제가 자리를 비켜드리겠습니다."

감사실장은 당황해서 얼굴이 붉어졌고 부장은 보란 듯이 의기양양했으나 주변 사람들은 '앗, 저 사람이 어쩌려고 저런 소리를!' 하면서 숨을 죽였다.

감사 결과는 어찌 되었을까? 열 받은 감사실장이 이번 일뿐만 아니라 과거의 잘못까지 미주알고주알 다 파헤치는 바람에 아주 엄격한 감사를 했으며 그 결과 일이 커져서 부장은 중징계를 받고 대기하다가 한직으로 좌천되었다. 그 이후 그 부장은 고생하며 가시밭길 직장생활을 했는데 스스로 수모를 견디지 못해 폭음했으며 이 부서 저 부서를 전전하다가 다시 사고를 쳐서 1년 만에 결국 해고되고 말았다.

이 이야기를 한 사람은 부장 당사자가 아니라 그날 감사를 나갔던 감사실장 출신의 토사모 회원이었다. 그는 당시 그 부장의 유능함과 성실성을 잘 알고 있었으며 또한 평소의 강직한 성향도 잘 알고 있었다고 한다. 그래서 그런 그를 나름대로 선처하고 기회를 주고자 좋은 마음을 먹고 간 참이었는데, 생각지도 않게 그 부장이 여러 사람 앞에서 자신에게 지나친 망신을 주는 바람에 본인의 그런 선의가 잘못된 판단이었음을 깨달았다고 한다.

즉 자신이 잘났다는 이유만으로 주변의 동료나 상사의 입장을 아랑곳하지 않고 교만을 부리니까 이는 정말 조직에 큰 해가 된다고 여겨서 엄격하게 조사를 했고, 그 결과 회사에 해를 끼친 실수의 원인도 사실은 부서 내 협업 과정에서 '나 홀로 전진'을 하다가 동료들과 틀어져서 발생한 문제로 위험한 징후를 알면서도 자존심 지킨다고 무리하게 밀고 나가서 생긴 일이었던 것이다. 그래서 결국 중징계를 내렸다는 것이며 세월이 흐른 지금에도 그 부장이 안타깝기는 하지만 그때의 결정에 후회가 없다고 했다.

그 부장의 실수는 무엇이었을까? 자신의 과실을 파헤치는 감사라는 위기를 앞두고도 그 담당인 감사실장을 남들 앞에서 망신을 줘버린 것이다. 즉 위기 상황에서도 순수형(PS) 리더의 빛나는 자존심으로 감사실장에게 비장의 일침을 먹인 것인데 이는 어리석은 처신이다. 아무리 유능하고 강직해도 한순간의 열을 다스리지 못하고 상사에게 독기 서린 말을 내뱉으면 누구나 그 부장과 비슷하게 안 좋은 결과를 맞이할 수 있다. 그리고 대부분의 그런 직장인은 **'순간 욱해서 실수했다'거나 '취중에 실수했다'고 변명하지만, 사실은 실수를 빙자한 고의인 경우가 더 많다.** 즉 '취중진심(醉中眞心)'이란 말도 있듯이 평소 본인의 무의식 속에 준비되어 있던 말이 튀어나온 것이다. 따라서 유능할수록 더욱 겸손해야 하며, 웬만해서는 꽃으로도 상사를 때리지 말아야 한다.

# 상사를 KO로 이기지 마라

토사모와의 만남 첫날, K의 사례를 대신 발표했던 토사모 회원이 K에 대해서 하나 더 들려준 이야기가 있다. 이 이야기를 해준 회원도 의류업계에 종사했던 분이라 내용 중에 의류 전문용어가 많이 나오는데, K가 겪었던 현장의 실감을 위해서 모두 그대로 싣는다.

K가 회사를 키운다고 애쓰던 초창기 시절, 하루는 강남 매장에서 아이에게 속옷을 사 입힌 엄마가 항의 전화를 했는데, 내용은 아이가 옷을 사입고 나서 일주일이 지났는데 목 부분에 심한 두드러기가 난다는 것이었다. 원래 유아복, 특히 속옷은 원단 자체를 완전 100% 순면으로 만들기 때문에 옷으로 인해 두드러기가 났다는 것은 얼른 받아들이기 어려운 이야기였다. 그러나 K는 이 전화가 대단히 중요한 전화라는 사실을 직감했다. 원인이 니트로의 옷에 있든 아니든, 이제 막 성장하기 시작한 신생 의류회사에 이런 식의 고객 불만은 자칫하면 큰 파장이 날 수 있기 때문이었다. K는 앞뒤 잴 것 없이 전화를 받았던 직원을 대동하고 전화를 건 엄마와 아이를 만나러 강남으로 달려갔다.

약속 장소에서 아이의 상태와 가져온 옷을 살펴보고 나서 K는 대강 일이 어떻게 된 것인지를 짐작할 수 있었다. 아이는 목덜미에 길게 두드러기 모양으로 빨갛게 부풀어 오른 자국이 남아 있었는데, 그나마 옷을 입히지 않자 많이 나아진 상태라는 것이다. 그리고 옷을 자세히 살펴보니 두드러기가 난 부분은 목덜미의 라운드를 휘갑치기(바느질 방법의 하나, 일명 오버로크)로 처리한 부분과 일치했다. 그리고 옷을 자세히 살펴보니 휘갑치기로 마감한 라운드에 실이 끊어져 있었는데 이게 미세하게 까끌거리는 게 느껴졌다.

결론은 내복을 만드는 업자가 순면 100% 정품 원단을 사용하지 않고 어디선가 TC 원단을 구매해서 사용했기 때문이었다. TC 원단은 합성 원단이라고도 부르는데 TC는 Polyester Cotton의 약자로 원래대로 하면 PC가 맞으나 폴리에스텔의 제품 중에 Tetolon, Trylon, Toplon 등이 있기 때문에 그 머리글자를 따서 통상 TC라고 불렀다. 이 원단은 대부분 폴리에스텔 30%에 면 70%를 섞어서 만드는데 폴리에스텔의 특성상 질기고 세탁 후에 구김이 가지 않는 장점이 있어서 내복 원단으로 많이 사용한다. 그러나 유아복 내의에는 순면 100%가 기본이었으며 K가 발주한 스펙도 당연히 그랬다. 그런데 어떤 업자가 순면 100%가 아닌 TC 원단을 사용해서 옷을 만들고 납품한 것이었다. 창업 초기부터 함께해온 납품업자가 이런 장난을 치다니! K는 바로 그 자리에서 열이 끓어올라 참을 수가 없었다. 그러나 고객이 우선이었다. 아이의 엄마에게 이런저런 사정을 솔직하게 고백하고 옷은 순면 100% 제품으로 바꿔드리겠으며 원하신다면 일정 금액의 피해 보상을 하겠다고 사과했다. 그러자 엄마는 솔직하게 말해준 것에 대해 감사하다고 말하며 옷만 제대로 바꿔주고 차후 이런 일이 발생하지 않도록 조처한다면 없던 일로 해주겠다고 했다.

고객과의 협상이 잘 마무리되어서 다행이었으나 더 중요한 일은 이 제품을 만든 납품업자를 어떻게 처리할 것인가 하는 문제였다. K는 해당 업자를 성남에 있는 창고로 들어오라고 한 뒤 본사를 거치지 않고 바로 창고로 향했다. 그리고 도착하자마자 담당 인스펙터(Inspector : 검수 담당 사원)들과 업자를 한자리에 모아놓고 호통을 쳤다.

"아니, 검수를 어떻게 하길래 이 모양이야? 그리고 김 사장, 내가 당신을 믿고 하청 계약을 한 것인데 이런 식으로 장난을 칠 수 있는 겁니까?"

그러자 인스펙터들은 모두 고개를 숙였으나 김 사장은 억울하다는 듯이 손을 내저으며 한사코 순면 100% 원단을 사용했노라고 주장했다.

"김 사장님, 솔직하게 고백하면 이번 일은 덮어주고 넘어가려 했는데 이런 식으로 나오면 정말 계약 해지하는 수밖에 없습니다. 제가 원단은 눈 감고 만져보기만 해도 다 아는 사람인데 땡 원단(세일하는 원단)을 써놓고도 제 앞에서 끝까지 이럴 겁니까?"

그래도 김 사장은 자신의 주장을 굽히지 않았다. 드디어 열이 폭발한 K가 인스펙터한테 소리를 질렀다.

"저 업체에서 납품한 옷 한 박스 이리 가져와! 그리고 라이터도 가져와!"

김 사장이 놀라면서 만류했다.

"아니 어쩌려고 그러십니까? 왜 불 지르시게요?"
"그렇소. 당신도 잘 알잖소? 면 100%라면 깨끗이 타 없어질 것이고 TC라면 찌꺼기가 남는다는 거 말이요."

그러자 이번에는 김 사장이 당당하게 태도를 바꿨다.

"그래요. 그렇게 해봅시다. 난 겁나는 거 하나도 없소이다."
"좋소. 못 할 줄 알고 그러시오?"

K는 곁에 엉거주춤 서 있는 인스펙터의 손에서 라이터를 뺏어서 박스에서 꺼낸 2벌의 옷에 바로 불을 붙였다. 그러자 옷은 순식간에 찌직거리며 활활 타서 연기와 함께 없어졌는데 그 자리에는 까맣게 반짝이는 찌꺼기가 남아 있었다. K의 생각대로 TC 원단이었다. 순간 김 사장이 K에게 매달렸다.

"K차장, 이게 싸게 사온 원단인 건 맞는데 그 업자가 100% 면이라고 해서 나는 그런 줄만 알았던 거요. 나도 속은 거라니까. 제발 날 믿어주시오."

매달리는 김 사장의 손을 뿌리치고 K가 소리쳤다.

"저기 남아 있는 옷들 다 창고 밖으로 들고 나와!"

그리고 K는 누가 말릴 새도 없이 라이터를 들고 성큼성큼 밖으로 나갔다. 직원들은 우물쭈물하다가 K의 호통을 한 번 더 듣고는 일제히 옷이 든 상자를 모두 밖으로 내 왔다. K가 라이터를 켜고 막 옷더미에 불을 지르려는 순간 사장과 영업부장이 들이닥쳤다. 영업부장은 평소 자기만 도덕군자인 척하는 K가 싫어서 앙앙불락하는 사이였는데, K와 같이 갔던 사원이 본사에 상황을 보고하자 K의 성격을 아는 두 사람이 급히 현장으로 달려온 것이다. 사장이 K를 구석으로 불러서 설득했다.

"굳이 다 불태워 버릴 것까진 없는 거 아니요? 라벨 갈이를 해서 거기에다 면 70%, 폴리 30%인 TC 원단이라고 명기해주면 될 거 아니요? 그리고 가격을 낮추면 어차피 싼 옷을 찾는 고객이 사갈 테니 누이 좋고 매부 좋은 거 아니요?"
"안 됩니다. 이건 저 업자만의 문제가 아니라 모든 납품업자에게 경고해야 할 문제입니다. 그렇기 때문에 단호하게 불태워버리는 모습을 보여줘야 합니다. 그리고 저는 이런 식으로 싼 옷 만들지 않습니다."
"허, 그거 참. 아무리 그래도 그렇지. 반품하고 계약 해지하면 그만인 걸 굳이 태워버릴 것까지야 뭐 있겠소?"

그러자 K가 갑자기 정색하며 욱해서 사장에게 한마디했다.

"아니, 선배님, 생산에 대해서는 모든 권한을 독립적으로 준다고 약속한 거 잊으셨습니까? 이런 식으로 하시면 저 니트로에서 일 못 합니다."

이렇게까지 나오자 사장은 얼굴을 찡그리면서 말했다.

"아아, 알았소. 그럼 K차장 마음대로 하시오. 그렇지만 불태우는 건 모양이 좀 그렇소. 우리가 평소 하는 방식대로 가위질해서 걸레로라도 씁시다. 난 가겠소."

그리고 사장은 영업부장을 이끌고 휑하니 차를 타고 떠나버렸고 K는 순간 '내가 좀 지나쳤나'라는 생각도 들었지만, 회사의 앞날을 위해서 약해지면 안 된다는 생각을 하면서 인스펙터들에게 "저 옷들 다 가위질해!"라고 명령을 내렸다. 그리고 납품업자에게는 본인도 속아서 산 게 맞는 것 같은 데다 워낙 영세업자였으므로 대금을 반으로 줄여서 결제해줬다. 하청 계약을 해지했음은 물론이다. 사실 그런 식으로 부정 납품을 하다 적발되면 형사상 처벌까지 할 수 있었지만 눈감아준 것이다.

직장생활을 하다 보면 상사가 틀리고 부하인 내가 옳은데도 상사가 우겨서 다투는 경우가 있다. 그러면 부하는 물 만난 고기처럼 신나게 상사를 두들겨 패서(?) KO시켜버리는데 이는 매우 주의해야 할 일이며 특히 그 상사가 오너일 경우는 더욱 조심해야 한다. 즉 오너를 너무 몰아붙이면 안 좋은 결과가 생긴다는 것이다.

앞의 사례에서 회사의 이미지를 위해서 싼 원단으로 만든 옷을 폐기한 K의 처사는 이해한다. 그러나 문제는 사장의 입장이다. 사장도 그냥 폐기하자고 했으면 문제가 없는데 둘의 의견이 달랐는데도 K의 뜻대로 된 것이 문제요, 더 큰 문제는 K가 자기 뜻을 관철하는 방법이었다. K가 뭐라고 했는가?

"아니 선배님, 생산에 대해서는 모든 권한을 독립적으로 준다고 약속한 거 잊으셨습니까? 이런 식으로 하시면 저 니트로에서 일 못 합니다." 여기에 한 가지 큰 실수가 들어 있다. 그것은 바로 욱해서 '이러면 저 니트로에서 일 못 합니다.'라고 한 것. 이 말은 '그만두겠다'는 뜻을 달리 표현한 것인데 '자기 말 안 들으면 때려치우겠다'는 위협은 부하가 동원할 수 있는 최후의 협박 수단이다.

그러나 그런 위협에 굴복하는 상사는 정말 기분 나쁘다. 그런데 K는 한 치의 망설임도 없이(회사는 초기인데도) 최후의 수단을 동원했다. 가장 좋은 것은 "사장님 말씀도 옳지만 제가 보기에는 이러저러한 이유로 폐기하는 게 더 나을 것 같습니다."라는 식으로 말해서 폐기를 하더라도 사장이 결정하도록 하는 것이다. 왜냐하면 사장도 다 생각이 있어서 재활용하자고 한 것이기 때문이다. 그런데 바로 불같이 최후의 수단을 동원해서 사장 입에 아예 재갈을 물려버리고 자기 식으로 강행하고 말았으니 **위협에 굴복한 사장은 순간 얼마나 쪽팔릴 것이며 이 어찌 후환이 없겠는가?**

그리고 K의 결정적 실수는 한 가지가 더 있었으니 바로 라이벌의 존재를 잊었다는 것이다. K의 주장을 이기지 못하고 휑하니 차를 타고 사라진 사장 옆에는 누가 있었던가? 바로 K에게 결정타를 날리지 못해 안달인 영업부장이 타고 있었다. 차를 타고 본사로 향하는 두 사람의 대화는 듣지 않아도, 쿵 하고 호박 떨어지는 소리다.

"사장님 괜찮으세요? 아, 정말 K차장은 사람들 다 있는 앞에서 어떻게 그렇게 사장님 지시를 무시할 수 있는 겁니까? 사장님이 재활용하자는데 불이나 싸지른다고 우기고 말입니다. 아니 지가, 무슨 회장이라도 된답니까?"

이 말을 듣는 사장은 마음속으로 어떤 생각을 했을까? '그래, 아직은 네가 필요하니 참는다. 그러나 어디 두고 보자!'라며 이를 악물었을 것이다. 전형적 순수형(PS) 리더들은 오너를 막다른 골목으로 몰았든 말든, 내가 옳다고 생각하는 바를 관철했으므로 위풍당당 상사의 기분이나 라이벌의 모함이나 이로 인한 뒷일은 별로 생각하지 않는다. 혹 누가 조심하라고 일러도 '내가 잘못한 게 뭔데? 다 회사 잘되라고 한 일인데.'라며 고개를 쳐드니 어찌 보면 시한폭탄을 등에 지고 다니는 것과 같다.

아무리 내가 옳다고 해도
상사를 망신 주면서 이겨버리면
당장은 그냥 넘어가도
훗날 반드시 후환이 생긴다.
고로 등대처럼 멀리 보고 처신하라!

# 보이는 곳에서 기도하라

한 중소 가구업체 회의실에서 사장 생일 축하연이 열리고 있었다. 매년 사장 생일이 되면 전 임직원 50명 정도가 회의실에 모여서 간단한 안주와 칵테일로 생일잔치를 하는 게 이 회사의 전통이었다. 특히 이번 생일잔치는 그 의미가 남달랐는데, 연 매출 200억을 달성한 데다 유럽 시장 진출을 성공시킨 터라 더 축하하는 분위기였다. 여느 생일잔치처럼 케이크에 촛불을 켜고 다 같이 '생일 축하합니다' 노래를 부른 뒤 주인공인 사장이 케이크 커팅을 했다. 그리고 각자의 잔에 술을 다 따른 뒤 사장이 "자, 다 같이 듭시다!"하며 잔을 드는데, 얼마 전 영입된 부사장이 갑자기 일어섰다. 부사장은 대기업에서 정년을 마치고 이 회사에 관리 담당 부사장으로 들어왔는데, 전 직장에서 아부 잘하기로 이름이 났던 그가 이렇게 말하며 나선 것이다.

"잠깐만요, 사장님. 제가 사장님 생신을 위한 건배사를 하겠습니다."
"건배사는 무슨… 뭐 그래, 어디 간단히 한마디하시오."

그러자 부사장이 큰소리로 외쳤다.

"자, 다들 일어서서 다 같이 잔을 높이 듭시다. 제가 건배사를 하겠습니다."

간부들이 다 일어서면서 속으로 대충 '우리 사장님의 생신을 축하하며 만수무강을 기원합시다!' 정도가 나오겠지 생각했는데 전혀 그게 아니었다.

"자, 우리 민족의 태양이시며 전 세계인들의 영웅이 되실 우리 사장님의 생신을 축하하며 잔을 듭시다."

사람들이 다 깜짝 놀랐다. 민족의 태양이라니, 여기가 북한인가? 사장도 쑥스러운지 말렸다.

"어 부사장님, 그만하세요. 거, 뭐 남사스럽게….."

그러자 부사장이 더 큰 목소리로 말했다.

"아닙니다, 사장님. 자 조용조용! 여러분이 아직 잘 몰라서 그러는데 앞으로 우리 회사는 유럽 가구 시장을 제패하고 세계를 제패할 겁니다. 이케아를 꺾고 세계 일등이 될 겁니다. 그러면 세계인들이 모두 사장님을 다시 볼 거고 우리 국민도 나라를 빛낸 민족의 영웅으로 받들 겁니다. 자, 그날을 위하여 모두 건배!"

모두 얼떨결에 잔을 높이 들고 건배를 외쳤다. 사장의 얼굴에는 쑥스러운 표정이 역력했으나 동시에 입이 귀에 걸리는 것도 숨길 수 없었다. 시간이 조금 지나 술에 기분이 좋아진 사장이 한마디했다.

"아, 이번에 유럽 지사 둘러보러 파리에 일주일 갔다 옵니다. 그동안 부사장 중심으로 단결해서 회사일 차질 없도록 해주세요."

그러자 부사장이 이렇게 말했다.

"사장님, 염려 마십시오. 제가 다 알아서 잘하겠습니다. 그런데 사장님 비행기는 일등석으로 가십니까? 워낙 장시간이라서 말이죠."

사장이 손을 저으며 말을 막았다.

"아니요. 그냥 비즈니스석으로 갑니다. 그 정도만 해도 충분히 탈만 해요."

그 순간 부사장이 손을 홰홰 내저으며 소리쳤다.

"아니, 이거 우리 사장님이 이등석을 타는 게 말이 됩니까? 일등석이 아니라 전용기를 타고 출장을 다니셔야 하는데 말입니다. 제가 열심히 해서 앞으로 점보기 하나 전용기로 마련해드리겠습니다."

그때 갑자기 옆에서 듣고만 있던 공장장이 술잔을 탁 내려놓으며 한마디했다. 공장장은 사장하고 동향 후배로 창업부터 같이 일해온 사이였다.

"아니, 부사장님 말씀이 좀 지나치십니다. 일등석까지는 좋은데요. 전용기가 뭡니까, 전용기가? 그리고 저희가 열심히 일해서 회사가 여기까지 온 거 아닙니까? 뭘 갑자기 부사장님이 와서 회사 다 키울 것처럼 그러십니까? 듣는 사람 기분 안 좋게. 저는 아무 말 안 하고 조용히 일만 하는데, 오자마자 말로만 이러시면 안 되죠."

그러자 갑자기 분위기가 싸해졌다. 그러나 부사장은 고수였다.

"아니 생일날 듣기 좋은 건배사 하나도 못 합니까? 말이야 바른 말이지 사장님 유럽 가시는데 당연히 일등석 태워드려야 되는 거 아닙니까?"

공장장도 지지 않았다.

"이거 왜 이러세요? 저희도 몇 번씩이나 일등석으로 끊으라고 말씀드렸는데 사장님이 알아서 이등석으로 하신 거예요. 비용 아껴야 한다고요."

두 사람의 말싸움이 길어지고 분위기가 어수선해지자 사장이 개입했다.

"아 그거, 참. 이 사람들이 내 생일 잔치에 왜들 이래? 이제 그만들 해요. 그리고 거, 공장장 말이요. 내가 전용기 가지는 거 싫은 거요? 뭘 그렇게 언성을 높이고 그래?"

공장장이 조금 누그러진 목소리로 대답했다.

"아니 싫기는요? 너무 황당한 이야기를 하니까 그렇지요."

그러자 부사장이 다시 목청을 높였다.

"공장장님, 그렇게 포부가 작아서야 어떻게 회사 크게 키우겠습니까? 황당한 게 아니라 꿈을 크게 가져야지요."

방 안의 사람들이 대부분 '아니, 말만 그렇게 한다고 해서 무슨 신제품이 나오나, 매출이 올라가나? 좋은 상품 만들고 매출을 키워야 전용기든 뭐든 사지. 으이그, 아부꾼.'이라고 생각할 때 술이 거나해진 사장이 큰소리로 말했다.

"아 부사장님, 그거 좋은 이야기요. 회사가 전용기 하나는 있을 정도로 커야지 말이야. 거, 부사장님이 앞으로 우리 회사 비전을 잘 만들어봐요. 우리 기존 직원들은 서랍장 가구만 만들다 보니까 통이 작아요. 통이…."

그 순간 공장장이 벌떡 일어나더니 갑자기 문을 쾅 열고 나가버렸다.

사장이 큰 소리로 돌아오라고 불렀지만, 뒤도 돌아보지 않고 그대로 가버렸다. 그리고 다음 날부터 출근을 안 하더니 결국 회사를 그만두었다.

이 이야기를 처음 들을 때는 필자도 실실 웃었는데 나중에는 결코 웃을 수가 없었다. 그리고 그 토사모 회원한테 사실이냐고 물어봤더니 사실이라며 자기가 바로 그 억울하게 당한 공장장이란다. 물론 다 먼 옛날 이야기라면서.

얼른 듣기에 거짓말 같은 이 이야기는 어찌 보면 한편의 개그처럼 느껴지지만, 사실은 그 속에 많은 시사점이 숨어 있다. 그것이 무엇일까?

이 이야기에서 가장 중요한 것은 부사장의 입이 아니라 사장의 귀다. 즉 민족의 태양이니 전용 여객기니 하는 이야기가 상식적으로 생각하는 사람들의 귀에는 다소 생뚱맞은 개그처럼 느껴지지만, 사장의 귀에는 달콤하게 들리는 것이다. 그나마 사장이 아직은 그런 거창한 아부와 칭찬에 익숙하지 않아서 쑥스러운 표정을 지은 것이지, 앞으로 시간이 흐르면 흐를수록 여러 번 들으면서 그런 말들을 당연한 것으로 받아들이게 된다. 물론 이것이 나쁘다는 뜻은 아니다. 듣기에는 터무니없는 것 같을지라도 그런 거창한 꿈을, 그야말로 사장의 말처럼 '통 크게 갖는 것'이 왜 나쁘겠는가?

문제는 이런 식으로 **오너에 대한 립 서비스가 난무하기 시작하면 건전한 기업문화가 오염된다는 사실이다.** 즉 실현 가능성이나 진정성 없이 오너가 듣고 싶은 달콤한 말만 하는 풍토가 짙어지면 보이지 않는 곳에서 묵묵히 일하는 사람들의 사기가 떨어진다. 생각해보라. 회사의 일이란 어찌 보면 매일매일 문제를 발견하고 그 문제를 해결하는 과정의 연속이다. 따라서 일을 제대로 하고자 하는 사람은 어쩔 수 없이 '뭐가 문제입니다. 해결하려면 뭐가 필요합니다.'라는 식으로 골치 아픈 이야기를 많이 하게 된다. 그러면 달콤한 말을 듣기 좋아하는 사장의 귀는 누구에게 열리겠는가? 당연히 부사장인데 그것이 문제다.

한편 공장장도 반성해야 한다. 성경에는 "오른손이 하는 일을 왼손이 모르게 하라. 보이지 않는 곳에서 기도하라. 숨어 있는 것도 다 아시는 하느님이 헤아리실 것이다."라고 되어 있지만, 회사에서는 그렇지 않다. 즉 자기가 한 일을 숨기는 겸손은 미덕이 아니다. 왜? 상사는 하느님이 아니기 때문이다. **내가 한 일을 윗사람이 정확히 알 수 있도록 드러내서 증명해야 하며 때로는 특히 오너의 성공을 보이는 곳에서 큰 소리로 찬양도 해야 한다.**

또 아부를 일삼는 사람들이 득세하도록 오너가 너무 아부를 반기는 것은 잘못이지만 그런 사람들이 득세하는 것을 손 놓고 바라보고만 있는 것도 큰 잘못이다. 건전한 기업문화를 원한다면 그 문화를 이끄는 힘을 지닐 수 있도록 더 높은 자리로 승진하는 것이 현명하기 때문에, 오너 앞에서는 확실하게 고개를 숙이고 나를 알아주도록 나를 팔아야 한다. 그러지 않고 **힘없고 낮은 자리에서 정의감에 불타는 직언 직설을 난사하다가 비장하게 산화하면, 멋있는 것 같지만 결국 조직을 변화시키지는 못한다.**

그런 관점으로 보면 그날 비장하게 문을 걸어차고 나온 뒤 과감하게 회사를 때려치운 공장장의 행동은 남자답기는 하지만 또 한편으론 어리석기 그지없는 처신이었다. 물론 퇴사는 본인 자유지만 그러면 남아 있는 동료 부하들은 어쩌란 말인가? 남아서 부사장을 견제함으로써 그들의 힘이 되어주는 게 옳은 것이다.

싱가포르를 일으켜 세운 국부로 추앙받는 리콴유는 독재자로 지탄받기도 하지만 그의 정치 이력을 들여다보면 탁월한 면을 발견할 수 있다. 즉 리콴유는 반공주의자이면서도 정치 초년병 시절에는 공산당을 감당할 수 없자 아예 공산당에 입당해서 그들과 협력하며 슬금슬금 자기 세력을 키웠다.

그리고 결정적으로 수상이 되어 힘을 얻게 되자 자신의 소원대로 공산당을 치는 일에 나섰고 이를 성공시킨다. 고로 **어떤 조직에서 변화를 만들어내고자 한다면 힘을 얻을 때까지 발톱을 숨기고 몸을 낮출 줄도 알아야 하며, 오너에게 보이는 곳에서 찬사를 바쳐 신임을 얻고 바라는 지위에 이르렀을 때, 거사를 일으켜야 한다.**

이런 처신은 우리가 익히 잘 아는 중국의 후한 말 시대 책략가인 사마의의 전략이다. 사마의에 관해서는 이 책의 '3장 리더를 알아야 유종의 미를 거둔다'에 자세히 언급하므로 그때 살펴보기로 하자.

어쨌든 사마의의 대표적 전략은 '세가 불리할 때는 꾀병을 앓으며 누워 때를 기다리는 것'인데, 공장장도 사마의를 배워야 했다. 사장이 아무리 생일잔치에서 부사장의 아부에 넘어갔더라도 결국 술이 깨면 제정신으로 돌아온다. 그때까지 실실거리며 그냥 비위 좀 맞춰주는 게 뭐 그리 어려운가? 부하들이 보는데 문을 박차고 나가서 사장이 불러도 돌아오지 않고 다음 날부터 출근을 안 하다 그만둬버렸으니, 초창기 회사만 키우고 제 발로 걸어 나온 어리석은 순수형(PS) 리더가 아닌가?

# 여덟 발자국에 돌아서서 쏴라

한 주방용품 회사에서 전국에 대리점이 늘어나자 전사 조직을 통합하는 전산 시스템을 도입하기로 했다. 그때까지는 각 대리점에서 날마다 판매 현황을 취합해서 본사로 보고를 하면 이를 총 취합해서 사장에게 보고하고 재고도 충당시켜주는 방식으로 운영했다. 그러나 대리점이 30개를 넘어서자 본사의 취합에 시간이 걸리고 재고에도 가끔 오류가 생겨서 없는 물건 채워준다고 비싼 운송료가 들어갔다. 그래서 전국을 4권역으로 나눠서 대리점마다 전산 시스템을 깔아주기로 하고 이를 담당할 엔지니어 4명을 뽑았다.

그런데 이 전산 기술자들을 다 준비시켜서 파견하려고 할 때 문제가 생겼다. 그것은 출발 당일 아침에, 전산 교육만이 아니라, 신입사원 교육처럼 기업 철학 및 상품 지식 교육을 제대로 해서 내려보내라는 사장의 지시가 갑자기 떨어진 것이다. 그런데 사원 연수를 책임진 인사 담당이 이 지시를 전산실장에게 전달했을 때 사장의 사촌동생인 전산실장이 강하게 이의를 제기하고 나섰다.

"아니. 강 이사님, 형님 지시에 너무 매달리지 마세요. 지금 지방에 대리점 사장들이 재고 현황 안 맞아서 장사 못 해 먹겠다고 난리들인데, 하루라도 빨리 애들 내려보내서 시스템 돌려야지. 언제까지 이러고 있을 겁니까? 참 답답하네."

G이사가 좋게 알아듣도록 설명했다.

"지난번 대리점 사장 회의에서 물건에 하자가 많다, 경쟁사 제품보다 비싸다, 본사에 앉아서 탁상공론만 한다 등 하도 말들이 많아서 아마 이 친구들을 제대로 가르쳐서 보내라는 걸 겁니다."
"아니 그러면 얼마 동안 교육을 하라는 건데요?"
"글쎄요, 신입사원 교육이 4박 5일이니까 못해도 사흘은 가르쳐야 하지 않겠습니까?"
"아이고 사흘씩이나요? 그렇게는 못 합니다. 그냥 하루만 더 가르쳐서 내려보냅시다. 뒷일은 제가 알아서 형한테 다 이야기할 테니까."
"아, 안 됩니다. 사장님 성격 잘 아시면서 그러십니까? 제가 사흘 교육 과정을 짜서 보고하고 결재 받았으니까 이대로 합시다."
"아, 정말 강 이사님 너무 답답하네. 우리 형 말이라면 꼼짝을 못하니, 이거야 원!"

그렇게 해서 기업 철학 및 각종 제품의 특장점 등에 대한 교육이 시작되었는데 셋째 날 회사 인사규정을 강의하러 강의장에 갔던 G이사는 기절초풍할 뻔했다. 5분 정도 늦어서 달리기로 헐레벌떡 강의장에 뛰어 들어갔는데 교육생이 한 명도 없는 게 아닌가? 부랴부랴 전산실장을 찾아갔더니 그는 의외로 태연했다.

"아, 걱정하지 마세요. 오늘 아침에 제가 애들 다 현장으로 가라고 보냈어요. 하루도 아니고 이틀씩 더 가르쳤으면 됐지, 뭐 시시콜콜하게 인사규정까지 다 가르치려고 합니까?"

G이사는 앞이 아득했다. 사장이 알면 난리가 날 게 뻔했기 때문이다. 그러나 전산실장은 전혀 걱정하지 않았다.

"아, 강 이사님은 이번 일에 그냥 빠지세요. 어차피 전산은 제 나와바리 아닙니까? 제가 알아서 형님한테 다 말씀드릴 테니까 걱정할 거 없습니다. 아마 오히려 잘 했다고 칭찬할 걸요. 일이 바쁠 때는 적당히 융통성을 부려야죠. 융통성을!"

주변으로부터 평소에 융통성 없다고 타박을 많이 받아온 G이사는 '에라 형제끼리 알아서 한다는데 그럼 못 이기는 척 덮어두자.' 하고 사무실로 복귀했다.

그런데 점심을 막 먹고 돌아온 G이사에게 지금 당장 사장실로 오라는 호출이 왔다. G이사는 아마 전산실장이 밥 먹으면서 이야기했으려니 하고 자기한테 교육을 할 건 다 했느냐고 확인차 부른다고 생각했다. 그러나 그게 아니었다. 비서실에 들어서 보니 전산실장도 불안한 얼굴로 기다리고 있었다.

"아니, 사장님하고 점심 같이 안 했습니까?"
"아니요. 근데 누가 애들 미리 내려보냈다고 고자질한 모양입니다. 형님이 좀 화가 난 것 같은데요."

그때 비서가 사장실 문을 열고 나오며 들어가라는 눈짓을 했다. 두 사람이 엉거주춤 들어가보니 사장은 화가, 좀이 아니라 많이 나 있었다. 들어서는 두 사람을 보고 다짜고짜 고함을 질렀다.

"아니, 누가 전산 요원들 교육도 안 마치고 내려보내라고 했어? 강 이사가 나한테 사흘 교육한다고 했잖아? 어떻게 된 거야?"

그러자 G이사가 기어가는 목소리로 변명했다.

"아, 네. 그게 중요한 내용은 다 가르쳤습니다. 상품 지식도 충분히 가르쳤고 회사 경영이념도 다 가르쳤습니다."
"아, 어떻게 그것만 가지고 다 가르쳤다고 말을 해? 이 사람이 지금 정신 나간 거 아냐? 제일 중요한 게 인사규정이지. 이 친구들이 가서 대리점 사장한테 말도 안 되는 헛소리해서 회사 이미지에 손해 끼치면 어떻게 해? 그거 가르쳤어?"

G이사가 우물쭈물하는 찰나 전산실장이 갑자기 전혀 생각하지도 못한

폭탄을 터트렸다.

"거 보세요. 강 이사님. 제가 뭐라고 했습니까? 이 친구들 기술도 중요하지만, 정신이 중요하다고 제가 그랬잖아요? 그런데 그걸 그냥 상품 지식만 가르치고 보내버리면 어떡합니까?"

이게 무슨 자다가 봉창 두들기는 소리인가? 전산실장도 그 순간에야 비로소 사장의 의도를 알아차린 것이다. 그렇지만 적반하장도 유분수지, 순간 화가 난 G이사가 강하게 반박했다.

"아니, 전산실장이 이러면 안 되는 거 아닙니까? 제가 끝까지 다 가르쳐서 보내자고 했는데 처음부터 그냥 보내자고 한 게 누구입니까, 네?"

그러자 전산실장이 한술 더 떴다.

"아니, 나도 끝까지 다 가르치려고 했죠. 그런데 오늘 아침 다들 준비하고 기다리는데, 강 이사님이 안 나타나니까 이제 교육 그만하나 보다 한 거 아닙니까?"
"뭐요? 겨우 5분 늦은 거 가지고 제 핑계를 대요? 정말 보자 보자 하니까."

G이사는 말을 마칠 수 없었다. 사장이 책상을 내리쳤기 때문이다.

"이 사람들이 지금 내 앞에서 서로 책임 회피하는 거야 뭐야? 아 전산 실장이 영업을 알기는 뭘 알아? 내막을 아는 당신이 챙겨야지. 강 이사 당신이 그렇게 허술하게 하고 다니니까 이런 일이 벌어지는 거 아냐? 애들이 가서 대리점 사장한테 휘말려서 제품 하자 많다고 회사 욕이나 하고 비싸다고 같이 떠들고 다니면 어떡할 거야? 여러 말 할 거 없이 애들 다 다시 불러들여!"

여기서 그냥 '알았습니다' 했으면 사건은 그걸로 그만이었을 것이다. G 이사가 생각하기에, 안 그래도 지난번에 한 번 내려보낸다고 했다가 연기가 됐는데 이번에 도착한 애들을 다시 올라오라고 하면 대리점 사장들의 반발이 만만치 않을 것이고 회사 체면도 많이 깎일 것 같았다. 그래서 충심으로 이렇게 말했다.

"사장님, 이번엔 그냥 넘어가는 게 어떻겠습니까? 지난번에 보낸다고 했다가 한 번 연기됐는데 이번에 또 그러면 사장님 체면도 말이 아닐 거 같습니다."

그러자 사장이 뚜껑이 열렸다.

"뭐 체면? 어디 체면이 밥 먹여줘? 그리고 내가 뭐 어쨌길래 체면이 깎인다는 거야? 당신 밥줄이나 걱정해. 강 이사, 오라는 데 많은가 보네."

G이사가 '앗차' 하고 등에 식은땀이 날 때, 전산실장이 또 잽싸게 나섰

다.

"형님, 제가 다 불러올리겠습니다. 아무리 바빠도 바늘허리 매어 못 쓰는 거 아닙니까? 가르칠 건 다 가르친 다음에 보내야죠."
"그래, 뒷일은 전산실장이 다 알아서 해. 강 이사는 이 일에서 손 떼라고!"

그리고 얼마 안 있어 G이사는 회사를 그만두게 되었다.

이 이야기를 한 G회원은 지금도 그 전산실장을 생각하면 비겁한 놈이라며 화가 많이 나고 억울하다고 했다. 왜 안 그러겠는가? 필자라도 당연히 화가 날 것이다. 그러나 호랑이한테 물려가도 정신만 차리면 산다고 하지 않는가? 필자가 보기에 G회원은 이 건에 관해서 정신을 못 차리고 연거푸 4번씩이나 실수를 범했다.

그것이 무엇일까?

첫째는, 처음 내려보낼 때 전산만 가르치고 그냥 보내려고 한 것이 실수이다. 이미 대리점 사장들이 본사에 와서 분탕질하고 간 터라, 사장이 대리점 관리에 신경이 곤두서 있을 때인데 왜 사장처럼 생각하지 못했을까? 그때 사장보다 한 발 앞서서 정신 무장이나 상품 교육을 해서 내려보내야 한다고 건의했으면 사장 맘에 쏙 들었을 것이다.

둘째는, 전산실장의 환상 던지기 수법에 당했다. 즉 전산실장이 말할 때마다 '사장'이라 안 하고 '우리 형님, 우리 형님' 하니까 '그래 형제끼리 알아서 하겠지. 내가 뭘 이 어린 친구하고 귀찮게 다투나.' 하고 맘을 놓아버린 것이다.

셋째는, 전산 요원들이 내려가고 난 다음에 먼저 사장한테 가서 보고하지 않은 게 실수이다. 아무리 전산실장이 알아서 한다고 장담했지만, 교육을 끝까지 해서 내려보내라는 지시는 어디까지나 G회원이 직접 받았으니 당연히 먼저 가서 보고했어야 맞다. 물론 그래도 생각이 짧다고 야단맞았을지는 모르지만 그래도 일이 그렇게 파국으로 치닫지는 않았을 것이다.

넷째는, 일이 터지고 나서도 번지수를 잘못 짚은 것이다. 인사규정을 가르치라는 사장의 의도는 전산 요원들이 내려가서 대리점 사장과 헛소리를 안 하도록 단속하라는 뜻인데 이걸 놓치고 화가 머리끝까지 난 사장 앞에서 체면 운운하면서 이번에는 넘어가자고 한 것이 결정타였다. 소나기가 거세게 내릴 때는 일단 피하는 것이 상책이다. 반면 약삭빠른 전산실장은 자기가 일을 저질러놓고도 마지막 찬스를 놓치지 않고 사장의 마음을 거머쥐어서 살아난 것이다.

결론을 말하면, G회원이 전형적 순수형(PS) 리더인 것이 문제였다. 오너가 시키는 대로 하려다가 오너 사촌 동생이 혈연을 내세워 강하게 알아서 하겠다고 하니 그걸 그대로 믿어버렸는데, 위기에서 자기가 살길을 찾기보다 사장 체면을 먼저 생각하는 순진파였던 것이다. 이런 사람들은 중세 시대의 권총 결투에 나선다면 백전백패할 확률이 높다. 왜? 10걸음을 가서 돌아선 뒤에 겨누고 쏘기로 하면 그야말로 그대로 지키기 때문이다.

물론 상대가 그렇게 신사도를 지키는 인물이라면 그렇게 정정당당하게 겨루는 것이 좋다. 그러나 **상대가 잔머리 굴리고 사기나 치고 지키지도 못하면서 큰소리치는 못 믿을 인물이라면 여덟 발자국에 돌아서서 쏘는 것이 좋다. 왜? 상대는 아홉 발자국에 돌아서서 쏘려고 생각하기 때문이다.** 그러나 정직하고 착한 순수형(PS) 리더들은 내가 총에 맞아 피를 흘리고 죽을지언정 그렇게는 못 하겠다고 생각하니 간사한 사람에게 매번 당하는 것이다.

# 너무 솔직하게 털어놓지 말라

한 회사에서 그해 영업 실적이 매우 좋아서 포상으로 영업부 직원들을 해외여행을 시켜주려 했다. 인원이 많아서 꽤 큰 예산이 들어가는 프로젝트였는데 여행사를 선정하는 일이 신임 기획 담당 이사 C에게 맡겨졌다. C는 유능해서 오너의 신임을 많이 받았는데 처신에는 좀 원칙주의자인 면이 있었다.

처음에는 여행사 3곳을 골라서 견적을 받았는데 가장 부실한 곳 하나를 탈락시킨 뒤, 2곳으로부터 최종 대비 견적을 받았다. 그렇게 해서 비교를 한 결과 O여행사가 P여행사보다 낫다는 결론이 나와서 그렇게 기안을 작성하고 결재를 받으러 나섰다. 그리고 영업 담당 상무의 방에 들어갔을 때 의외의 이야기를 들었다. 그 상무는 오너의 처남이었는데 O여행사가 아닌 P 여행사로 다시 바꾸라면서 이는 오너의 뜻이라고 말하는 게 아닌가? 즉 어제 오너의 집에 가족 행사가 있어서 갔는데 오너로부터 여행사 선정에 관한 밀명을 받았다는 것이다.

"자세한 내용은 당신이 알 것 없고 P여행사 사장과 매형 사이에 무슨 거래가 있는 것 같소. 그러니 알아서 하시오."

담당 임원을 제쳐놓고 거래라니, C가 처음에는 따지고 들려다가 맘을 돌려먹고 물었다.

"아니, 그런 지시를 저한테 하지 않고 왜 상무님한테 했을까요?"
"아 그걸 정말 몰라서 묻는 거요. 당신이 우리 회사에서 제일가는 원칙주의자 아니요. 근데 사장님이 연고를 가지고 여행사 선정에 '감 놔라 배 놔라' 직접 지시하면 당신이 사장님한테 대들든지 아니면 마음으로 크게 실망할 거 아니요. 그럴까 봐서 그러는 거지. 그래서 슬쩍 나보고 조용하게 처리하라고 전한 거요. 그나저나 견적에서 차이가 크게 납니까?"
"아니, 굳이 그런 건 아닙니다. 비용과 코스는 거의 같은데 먹는 식사에서 O사가 확실히 나아서 O사로 하려고 하는 겁니다."
"아, 그럼 잘됐네. 최 이사가 알아서 P사로 바꾸고 사장님께 결재를 받아요. 그럼 아무 문제없을 거고 사장님도 고마워할 거요."

C는 잠깐 고민이 되었지만, 자신이 너무 원칙주의자라서 이런 내밀한 부탁을 사장이 직접 못 한다는 상무의 말이 마음에 걸려서 이렇게 말하며 받아들였다.

"알았습니다. 그렇게 하지요."

그리고 P사를 택한다는 내용으로 기안을 다시 만들었다. 그렇게 해서 상무, 전무 사인을 다 받고 마지막 사장실에 결재를 들어갔는데 거기서 정말 의외의 사태와 맞닥뜨렸다. 기안을 받아든 사장이 C에게 물었다.

"이게 내용을 잘 보고 선정해야 돼요. 자칫 잘못해서 직원들이 '숙소 안 좋았다, 밥맛 없었다'고 하면 돈 쓰고도 욕먹는다고."

그러면서 대강 두 여행사의 견적을 훑어보던 사장이 갑자기 미간을 찌푸리며 말했다.

"아니, 이거 당신이 잘못 고른 거 아냐? 내가 동남아 여행 갔을 때 거기서 꼭 먹어봐야 하는 현지 요리가 있었는데 그게 O사에는 있고 P사에는 없잖아? 내가 보기에는 O사가 나은 거 같은데, 안 그래요?"

이건 또 무슨 황당한 상황인가? 상무 말로는 P사로 해서 가지고 가면 보지도 않고 사인해줄 것처럼 말했는데! 순간 당황했지만, C는 정신을 가다듬고 '일부러 한번 반어법으로 물어보는가 보다.'라고 생각하고 이렇게 답했다.

"아, 네. 사장님 말씀도 맞는데요, 음식 말고 다른 부분에서는 P사가 훨씬 낫습니다. 저희는 볼거리에 더 가중치를 둬서 그렇게 결정했습니다."

이번에는 사장이 "아 그래요?" 하며 사인을 해주겠다고 생각했는데 어라, 그게 아니었다.

"그래요? 그럼 어디 코스를 비교해보자고. 아니 이건 뭐 둘 다 비슷하 잖아. 어딜 봐서 P사가 더 낫다는 건지 모르겠네. 어디 자세히 설명해봐 요."

이번에는 C의 말문이 막혔다. 시나리오는 이게 아닌데, 사장이 왜 이렇게 나오나? 더는 합리적으로 설명할 재간이 없자 C가 낮은 목소리로 속삭였다.

"사장님, 너무 그렇게 걱정 안 하셔도 됩니다. 저도 융통성이 있는 사람입니다. 다 알아서 P사로 했으니 편하게 사인해주십시오."

그렇게 말하고 나자 속이 다 시원했다. '사장이 나를 원칙주의자라고 너무 경계하는 건 잘못이지,' 하는 생각이 드는 순간에 사장의 노기 띤 음성이 들려왔다.

"아니, 알아서 한다는 건 또 무슨 소리야? 그리고 내가 뭘 걱정한다는 거야?"

아, 정말 왕짜증!! C는 밝히고 싶지 않았지만, 사장이 끝까지 이렇게 나오니 더는 시험당하고 싶지 않았다.

"어제 사장님이 P사로 하도록 하라고 상무한테 지시하신 이야기를 들었습니다. P사 사장님과 딜이 있었다고. 그래서 그렇게 한 겁니다. 사실은 저도 처음에는 O사를 택했습니다."

그러자 바로 사장이 소리를 지르는데 천정이 무너질 듯했다.

"뭐야? 처남이 뭐라고 해? 비서!"

큰 소리를 듣고 비서가 허둥지둥 달려왔다.

"허 상무 당장 이리 들어오라고 해!"

H상무가 문을 열고 들어서자 사장의 얼굴이 더 험악해졌다.

"아니, 당신이 뭔데 회사 기획 업무에 압력을 넣고 그래? P사 사장이 당신 동창이지? 내 처남이라고 해서 함부로 날 팔았다가는 말이야. 앞으로 국물도 없어! 똑바로 하라고 똑바로!"

그리고 사장은 뭐라고 변명할 기회도 주지 않고 책상을 발로 쾅 걷어차며 상무에게 외쳤다.

"나가봐! 당신은 여기 남고!"

C는 정말 난감했다. 이것이 도대체 어찌 된 일이란 말인가? 사장이 소리를 질렀다.

"최 이사, 당신 똑바로 해. 당신이 나를 그런 사장으로밖에 안 본단 말이야? 난 정정당당하게 일하는 사람이지 뒷구멍으로 뭐 부탁하고 그런 사람 아니야! 당신 그렇게 안 봤는데, 앞으로 한 번 더 이런 일 있으면 가만 안 둘 거야!"

사장실에서 돌아온 C는 어처구니가 없었다. 그래서 상무실로 찾아가 큰 소리로 따졌다.

"아니 상무님, 이게 어떻게 된 일입니까? 중간에서 장난치신 겁니까?"

그러자 상무가 의외로 침착하게 답했다.

"거, 최 이사는 어째 그런 일 하나 매끄럽게 처리를 못 해요. 그래? 내가 죽으려고 환장한 사람이 아니면 어떻게 사장님을 팔겠소? 어제 분명히 나한테 지시했으니까 나는 그렇게 전했을 뿐이지. 아 우리 매형이 최이사 도덕군자라고 은근히 부담스러워하는데 거기다 대고 부당한 지시지만 사장님 명이니까 그대로 따른다고 했으니 중간에서 나만 박살 난거 아니요. 알 만한 분이 어째서 그렇게 순진해요? 어허, 앞으로가 더 문제네."

C는 그 후 기획 담당에서 생산 공장의 자재 담당으로 좌천되었다가 1년 후 사장의 재신임을 받지 못하고 회사를 나오게 되었다.

이 사례를 이야기해준 토사모 회원 C는 아직도 허 상무가 사장을 판 것인지 사장이 일부러 화를 낸 것인지 오리무중이라고 쑥스럽게 웃으며 말했다. 여러분은 어떻게 생각하는가? 허 상무의 말이 진실일까, 거짓일까? 필자는 H상무의 말이 진실이라고 본다. 필자가 그렇게 보는 이유는 3가지이다.

첫째는 H상무의 말이 거짓이라면, 즉 오너의 지시가 없었는데도 H상무가 오너를 팔아서 그런 일을 꾸몄다면 그날 사건은 절대 그 정도로 마무리될 리가 없다. 아무리 처남이라 해도 자기를 팔아서 부정을 저지르고 또 거기에 기획 이사가 가담했다면 이는 난리가 나도 보통 난리가 날 일이 아니다. 그런데도 오너는 큰 소리 한 번으로 모든 걸 다 덮어버렸다. 즉 야단은 쳤으나 뒤탈이 없었던 건 오너가 속으로 '아이고 큰일 날 뻔했네. 아니 그런 걸 순진한 최 이사한테 있는 그대로 전달하면 어떻게 해. 딜이 뭐야, 딜이? 뭔가 그럴듯한 핑계를 대서 둘러댔어야지.'라고 생각했기 때문이다. 불같이 화를 낸 건 그런 내밀한 일을 액면 그대로 전달하는 처남이나 또 그대로 들고 와서 '부정하지만 당신이 시켜서 한다'고 들이대는 C, 둘 모두에게 정말 화가 났기 때문이다.

둘째는 C가 그날 오너한테 중대한 면접을 치렀는데 불합격 판정을 받았다고 본다. 즉 C는 기획 이사로 승진 발령받은 지 얼마 안 되는 시점이었다. 오너는 자기가 곁에 두고 심복으로 부릴 수 있는 인물인가를 확인하고 싶었을 것이다. 물론 C가 평소에 실력 있고 일 잘하는 것은 알지만 오너를 곁에서 보좌하는 심복이 하는 일은 다르다. 옳고 그름을 떠나서

시키는 일은 묻지도 따지지도 않고 해야 하며, 또 일이 잘못되어서 탈이 날 때는 총대를 메고 희생도 해야 한다. 그러려면 어떻게 해야 할까? 무엇보다 입이 무거워야 한다. 목에 칼이 들어와도 '내가 했다'고 버텨야하는 것이다.

그래서 처음에 오너는 가볍게 물어봤을 것이다. 내가 잘 아는 맛있는 음식이 없다고 말이다. 그러면 C가 "아 그렇습니까? 그건 미처 몰랐습니다. 제가 알아서 그 음식 추가하도록 하겠습니다."라고 할 줄 알았다. 그런데 어라? 음식 이야기는 안중에 두지도 않고 여행 코스를 들며 반박한 것이다. 그래서 내친김에 오너는 한 걸음 더 나가봤다. 코스도 둘 다 비슷하다고 말이다. 그러면 적어도 이번에는 '아닙니다. 절대 같지 않습니다. 제가 다 알아봤는데요, 같은 장소라 해도 실제로 보는 곳은 다릅니다.' 이 정도는 변명할 줄 알았다. 그러면 그냥 웃으며 '어 그래요? 여하튼 단단히 챙기시오.'라는 말과 함께 사인을 팍 해주려고 했다.

그런데 이게 웬일? 그 간단한 견제구 2개도 못 버텨서 금방 '사장님이 시켜놓고 왜 자꾸 나한테 이러십니까?'로 나오는데 게다가 그 중간 전달자인 상무까지 다 불어버렸다. 한마디로 나는 '책임 없고 당신들 탓이다.'라는 식으로 나온 것이다. 오너가 자기는 그렇게 시킨 적 없다고 분통을 터트렸으니 여행사는 O사로 다시 환원되었고, P사 사장과 딜을 했던 오너는 완전히 체면을 구겼을 것이다. P사 사장한테 뭐라고 할 것인가? 기획 이사가 말을 안 듣는다고 하자니 체면이 말이 아닐 것이요, 내 생각이 바뀌었다고 하자니 식언(食言)을 하는 인간이 되는 것이다.

그러므로 C가 별 탈 없이 1년을 더 일하고 나온 건 그나마 그의 정직성을 오너가 좋게 봐줘서 그런 것이라고 본다. 오너의 측근으로 내밀한 일을 맡길 인물이 아니라는 것은 이미 난리가 난 그날 결정되었을 것이다. 여기서 오너가 그런 식으로 회사 일을 하면 안 되지 않느냐고 분개하는 독자가 있다면 당신도 틀림없는 순수형(PS) 리더일 것이다. 물론 그러면 안 되는 것이며 필자가 그런 오너를 옹호하는 것은 절대 아니다. 다만 현실이 그렇다는 것이다.

이렇게까지 말해도 이해가 덜 되는 분은, 순서가 좀 그렇지만 이 책의 3장으로 넘어가서 '잘난 사람보다 질긴 사람이 이긴다 - 제갈량과 사마의'를 찾아서 먼저 읽기 바란다. 특히 끝부분에 조조가 조비를 추궁하는 장면이 나오는데 특히 그 내용을 주목해서 읽기 바란다. 아들에게 솔직하게 말하라고 다그치면서도 속으로는 '제왕이 되려면 사람은 아주 뻔뻔해야 하느니라. 절대로 솔직하게 말하지 마라'고 빌던 조조의 심정을 곰곰이 생각해보라. C를 기획 이사로 승진시키고 앞으로 심복으로 쓰려 했던 그 오너도 그날 C에게 그런 심정이었던 것이다. 그러므로 **고위직으로 승진도 하고, 그 자리에 오래 머물면서, 오너한테도 신임받는 사람이 되려면 절대로 솔직하게 말하지 말고 자신의 의도를 끝까지 숨겨라. 이는 일반 상사들이나 동료와 대화를 할 때도 그렇다. 상대를 이기려면 말을 아껴야 한다.** 그러나 "괜찮다니까, 다 솔직히 이야기해봐. 우리 부서에 문제점이 뭔데? 대리 과장 부장 누구의 문제점이든 다 이야기해."라며 어깨를 다독이면 대부분의 직장인이 평소 해서는 안 될 이야기를 술술 털어놓고 만다.

고위직으로 승진도 하고, 그 자리에 오래 머물고,
오너한테도 신임받는 사람이 되려면
절대로 솔직하게 말하지 말고 자신의 의도를 끝까지 숨겨라.

# 상사의 역린을 파악하고 조심하라

한 중견기업 인쇄소에 근무하는 A이사가 어느 날 퇴근 후에 사장을 모시고 동료들과 더불어 술을 마시고 있었다. 그 전날 A이사의 아들이 군에서 제대했기 때문에 아들이 무사히 병역을 마쳤다고 한턱을 내는 자리였다. 대략 10명 정도 모여서 술자리를 갖게 되었는데 참석자가 다 모이자 그날 주제가 A이사의 아들 군 제대인지라 자연스레 군대 이야기로 화제가 돌아갔다.

군대 이야기라면 해병대를 갔다 온 B부장이 빠질 수 없었다.

"아, 군대는 역시 빡센 곳이 좋습니다. 훈련도 그렇고 내무 생활도 힘들어야 집이 좋고 부모님 고마운 걸 안다니까요. 이사님 아드님은 어디서 군 생활했습니까?"
"아 우리 아들은 육군인데, 그래도 거 뭐야 특공연대라고 상당히 힘든 곳에서 복무했어요. 해병대만큼은 아니지만…."

그러자 육군을 다녀온 C부장이 한마디 거들었다.

"아 거기 아주 빡셉니다. 제 친구가 거기 제대해서 아는데 구호도 수사 불패 일기당천(雖死不敗 一騎當千)이라고 아주 살벌합니다."

B부장이 물었다.

"일기당천은 알겠는데 수사불패는 뭐요?"
"아, 네 그게 죽더라도 절대 패하지는 않는다는 뜻입니다. 그래서 훈련도 아주 세게 하고요, 유사시에는 아예 적진으로도 들어간답니다."

C부장의 설명을 듣고 B부장이 새삼 A이사를 돌아보며 말했다.

"아이고, 그럼 안 이사님 아드님이 고생 많이 했겠네요. 아니 근데 걔가 평소에도 대가 세서 이사님 속 좀 썩이고 그랬잖아요? 제가 어릴 때부터 지켜봐서 잘 알죠. 근데 어떻습니까? 군대 갔다 오고 나서 좀 달라졌습니까?"
"이제 제대하고 하루밖에 안 지났는데 뭘… 그래도 어쨌든 군대 가서 애가 달라진 건 사실인 거 같아. 편지만 해도 그렇고, 어제도 집에 와서 어른스럽게 말을 하는데 우리 부부가 다 놀랐다니까."

이때 B부장이 회상에 잠기면서 다시 말을 이었다.

"야, 그거 잘된 일이네요. 사실 저도 돌이켜보면 군대 갔다 와서 많이 어른이 됐던 거 같습니다. 군대 가기 전에는 정말 철이 없었는데… 부모님 속도 많이 썩였지요. 해병대를 개병대라고 부르지만 저는 정말 해병대에서 개고생하면서 인생을 많이 깨달았습니다."

그러자 아무 말 없이 묵묵히 술만 들이키는 사장이 부담된 듯 A이사가 결론을 내렸다.

"그래요. 여하튼 우리나라에서는 군대 갔다 와야 사람이 된다니까. 미필들은 잘 모르겠지만 말이요. 자, 이제 군대 이야기 그만하고 술이나 마십니다. 오늘 바쁠 텐데 이렇게…."

그 순간, A이사가 미처 말을 다 끝내기도 전에 말없이 듣고만 있던 사장이 갑자기 술잔을 쾅 하고 탁자에 내리치며 소리를 질렀다.

"아니 안 이사! 거 무슨 말을 그런 식으로 하나? 나 들으라고 일부러 그러는 거 같은데. 그래, 군대 안 갔다 온 나는 사장만 잘하는데 군대 갔다 온 당신은 왜 아직도 이사야?"

의외의 사태에 순간 술자리가 얼어붙었다. A이사는 아차 싶었지만 이미 엎질러진 물이었다. 사장이 바로 군대를 안 갔다 온 미필자인 것이다.

"아니, 그런 뜻이 아닙니다. 박 부장이 해병대 가기 전에 말썽을 하도 많이 피웠다고 해서 저는 그냥…."
"아 그러면 다른 사람들처럼 박 부장 이야기나 본인 아들 이야기만 하면 되지 왜 미필이니 우리나라니 들먹이는 거요? 듣는 우리나라 미필 기분 나쁘게 말이야!"

순간 술자리 분위기는 싸하게 얼어붙었다. A이사가 죄송하다고 거듭 사과했지만, 사장은 도무지 화가 풀리지 않는지 먼저 간다고 자리를 떠버려서 술자리는 그걸로 파하고 말았다.

그런데 그날 이후 사장과 A이사의 관계는 상당히 서먹해져서 좀체 관계 개선이 안 되더니 급기야 A이사는 사장 눈 밖에 나서 1년 후에 회사를 그만두게 되었다.

역린(逆鱗)은 용의 목덜미 아래서부터 어깨까지 거꾸로 나 있는 비늘로 건드리면 몹시 아프기 때문에, 용은 그 역린을 건드리는 사람이 있으면 반드시 죽여버린다고 한다. 그런 전설에 빗대어 역린은 '왕의 분노'를 일컫는 말로 쓰인다. 오늘날에는 흔히 조직에서 상사의 민감한 부분을 역린이라고 한다.

이 사례를 발표한 A회원은 사장이 그까짓 군대 이야기 가지고 그렇게까지 삐칠 줄 몰랐다고 했다. 설령 삐쳤더라도 시간이 좀 지나면 풀어질 줄 알았는데 끝까지 속 좁게 굴었다고 사장을 많이 비난했다. 다시 말하면 군대 이야기가 사장의 역린인 줄은 몰랐다는 것이다. 물론 나도 A회원의 말처럼 사장이 속이 좁은 건 사실이라고 본다. 그러나 문제는 세상에 속이 넓은 사람만 존재하지는 않는다는 것이다.

따라서 **대화를 할 때는 불가피하게 상대가 어떤 사람인가를 살피는 것이 현명한 처신이다.** '접시 물에 빠져 죽는 사람이 있다'는 말처럼 별거 아닌 것에도 상처를 크게 입는 사람이 있기 때문이다. 군대 갔다 와야 사람이 된다는 말은 역으로 해석하면 군대 갔다 오지 않으면 사람이 안 된다는 말이요, 이걸 사장에게 비춰 해석하면 사장은 사람이 안 되었다는 말이다. 뭘 그렇게까지 심하게 확대해석하냐고? 심한 게 아니라 그 사장의 생각이 그렇다는 말이다.

엄청난 관객을 동원했던 영화 〈수상한 그녀〉를 보았는가? 거기에 보면 나이 든 아버지(박인환 분)가 밥을 바리바리 먹고 있는 나이 많은 노처녀 딸(황정민 분)에게 "에라, 이년아! 어디 가서 시집갈 생각은 안 하고 밥만 처먹고 자빠졌냐? 아이구, 자식이 아니라 웬수여!"라고 소리 지르는 장면이 나온다. 그러자 딸은 "아빠는 왜 나만 가지고 그래!"라며 밥을 더 마구 퍼먹는다.

생각해보라. 이 세상 노처녀 딸을 가진 아버지가 다 그렇게 말하는 것은 아니다. 그러면 그야말로 딸이 접시 물에라도 빠져 죽을까 봐서! 그런데 영화 속의 딸은 그런 소리에도 상처받지 않는 무딘 성격이기 때문에 아버지가 마구 소리를 질러대도 괜찮은 것이다. 말이란 이처럼 상대를 봐가며 해야 한다.

술자리에서 남자들이 가장 열 내며 많이 하는 이야기가 무엇인가? 바로 군대 이야기와 축구 이야기 아닌가? 그날 술자리에서 사장은 애초부터 한마디도 하지 않았다. 왜? 군대에 안 갔다 왔기 때문에 군대 이야기가 불편할 뿐만 아니라 직급도 자기보다 아래인 인간들이 군대 이야기라면 서로 지가 잘났다고 입에 거품 무는 꼴이 보기 싫었던 것인데 게다가 군대 안 갔다 오면 사람이 안 된다니? 울고 싶자 뺨 때리는 식으로 A이사가 던진 한마디에 사장이 폭발한 것이다.

그리고 이날의 사건 이야기를 들으면서 '역린은 성희롱 같다'는 생각이 들었다. 즉 성희롱은 내가 상대에게 어떤 말과 행동을 했느냐가 중요한 게 아니라 상대가 그 말과 행동에서 성적 수치심과 혐오감을 느꼈느냐 여부가 중요하다. 이처럼 **역린을 건드리는 것도 내가 어떤 말을 했느냐가 아니라 그 말을 듣는 상대가 얼마나 싫어하느냐에 달린 것이다.** 대머리에게는 머리털 이야기가, 노처녀에게는 결혼 이야기가, 2년제 졸업자에게는 4년제 이야기가, 미필자에게는 군대 이야기가, 백수에게는 취업 이야기가, 불임 부부에게는 자식 이야기가 듣기 싫은 것처럼 나에겐 별거 아닌 말이 어떤 사람에게는 죽어도 듣기 싫은 말일 수도 있는 것이다.

그리고 이 역린에 대해서 한 가지 더 중요한 것이 있으니, 그것은 역린은 꼭 왕이나 오너, 즉 일인자에게만 있는 게 아니라는 사실이다. 사람은 누구나 역린을 지니고 있다. 즉 윗사람에게만 있는 게 아니라 부하에게도 역린이 있다. 그래서 이를 조심하지 않고 함부로 말하면 큰 낭패를 보게 된다. 역사 속의 고사에서 예를 하나 살펴보자.

춘추전국시대 제(齊) 나라에 이역(夷役)이라는 대신이 있었다. 어느 날 그는 왕이 베푼 주연에 참석했는데 술이 많이 취했으므로 뜰에 나가 문에 기대어 술이 깨기를 기다리고 있었다. 그러자 이를 본 문지기가 다가와서 간청했다.

"나리, 먹다 남은 술이라도 좋으니 한잔 주십시오."

자세히 보니 그 문지기는 한쪽 다리가 없었다. 다리가 잘리는 형벌을 받은 자임을 알아본 이역은 이렇게 소리를 질렀다.

"시끄럽다. 저리 가거라. 다리를 잘린 죄수 주제에 대신에게 술을 달라니 무엄하구나!"

놀란 문지기는 일단 물러났으나 이역이 자리를 뜨고 나자 문기둥에 오줌을 갈긴 뒤에 아침이 되기를 기다렸다. 이튿날 아침 왕이 뜰에 나왔다가 문기둥에 오줌 자국이 있는 걸 보고 대노하여 문지기를 불러 문초했다.

"여기에 오줌을 눈 녀석이 누구냐?"

문지기가 일부러 떨며 답했다.

"직접 보지는 못했습니다만 어젯밤 대신 이역 나리가 문기둥에 오래 기대어 서 있었습니다."

화가 머리끝까지 치솟은 왕은 이역을 잡아다가 불경죄로 사형에 처했다. 이처럼 사람들은 대부분 상사의 역린을 건드리지 않으려고 조심하는 반면 동료나 부하의 역린에 대해서는 신경 쓰지 않는다. 그러나 이는 잘못이다. 상사의 것이든 부하의 것이든 역린을 건드리는 것은 다 위험하다. 이역이 하찮은 죄수 문지기의 아픈 곳을 건드렸다가 대신임에도 불구하고 한순간에 목숨을 잃지 않았던가?

# 제2부

현명한 리더는 두 날개로

비상(飛翔)한다

# 리더라고 다 같은 리더가 아니다

'일생삼회(一生三會)'라는 말을 아는가? 이 말은 누구나 일생에 3번의 결정적 기회를 만난다는 뜻이다. 이 말처럼 그것이 꼭 3번인지는 모르겠지만, 인생에서 성공할 기회는 누구에게나 찾아온다. 물론, 타고난 여건이나 능력으로 인해 그 기회가 남들보다 일찍 찾아오거나 더 많이 찾아오는 유리한 사람들도 있지만 대부분 열심히 노력하면 누구에게나 그 기회는 반드시 온다. 따라서 성공에서 가장 중요한 것은 찾아온 기회를 놓치지 않는 민첩성, 즉 물실호기(勿失好機) 능력이다.

이 세상에는 유능한 사람이 많은데, 그들은 자신의 분야에서 나름대로 경력을 쌓으며 리더로 성장해 나간다. 그러나 그렇게 '유능한 사람'은 많지만, 리더의 속성에 관해서 깊이 생각하고 자신의 먼 앞날을 가늠하는 '현명한 사람'은 의외로 그리 많지 않다. 따라서 역사상 유능한 사람들 중에는 능력이 뛰어났음에도 불구하고 그 말로가 비극으로 끝난 경우가 많다. 이는 자신의 현재 능력에만 기대고 앞날의 안위에 대한 결정적 기회를 활용하는 것, 즉 물실호기에 소홀했기 때문이다. 아무리 능력이 뛰어난 리더라도 물실호기를 제대로 하려면 리더의 종류와 속성을 분명히 알아야 한다. 그런 면을 간과하면 뛰어난 리더일수록 오히려 토사구팽을 당할 확률이 더 높다.

한(漢) 나라를 세운 유방과 한신을 잘 살펴보면 오너십 리더와 스태프십 리더의 차이를 극명하게 알 수 있다. 유방은 보잘것없는 작은 시골 마을의 하급관리이자 거의 건달에 가까운 인물이었지만 그 배포와 욕심만큼은 남달랐다. 그가 젊었을 때, 중국 천하를 통일한 진시황의 행차를 구경하다가 무심코 내뱉은 말이 있다. '사내로 태어나서 한 번쯤은 저렇게 살아볼 만하다!' 이 말은 '모름지기 남자로서 진시황처럼 천하를 휘어잡고 모든 것을 소유하고 살아보고 싶다'는 욕망, 즉 타고난 오너십이 강했다는 것이다. 유방의 가슴 속에 처음부터 천하 통일의 웅지나 백성을 도탄에서 구하겠다는 고상한 이념이나 유능한 용병술 같은 건 없었다. 하지만 중요한 것은 처음부터 남 밑에서 일하는 종업원이 아니라 남을 데리고 부리며 사는 인생을 꿈꿨다는 것이다. 그래서 그는 시작할 때부터 규모는 작았지만 어쨌든 그 집단의 오너였다. 그가 진나라에 반기를 든 것은 거창한 이념이 있어서가 아니라 만리장성 공사장까지 인솔해가던 인부들이 자꾸 도망가버리는 바람에 결국 가봤자 처벌받을 게 뻔하니 '에라, 모르겠다'며 도중에 인부들을 이끌고 산으로 들어가버린 것이다. 그가 있는 곳에 항상 용의 비늘 형상을 한 구름이 떠 있어서 그 부인이 음식을 해 나를 때 찾기 쉬웠다는 이야기는 훗날 황제가 되었으니 만들어진 전설이지만 어쨌든 아주 적은 인원, 그것도 공사장에 데려가던 인부들 몇 사람을 데리고 작게 시작할 때부터 그는 오너였고 결국 천하의 주인이 된다. 반면 한신은 어땠는가? 귀족의 신분이지만 나라가 망해서 끼니조차 걱정해야 하는 처지로 몰락한 그가 귀족 신분을 나타내는 긴 옷에 긴 칼을 차고 다니면서 자존심을 잃지 않으려 했던 이유는 무엇인가? 저잣거리에서 불량배가 "그 칼로 나를 베어보든지 아니면 내 가랑이 밑으로 기어가라."고 했을 때 잠깐 망설이던 그가 순순히 가랑이 밑을 기어갔는데 그렇게 치욕을 참으면서 그가 꿈꾸었던 목표는 무엇이었는가? 그것은 천하를 통일해서 그것을 가져보겠다는 꿈이 아니라 자신을 알아주는 사람이 있다면 그에게로 가서 자신의 능력을 맘껏 펼쳐보고 싶다는 것이었다. 유방을 만나 항우를 코너로 몰며 천하를 통일해가는 과정에서도 그의 꿈은 대륙의 주인이 아니라 유방 밑에 있는 왕이었다.

이 두 사람이 극적으로 만나서 손을 잡는 장면을 봐도 오너십 리더와 스태프십 리더 사이에 존재하는 차이를 극명하게 알 수 있다. 한신은 자신을 몰라주는 항우에게 실망해서 유방에게로 갔지만, 그 유방마저 똑같이 자신을 몰라주자 유방을 버리고 다시 도망 길에 나선다. 그런데 이때 도망의 목적은 무엇이었을까? 항우도 유방도 다 자신을 몰라주었기에 차라리 내 힘으로 나라를 세우고 천하를 통일하자는 것이었을까? 아니다. 그는 전형적인 스태프십 리더이지 오너십 리더가 아니었다. 대체로 역사를 살펴보면 오너십 리더들이 유능한 스태프십 리더를 만나서 자신의 꿈을 이룬 경우가 많다. 물론 그 역(逆)의 경우도 같다. 즉 스태프십 리더도 강한 오너십 리더를 만났을 때 자신의 재능을 최고조로 발휘하게 된다. 따라서 한신이 길을 떠난 이유는 그 어딘가에 있을지 모르는, 바로 참모로서의 자신을 알아주는 '주인'을 찾아 나선 것으로, 즉 그 스스로는 주인이 될 생각조차 해본 적이 없는 것이었다.

**토사구팽의 비극은 어떤 일이 이루어졌을 때, 이와 같은 두 리더십의 속성을 구분해서 깊이 생각하지 않고 너나 나나 다 같은 리더라고 오해하는 스태프십 리더에게 일어난다.** 따라서 토사구팽을 피하려면 평소에 내가 어떤 리더에 속하며 어떻게 처신해야 하는가를 알아서 기회가 왔을 때 미래에 대한 신변안전을 보장받는 것이 중요한데, 이를 위해서 두 리더의 속성을 좀 더 깊이 살펴볼 필요가 있다.

## 리더의 구분

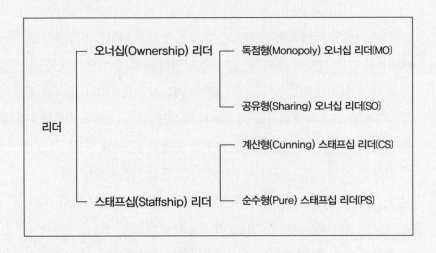

역사상의 실제 인물을 예로 든다면 토사구팽을 피해서 살아남은 사람들, 즉 범려, 장량, 손무, 사마의, 주은래 같은 인물들은 계산형(CS) 리더이며, 오너를 끝까지 믿고 그대로 가서 팽을 당한 사람들 한신, 조착, 롬

멜, 맥아더 등은 순수형(PS) 리더들이다. 그리고 팽은 당하지 않았다고 하더라도 관우, 제갈공명, 체 게바라 같은 이들은 전형적인 순수형(PS) 리더다. 토사구팽의 견지에서 볼 때 가장 불행한 조합은 독점형(MO) 리더와 순수형(PS) 리더가 만나서 일을 하는 경우인데 이 경우에 일이 이루어지고 나서 팽이 발생할 확률은 거의 100%라고 보아도 무방하다. 따라서 자신이 어떤 리더십 유형에 속하는지를 신중하게 생각해서 파악하는 것이 토사구팽을 피하고 유종(有終)의 미(美)를 거두는 첫걸음이다. 무엇보다 리더라도 다 같은 리더가 아니며 엄연히 오너십 리더와 스태프십 리더로 나뉜다는 사실을 인식하는 것이 중요하고, 내가 스태프십 리더에 해당한다면 그중에서 가급적 계산형(CS) 리더의 자질을 갖추도록 노력하는 것이 중요하다. 그러나 순수형(PS) 리더의 자질을 타고난 사람이 노력한다고 해서 계산형(CS) 리더의 자질로 변화하기는 상당히 어렵다. 왜냐면 그런 변화 자체를 살아남기 위한 부질없는 싸구려 처신으로 생각하는 것이 순수형(PS) 리더들의 특징이기 때문이다.

따라서 가장 좋은 길은 가급적 토사구팽의 위험에서 벗어나도록 냉정하게 노력하면서 설령 실제로 토사구팽의 피해자가 되더라도 이 책의 1장에서 논하는 현명한 관점을 지니는 것이 중요하다. 즉 **토사구팽을 '실패'로 보는 것이 아니라 더 나은 성공으로 가는 하나의 과정으로 보는 것이며, 자신의 인간적 속성에 따라 드라마틱하게 사는 인생 그 자체를 즐기는 것이다.** 그럼 이제 역사에 명멸했던 몇몇 인물의 예를 통해 오너십 리더와 스태프십 리더의 실질적 속성을 좀 더 자세히 살펴보자. 끝으로 '리더 송' 한번 불러보기. 'MO는 독점형, PS는 순수형!'

리더의 속성을 정확히 알면 토사구팽을 피하고
내 인생 유종의 미를 거둘 확률이 높아진다.

# 3 장

# 리더를 알아야
# 유종의 미를 거둔다

# 오너의 속성은 따로 있다

## - 카스트로와 체 게바라 -

체 게바라는 아르헨티나의 중산층 가정에서 태어나 부에노스아이레스 대학에서 의학을 전공하며 전형적인 엘리트 코스를 밟은 사람이다. 그러나 대학 졸업 직전 남미 여행에서 고통받는 사람들의 삶을 목격하고 멕시코에 망명 중이던 피델 카스트로를 만나면서 일대 변신을 감행하여 혁명가의 길로 들어섰다. 이후 카스트로와 함께 쿠바 혁명을 성공으로 이끈 체 게바라는 '쿠바의 두뇌'라고 불리며 산업부 장관, 국립은행 총재 등을 역임했다. 1965년 돌연 쿠바를 떠난 그는 1966년 볼리비아의 산악지대에서 반군 지도자로 다시 세상에 모습을 드러냈다. 그러나 게릴라 투쟁은 실패로 끝나고 체 게바라는 1967년 10월 볼리비아 정부군에게 붙잡혀 라 이게라에서 총살당했다. 이로부터 30년 후인 1997년, 체 게바라의 유해가 바예그란데의 공동묘지에서 발견되었으며 전 세계적인 추모 열기 속에 쿠바로 옮겨져 산타클라라 시(市)의 기념관에 매장되었다.

1959년 1월 8일, 3년 동안의 전투 끝에 카스트로와 체 게바라는 바티스타 정권을 무너트리고 쿠바 혁명을 성공시킨다. 이 쿠바 혁명을 성공으로 이끈 지도자는 물론 카스트로였지만 그 일등 공신은 당연히 체 게바라였다. 그렇다면 오늘날 이념과 관계없이 많은 사람이 '가장 완벽한 인간'이라며 열광하는 체 게바라는 오너십 리더였을까, 아니면 스태프십 리더였을까? 이 문제를 정확히 알려면 성공한 쿠바 혁명을 보는 게 아니라 실패한 볼리비아 혁명을 살펴봐야 한다.

결론부터 말하면 체 게바라는 스태프십 리더, 그것도 전형적인 순수형 스태프십(PS) 리더 이다. 그는 쿠바 혁명 성공 후 카스트로에 의해 산업부 장관, 국립은행 총재와 토지개혁위원회 위원장 등의 공직을 맡게 되고 수많은 나라에 특사로 파견되어 모택동, 주은래, 흐루시초프 등의 세계 지도자들을 만나면서 외교전을 펴기도 한다.

그러나 그는 1965년 돌연 모든 공직을 버리고 콩고로 날아가 혁명에 가담하고 여의치 않자 다시 볼리비아로 날아가서 게릴라전을 벌이다가 실패해서 총살당하고 마는데, 이 점이 바로 스태프십 리더, 특히 순수형(PS) 리더로서의 체 게바라의 진정한 속성이 드러나는 대목이다. 보통의 일반인이라면, 아니 보통의 참모형 리더였다면 혁명을 이루고 그것을 구가하는 최고의 정점에서 왜 그런 행동을 하겠는가? 다시 말하면 힘들게 얻은 내 것을 버리고 왜 굳이 다시 어려운 길로 가겠는가?

더구나 같이 혁명을 이끌었던 카스트로는 오너십 리더이지만 스탈린 같은 독점형 리더가 아니라 공유형 리더에 가깝다. 전형적 독점형(MO) 리더인 스탈린은 권력을 독점하기 위해서 피의 숙청을 벌였지만, 카스트로는 혁명이 성공한 후 그런 숙청 바람을 일으키지 않았으며 특히 체 게

바라에게는 앞서 이야기한 것처럼 정부 요직을 맡김으로써 혁명의 과실을 같이 나누었다. 따라서 체 게바라가 보통의 참모형 리더이기만 했어도 카스트로와 더불어 성과를 나눠 즐기며 평탄한 여생을 살았을 것이다.

그러나 스태프십 리더, 특히 순수형(PS) 리더는 결과보다도 과정에 관심이 더 많다. 성과를 누리는 것보다 그것을 만드는 일에 더 희열을 느낀다. 물론 체 게바라가 홀연히 쿠바를 떠난 이유는 쿠바 한 나라만이 아니라 남미 대륙 전체에서 혁명을 성공시키고자 하는, 더 큰 목표와 열망이 있었기 때문이다. 그렇다면 유능한 군 지휘관이자 투철한 혁명가이며 분명한 목표 의식을 지닌 그가 쿠바 밖에서는 왜 혁명에 실패했을까? 당시의 정황을 들어서 여러 가지 분석을 할 수 있을 것이다.

그러나 나는 가장 중요한 요인으로 그의 곁에 카스트로 같은 오너십 리더가 없었기 때문이라고 생각한다. 그의 마지막 일기를 책으로 엮은 『볼리비아 일기』의 머리말 중 한 부분을 살펴보자.

"'오늘부터 새로운 여정이 시작된다(Hoy comienza unanueva etapa)'로 시작되는 체의 일기는 1966년 11월 7일 볼리비아 동남부 산타크루스 주의 냥카우아수에 도착한 날에 시작해서 유로 계곡에서 마지막 게릴라 전이 벌어지기 바로 전날인 1967년 10월 7일에 끝난다. 그의 '새로운 여정'은 과연 무엇이었을까? 그는 쿠바 혁명을 대륙으로 수출하고자 먼저 그 시험장으로 볼리비아를 선택했고 볼리비아 혁명을 넘어 그의 조국 아르헨티나까지 혁명을 확산하려 했던 것으로 보인다. 이러한 그의 계획은 무장투쟁에 반대한 볼리비아 공산당과 볼리비아 농민들의 지지 확보 실패와 쿠바인과 볼리비아인, 그리고 페루인으로 구성된 게릴라 대원들 간의 불화와 기강 해이 때문에 실패로 끝나고 말았다."

체의 일기를 번역해서 책으로 묶은 한 외교관이, 체 게바라가 볼리비아에서 실패하게 된 이유를 3가지로 분석해놓은 것인데 상당히 일리 있는 분석이다. 그러나 여기에는 이런 3가지 불리한 요인을 만들어낸 근본적인 원인에 대한 중요한 분석이 빠져 있다.

즉 '왜 볼리비아 공산당과 노선을 달리했는가, 왜 농민들의 지지를 얻지 못했는가, 왜 대원들 간에 불화가 끊이지 않았는가'인데 이는 한마디로 명료하게 말하면 볼리비아 혁명 전체를 내 것으로 이끄는 오너십 리더가 없었기 때문이다.

즉, 이 혁명은 내 혁명이요, 그 결과를 내가 가져야 한다는 지독한 소유욕을 지닌 볼리비아인 오너십 리더가 없었다는 것이다. 이외에도 여러 원인이 있기는 하겠지만 리더의 역할로만 볼 때 체 게바라의 능력이 부족했다고는 결코 말할 수 없다. 그는 자타가 공인하는 뛰어난 능력을 지녔지만, 그것은 스태프십 리더로서의 능력이었다. 그러나 **대업(大業)을 이루고자 하면 스태프십 리더의 능력만으로는 잘되지 않는다. 참으로 아이러니하게도 바쁘게 뛰어다니면서 대업을 만드는 사람은 스태프십 리더이지만 거기에 바탕이 되고 화룡점정을 하는 사람은 오너십 리더이다.**

이 말은 아무리 유능한 스태프십 리더가 많아도 제대로 된 오너십 리더가 없으면 일을 완성하지 못한다는 뜻이다. 왜 그럴까?

그 이유는 구성원들을 완벽하게 결속시키고 무엇인가 모를 가슴 뛰는 비전을 주는 사람이 바로 오너십 리더이기 때문이다. 이는 뒤에서 살펴볼 모택동과 주은래의 이야기에서 다시 자세히 나오는데, 무엇인가 모를 가슴 뛰는 비전이라는 것은 깊은 지식이나 이론, 고상한 철학만으로 되는 것이 아니다. 그 사람의 몸과 영혼 자체에서 풍기는 어떤 아우라가 있어야 한다. 특히 그것이 보통 사람들인 일반 대중을 모아서 노도와 같은 물결로 밀고 들어가야 하는 민중 혁명의 경우에는 더욱 그러하다. 이런 혁명이 난관을 만났을 때는 분석보다 직관이, 말보다 행동이, 이성보다 신념이 치밀한 계산보다 무모한 추진력이 더 빛을 발하는데 그런 것들을 지닌 사람이 바로 오너십 리더이며, 스태프십 리더는 그런 오너십 리더의 비전을 구체화해서 기술적으로 실현하는 사람이다. 그렇게 본다면 체 게바라는 혁명을 실현하는 전술적 리더였지 혁명 자체를 상징하는 전략적 리더는 아니었다.

그리고 아무리 명분이 좋다고 하더라도 대중은 결국 실리를 추구하기 마련이다. 혁명이 이루어지고 나면 나에게 무엇이 돌아오는가, 즉 파이를 생각한다. 그런데 파이는 파이를 가진 자만이 나눠줄 수 있다. 즉 파이의 주인이 되어야 한다는 것이다. 그러나 체 게바라는 쿠바 혁명의 주인이 아니듯 볼리비아 혁명의 주인도 아니었다. 앞서 언급된 것처럼 그는 볼리비아 혁명이 성공하고 나면 다시 다른 곳으로 떠날 사람이었다.

바로 쿠바에서 그랬던 것처럼 말이다. 그렇다면 볼리비아 혁명의 주인은 누구여야 하는가? 당연히 볼리비아 사람 중에서 나와야 하는데 그게 없었던 것이다.

물론 볼리비아에서 그런 기회가 있었다. 체 게바라의 1966년 12월 31일 일기를 보면 볼리비아 공산당 의장 몬헤를 만나는 장면이 나온다. 둘의 협상에서 몬헤가 요구한 사항 중 '혁명이 볼리비아 내에서 전개되는 한 정치 군사적 지휘권은 내가 갖는다'는 내용이 있었다. 다른 요구 조건도 있었던 이날 협상은 결렬되었는데 체 게바라는 특히 이 '정치 군사적 지휘권을 볼리비아인 몬헤가 갖는다'는 사항에 대해서 단호히 거절한다. 몬헤라는 사람이 그만한 그릇이 안 되어서 그랬던 것인지는 알 수 없으나, 쿠바에서는 카스트로라고 하는 현지인 오너십 리더를 모시고 일했던 체 게바라가 볼리비아에서는 자신이 스스로 오너의 역할을 맡으려고 했던 것이 아닐까?

**그러나 체 게바라는 오너 체질이 아니다.** 따라서 만일 체 게바라가 이런 스태프십 리더의 한계를 인식하고 방법을 달리했다면, 즉 볼리비아의 유능한 오너십 리더를 발굴해서 그를 전면에 내세우고 자신은 쿠바에서처럼 뒤에서 게릴라 전술을 맡아서 활약했다면 볼리비아의 혁명과 그의 최후는 많이 달라졌을 것이다. 그러나 그는 리더를 구분해서 바라보는 점에서 2% 부족했고 결국 정부군에게 너무 쉽게 발각되어 어이없이 사살되는 비운의 주인공이 된다. 물론 볼리비아 공산당 의장인 몬헤가 그런 오너십 리더가 아님을 재빨리 간파하고 체가 그를 거부했는지는 알

길이 없지만 말이다.

　조금 비약된 이야기지만 요즘도 회사에서 눈부신 실적을 자랑하던 리더들이 퇴직한 뒤에 자기 사업을 하다가 실패하는 사례를 많이 본다. 왜 그럴까? 여러 가지 이유가 있겠지만 필자의 지론으로 미루어보면 아무리 회사에서 날고 기는 인재였더라도 어디까지나 스태프십 리더였기 때문이다. 즉 **오너 밑에서 뛰어난 능력을 발휘해서 사업을 성공시키는 것과 본인이 직접 오너가 되어서 사업을 성공시키는 것은 전혀 다르다.** 따라서 회사에서 발휘했던 자신의 능력만 믿고 섣불리 사업에 뛰어들 것이 아니라 과연 나에게 오너십 리더의 자질도 있는가를 먼저 생각하고 움직여야 한다.

# 나 홀로 잘난 리더는 위험하다

## - 조조와 관우 -

조조는 관우를 매우 흠모했다. 그러나 리더로서의 두 사람의 특질은 명확하게 대비된다. 즉 조조는 오너십 리더의 전형이며 관우는 스태프십 리더의 전형이다.

조조는 젊었을 때 동탁을 죽이려 하다가 실패해서 수배당하는 몸이 되는데 여기저기 쫓겨 다니다가 진궁이라는 이가 현령으로 있는 곳에서 체포당한다. 그러나 조조의 대의명분에 대한 설명을 듣고 감동한 진궁이 그를 풀어주고 같이 도주한다. 그리고 도망 길에 조조가 잘 아는 아버지 친구인 여백사 노인의 집을 찾아가는데 노인이 술을 사러 간 뒤 가족과 하인들이 "잘 묶어라. 어느 놈을 먼저 잡을까?" 등의 이야기를 하는 걸 듣고 자기들을 잡으려 한다고 오해해서 몰살하고 만다. 그러나 알고 보니 돼지를 잡으려고 했던 것이다. 일이 잘못된 것을 알고 급히 도망하는 길에 노인을 만나게 되는데 처음에는 그냥 인사만 하고 지나쳤던 조조가 다시 돌아가서 노인의 목을 베고 만다. 자신을 신고할까 봐 뒤탈을 없앤 것인데 진궁은 그렇게까지 해야 하느냐고 슬퍼하다가 밤에 조조를 버리고 도망가버린다. 조조는 이에 '큰일을 같이할 인물이 못 된다'고 웃어넘기고 만다. 이것이 조조가 지닌 리더십의 속성이다. 오너십 리더인 조조는 자신의 안위와 큰 목적을 위해서라면 억울한 사람이라 해도 얼마든지 죽일 수 있는 것이다.

  그러나 관우는 이와 정반대이다. '삼국지연의(三國志演義)'에서, 관우는 적벽대전에서 패한 조조가 도망할 길목인 화용도를 지키다가 드디어 패잔병을 데리고 쫓기는 조조를 만나게 된다. 당시 중국 천하는 조조, 유비, 손권이 세력을 겨루면서 천하를 다투는 상황이었다. 특히 조조의 세력이 강대했기 때문에 유비의 관점에서 볼 때 화용도에서의 조우(遭遇)는 적장 조조를 없애고 천하를 얻을 절호의 기회였다. 그러나 관우는 이전에 포로 시절 조조가 그에게 베풀었던 은혜를 생각하면서 그를 놓아주고 만다. 사나이 의리로서는 더없이 멋진 행위였지만 그가 만일 오너십 리더의 속성을 지닌 인물이었다면 절대로 그렇게 하지 않았을 것이다. 천하 쟁패라는 당시의 상황으로 볼 때는 관우가 그야말로 일생일대의 실수를 하고 만 것이다. 그러나 그는 본진으로 돌아와서 그것을 깨닫고 사과하기는커녕 자신이 군령장을 써놓고 갔기 때문에 목숨을 내놓겠다고 오히려 고집을 부린다. 즉 자신의 명예를 위해서 가장 큰 적인 조조를 살려주고도 오히려 떳떳하다고 주장한 것이다. 이것이 스태프십 리더들의 미덕인 동시에 큰 한계점이다.

  화용도의 상황에서 조조와 관우가 서로 입장이 바뀌었다고 가정해보자. 그러면 어떤 일이 벌어질까? **관우를 없애야만 천하를 가질 수 있다면 오너십 리더인 조조는 길에서 아버지 친구인 여백사 노인을 죽이듯**

(관우에게 미안하다고 하면서도), **미련 없이 관우를 죽였을 것이다.**

두 리더의 속성에 대해 좀 더 알아보기 위해 조조에 관한 재미있는 일화를 하나 더 살펴보자. 적벽대전을 지휘했던 오(吳)나라의 장수 주유가 죽었다는 소식을 접하자 조조는 다시 남정(南征)을 결심한다. 그 전에 뒤를 확실하게 해두기 위해서 서량의 태수 마등을 유인해 죽이는데 마등에게는 마초라고 하는 불세출의 장수 아들이 있었다. 결국, 아버지의 원수를 갚는다고 20만 대군을 이끌고 출정한 마초를 맞아 조조가 직접 지휘하는 전투가 벌어진다. 그러나 절륜한 마초의 용맹 아래 조조의 장수들이 무참히 스러지고 군사들은 대패해서 뿔뿔이 도망간다. 조조도 병사들 속에 섞여서 죽어라 도망치는데, 이를 본 마초가 소리친다.

마초 : 홍포(紅袍 : 붉은 망토)다! 홍포를 입은 자가 조조다!
조조 : (그 외침을 듣자마자 홍포를 벗어서 던져버린다)
마초 : (조조가 홍포를 벗어 던진 걸 보고는) 긴 수염! 긴 수염을 한 자가 조조다! 그놈을 잡아라!
조조 : (이번에는 칼로 자신의 수염을 잘라버린다!)
마초 : (조조가 긴 수염을 잘라버리는 것을 보고는) 짧은 수염! 짧은 수염을 한 자가 조조다! 그놈을 잡아라!
조조 : 헐! (몹시 당황하며 얼굴을 말안장에 파묻은 채 죽어라 도망간다!)

한 편의 개그라 해도 충분할 만큼 재미있는 장면인데 여기서 조조는 오너십 리더로서의 속성을 유감없이 발휘하고 있다. 살아남기 위해서는 얼마든지 능굴(能屈), 능신(能伸), 즉 상황에 따라서 얼마든지 고상하게 굴 수도 있고 얼마든지 바닥을 길 수도 있는 것이 오너십 리더들의 처신이다.

만약 이 상황에 관우를 대입한다면 어떻게 될까? 우선 그는 병사들 속에 섞여서 도망가는 일을 하지 않을 것이며, 절대로 홍포를 벗어던지지도 않을 것이고 수염은 어떤 일이 있더라도 잘라내지 않을 것이다. 관우는 그 어떤 상황에서도, 설령 죽는 한이 있더라도 자신의 체통을 지키려 할 것이다. 장수를 죽일 수는 있어도 욕보일 수는 없다는 것이 순수형(PS) 리더들의 신조이기 때문이다.

문제는 이런 순수형(PS) 리더들의 신조가 때로는 자신의 운명을 옭아매기도 한다는 것이다. 오너십 리더들은 상황에 따라서 얼마든지 본심을 숨기고 태도를 바꿀 수 있다. 즉 자신의 의도를 남에게 드러내지 않을 수 있다. 남들이 아무리 비굴하다거나 비겁하다고 하면 어떤가? 중요한 것은 모양이 사납더라도 끝까지 살아남아서 최후의 승리를 거머쥐고 그 결과를 소유하는 것이다. 그것이 그들의 목표다. 그러나 스태프십 리더, 특히 순수형(PS) 리더는 대부분 그러지 못해서 비겁자 소리를 듣느니 차라리 죽음을 택한다.

순수형(PS) 리더의 속성을 보여주는 관우의 일화를 하나만 더 살펴보자. 관우가 군사 요충지인 형주성(荊州城)을 지키고 있을 때 손권이 조조의 남하를 걱정하자 제갈 근(제갈공명의 형)이 나서서 관우와 사돈을 맺도록 진언한다. 관우에게는 딸이, 손권에게는 아들이 있었으므로 둘을 결혼시켜 사돈을 맺으면 확실한 우군이 될 것이라는 계책이었다. 그 후 손권이 좋은 생각이라고 받아들인 뒤 제갈 근을 관우에게 결혼 중개자로 파견한다. 그런데 제갈 근을 만난 관우는 단칼에 그 제의를 거절하면서 이렇게 말한다.

"호랑이 자식을 어찌 개의 자식에게 준단 말이냐?"

이를 유추하면 관우는 호랑이요, 손권은 개라는 말이 되니 이 말을 전해 들은 손권이 노발대발한 것은 물론이요, 일개 장수가 한 나라의 왕인 자기를 그렇게 욕보인 것에 큰 앙심을 품고 복수의 칼날을 갈게 되었다. 결국, 관우가 조조의 번성을 공격하기 위해 출정한 틈을 타 오(吳)나라 장수 여몽이 번개같이 형주를 공격하니 그 소식을 듣고 급히 회군하려 했지만 때맞춰 당도한 조조의 원군이 떼로 몰려와 관우를 공격했다. 세가 불리함을 느낀 관우가 맥성이라는 곳으로 들어가 끝까지 버텼지만 결국 역부족으로 조조 군에게 패해서 죽음을 맞이하니 서기 219년 12월의 일이다.

'천상천하유아독존' 격인 관우의 드높은 자부심은 천하가 다 아는 일이었지만, 아무리 그렇다 해도 혼사를 거절하는, 너무나 직설적인 관우의 한마디는 순수형(PS) 리더로서 관우가 지닌 한계를 그대로 보여준다. 제갈 근이 관우에게 와서 혼사를 주선한 것은 단순히 두 자녀를 결혼시키기 위한 것이 아니라, 손권과 유비가 연합해서 조조에게 대항하자는 고도의 외교적 배경을 깔고 계획한 일이었다. 그렇다면 아무리 자부심이 높은 관우라도 좀 더 신중하게 언어를 택해야 했다. 예를 들면 혼사는 거절하더라도 손권의 호의는 좋게 받아들여서 앞으로 잘 지내자고 하든지, 아니면 어렵게 생각할 것도 없이 그냥 "그대의 주군께서 이렇듯 내 자식을 좋게 봐주어 사돈 맺기를 바라니 감사하기 그지없으나 이 혼사를 나는 허락할 수 없소이다." 정도로 점잖게 사양하면 될 것 아닌가? 그런데 이도 저도 아닌 최악의 직격탄을 날려서 상대의 자존심에 상처를 주고, 그 결과 우군이 될 수도 있는 세력을 조조에게 돌아서게 한 것이다.

삼국지에서 이 혼사 일화는 워낙 유명한 이야기라 동서고금의 사가(史家)들이 저마다 관우가 그렇게 처신한 배경을 나름대로 다양하게 분석하고 있다. 그러나 필자는 그렇게까지 여러 가지로 복잡하게 이 상황을 해석하고 싶지 않다. 다만 **아주 중요한 전략적 순간에 자신을 숨기지 못하고 속내를 그대로 드러낸 언사로 인해 상대를 적으로 돌려세우고 마는 순수형(PS) 리더의 한계가 강하게 느껴질 뿐이다.** 중국의 저술가 친타오(秦濤)는 저서 『결국 이기는 사마의』에서 관우의 이런 지나친 자부심에 대해서 다음과 같이 평하고 있는데 정곡을 찌른 분석이라고 본다.

"관우는 보통 사람을 뛰어넘는 오만함으로 자기 능력보다 더 큰 성공을 거두기도 하고, 자신의 결점보다 더 큰 실패를 초래하기도 했다."

관우의 이런 속성과 정반대되는 오너십 리더는 역사 속 다른 인물에서 얼마든지 찾아볼 수 있는데 앞의 '인트로'에서 설명했던 유방이 그 좋은 예이다.

 한신이 제(齊)나라를 공격하러 가고 없을 때, 유방이 다른 장수들과 함께 선불리 항우를 공격했다가 여지없이 패하고 그에게 쫓겨서 아주 곤경에 처했을 때의 일이다. 한신이 갑자기 사자를 보내 제(齊) 나라 임시 왕을 시켜달라고 청하는 것이 아닌가? 그 말을 듣는 순간, 유방은 위기에 처한 자신을 도와줄 생각은 안 하고 왕위부터 달라는 데에 화가 나서 노발대발한다. 그러나 그 찰나 곁에 있는 장량이 유방의 발을 밟으며 그러지 말라고 신호를 준다.

 "폐하, 지금은 한신이 절대적으로 필요할 때입니다."

 그러자 바로 유방은 사신에게 더 화를 내면서 순식간에 태도를 바꾼다.

 "아니, 왕을 하려면 진짜 왕을 해야지, 임시 왕이 무슨 말이냐?"

 장량이 보낸 신호를 잽싸게 알아차리고 180도로 태도를 바꾼 것인데 얄미울 정도로 탁월한 오너십 리더로서의 처세술이다. **만약 관우를 그 상황에 대입한다면 어떠했을까?**

 **"이거 왜 이래? 한신이 필요한 것은 필요한 거고 왕을 하면 안 되는 것은 안 되는 거지. 나에게 비굴하게 부하한테 아부하란 말이냐?"**

**이렇게 외치면서 찡긋대는 장량의 따귀를 후려갈겼을 것이다.** 필요하다면 얼마든지 남을 속이고 심지어 자신도 속일 수 있는 이러한 오너십리더의 속성과, 위기 여부에 상관없이 정정당당함을 신조로 하는 스태프십 리더의 속성은 결국 두 리더의 운명이 맞부딪칠 때 승부를 결정짓는 주요 원인이 된다. 즉 위장을 잘하지 못하는 스태프십 리더 쪽이 저 깊은 심연에 비장의 무기를 잔뜩 감추고 있는 오너십 리더한테 당할 수밖에 없는 것이다.

오늘날에도 자신을 유능하고 지조가 높다고 생각하는 순수형(PS) 리더들이 '까마귀 노는 곳에 백로야 가지 마라'는 식으로 홀로 독야청청한 경우가 많은데, 독야청청한 것은 멋있지만 직장이나 사회생활을 하는 데는 상당히 불편하고 위험한 처신이기도 하다. 왜냐면 순수형(PS) 리더가 '까마귀'라고 비하하는 사람이 대체로 인품이나 일하는 능력은 모자라도 모사를 꾸미는 간교함은 뛰어나기 때문에, 자신을 능멸한 상대에게 겉으로는 '네네!' 하지만 속으로는 언젠가 손을 봐주리라며 끊임없이 기회를 노리기 때문이다. 그래서 순수형(PS) 리더는 일을 하는 동안에는 쓸모가 있으니 살아남지만 일이 끝나고 난 뒤에 매우 위태로워지는 것이다.

# 맞는 자리를 알고 거기에 앉아야 한다

## - 모택동과 주은래 -

역사상 나라를 건국하고 난 뒤, 오너의 곁을 표표히 떠나서 목숨을 부지한 사람은 그리 많지 않다. 그만큼 모든 것을 버리고 떠나기가 쉽지 않다는 뜻인데 장량이나 범려, 손무 등은 그 어려운 결정을 실천에 옮긴 현명한 사람들이다. 그러나 이들보다 더 현명한 사람이 있었으니 그가 바로 주은래이다. 그는 모택동이 장개석을 대만으로 몰아내고 중국을 통일한 뒤에 오너의 곁을 떠나지 않고도 평생 같이 영화를 누린 대표적 계산형(CS) 리더였다. 어떻게 그런 일이 가능했을까?

모택동과 주은래는 중국 사회주의 혁명 과정에서 초기에는 서로 노선이 완전히 달랐다. 모택동은 농부의 아들 출신으로 당연히 농민에 관심이 많았으며 공산 혁명도 농민의 폭발적인 궐기로 이뤄질 것으로 내다봤다. 반면 귀족 가문 출신으로 프랑스에 유학하여 그곳에서 사회주의 사상에 완전히 빠진 뒤 공산당원이 된 주은래는 소련의 레닌 혁명처럼 도시에서의 프롤레타리아(노동자) 계급의 궐기로 인해 혁명이 완성될 것으로 내다봤다. 따라서 처음에는 각자의 노선에 따라 활동 지역도 모택동은 농촌에서, 주은래는 도시에서 투쟁을 벌여 나갔다.

이 과정에서 모택동은, 농민들이 혁명을 완수하기에는 무지하고 무능력하다고 여겨온 전통적인 마르크스 레닌주의를 거부했다. 그는 도시의 프롤레타리아가 아니라 농민들을 중국의 잠자는 호랑이로 보았다. 중국에 혁명이 본격화하면 전체 인구의 80%를 차지하고 있는 농민들이 주체가 되어 폭발할 것으로 보았으며 이들의 게릴라전으로 혁명을 완수해야 한다고 주장했다.

처음에 중국 공산당 지도부는 모택동의 이런 수정사회주의적 의견을 받아들이지 않았다. 특히 주은래는 모택동의 농민에 대한 열정을 비난하며 '농촌 빈민들은 이기적이고 편협한 보수주의자이며 훈련이 부족해서 그들을 포용하는 것은 당의 혁명 이론과 조직 강령에 위배된다'고 주장했다. 그는 홍군(紅軍 : 중국 공산당의 군대)이 오랫동안 이용해온 대도시에 대한 소련식 전면 공격 전술을 주도해 나갔으며 모택동의 전략 전술을 계속 비난했다.

이후 국민군(國民軍 : 장개석의 국민당 군대)과 홍군 2개 세력이 싸우는 과정은 너무 복잡하므로 상세한 설명은 생략하겠다. 크게 보아 결국 10만 정도의 홍군은 100만에 이르는 국민군에 여지없이 패해서 서북 방면의 연안을 목표로 12,000km에 이르는 후퇴 탈출을 감행하는데 이를 '대장정(大長征)'이라 부른다. 368일에 걸친 대장정 기간 중 홍군의 투쟁 역사는 가히 전설적이지만 이도 너무 복잡하므로 이것도 상세한 설명은 생략하겠다. 다만 우리의 관심사는 모택동과 주은래의 권력 역전(逆轉)이 일어나는 그 타이밍에 있으므로 1935년 1월에 있었던 준의회의(遵義

會議)에 관해서만 살펴보자.

　준의회의는 1935년 1월 귀주성(貴州省)의 준의에서 열린 중국 공산당 중앙정치국 회의를 말한다. 이 회의에서 모택동은 국민당군의 5차 토벌전에서 패배하게 된, 당시 주도권을 쥐고 있던 소련파의 전략 전술을 비판했으며 이것이 받아들여져서 소련파가 실각하게 된다. 그리고 이 회의에서 더욱 놀라운 일이 벌어졌는데 그것은 바로 주은래에 의해 모택동이 총사령관으로 추대된 것이다. 결국, 처음부터 농민을 기반으로 한 유격 전술을 주장하던 모택동이 권력을 잡게 되었고 당권과 군사지도권을 장악하고 장정(長征)을 이끌게 된 것인데 어떻게 이런 일이 가능했을까?

　가장 큰 이유는 그동안 줄곧 모택동의 전략 전술을 비난해오던 주은래가 일련의 대장정 과정에서 모택동이 옳았음을 알게 된 것이다. 즉 앞서 살펴보았듯이 중국 공산 혁명의 주체는 도시 프롤레타리아가 아닌 농민이며 또한 국민군과 싸움에서 전면전이 아닌 게릴라전을 펴야 함을 알게 된 것이다. 그렇다면 이러한 미래를 누가 이끌어갈 것인가? 여기에서 주은래의 계산형(CS) 리더로서의 탁월함이 빛을 발한다.

　그것이 무엇일까? 데이빗 히넌과 워렌 베니스가 공동저술한 『위대한 2인자들』에 보면 그 부분을 다음과 같이 기술하고 있다.

　"주은래는 자신에게 없는 지도자적 자질이 모택동에게 있음을 알게 되었다. 특히 모택동의 중요한 자질은 농민들의 마음을 움직이는 호소력과 그들의 정서를 이해할 수 있는 능력이었다. 역사학자 존 쿡 루츠의 말에 의하면 주은래는 모택동에게 매우 복잡한 주제를 교육받지 못한 사람들도 이해할 수 있도록 설명하는 능력이 있음을 인정했다고 한다. 모택동은 항상 대중의 눈높이에서 이야기했고, 그와 인민들 사이에는 친밀한 교감이 오갔다. 주은래는 모택동의 능력을 평가하면서 공자의 **'위대한 지도자의 자문관은 얼음처럼 냉철해야 하지만 지도자 자신은 천부적 광기를 지닌 정열이 있어야 한다'**는 격언을 생각했는지도 모른다. 주은래는 모택동에게서 자신에게 부족한 중국 민중의 희망과 꿈을 진심으로 존중하는 태도를 보았다. 또 중국은 본질적으로 농업국임을 일찍이 깨달은 모택동의 식견을 인정했으며, 그의 눈을 통해 소련식 프롤레타리아 강경책이 중국에서는 통하지 않는다는 것을 알았다. 준의회의에서 그는 과거 전술의 오류를 인정하면서 당 지도부를 놀라게 했다. 공동지도 체제의 역사에서 가장 주목할 만한 사건은 주은래가 군사위원회에서 사퇴하고 모택동을 홍군 사령관으로 추천한 것이었다."

이후 평생 주은래는 모택동에 대한 지지를 철회한 적이 없으며 중국 공산 혁명이 완수되고 중화인민공화국이 수립된 후 주석이 된 모택동 밑에서 수상과 외무부장을 맡아 미국과 수교하는 등 국제사회에서 이름을 떨치게 된다. 모택동에 대한 평가는 엇갈리고 있지만, 그가 권력을 놓지 않고 끝까지 독점했으며 반대 세력을 가차 없이 처단한 독재자라는 점에는 이견이 없다. 그런 독점형(MO) 리더 밑에서 무려 25년이나 이인자의 자리를 유지한, 그것도 아무런 충돌 없이 평화롭게 살다간 주은래의 처신이야말로 계산형(CS) 리더의 최고 경지를 보여준다. 주은래는 어떻게 그것이 가능했을까?

그 이유는 리더라고 해서 다 같은 리더가 아니라는 사실을 분명히 알았기 때문이다. 즉 오너십 리더와 스태프십 리더의 차이를 분명히 알았던 것이다. 앞의 '카스트로와 체 게바라'의 사례에서 이미 설명했지만, 한 번 더 복습한다면 중국과 같은 거대한 나라의 사회를 바꾸고 정권을 잡는 대업(大業)을 이루고자 할 때 스태프십 리더의 능력만으로는 어렵다는 것이다. **참으로 아이러니하게도 바쁘게 뛰어다니면서 대업을 만드는 사람은 스태프십 리더이지만 거기에 바탕이 되고 화룡점정을 하는 사람은 오너십 리더이다.** 이 말은 아무리 유능한 스태프십 리더가 많아도 제대로 된 오너십 리더가 없으면 일을 완성하지 못한다는 뜻이다. 왜 그럴까?

구성원들을 완벽하게 결속시키고 무엇인가 모를 가슴 뛰는 비전을 주는 사람이 바로 오너십 리더이기 때문이다. 이 무엇인가 모를 가슴 뛰는 비전은 깊은 지식이나 이론, 고상한 철학만으로는 되는 것이 아니다. 그 사람의 몸과 영혼 자체에서 풍기는 아우라가 있어야 한다. 특히 그것이 보통 사람들인 일반 대중이 모여서 노도와 같은 물결로 밀고 들어가야 하는 민중 혁명의 경우에는 더욱 그러하다. 이런 혁명이 난관을 만났을 때는 분석보다 직관이, 말보다 행동이, 이성보다 신념이, 치밀한 계산보다 무모한 추진력이 더 빛을 발하는데 그런 것들을 지닌 사람이 바로 오너십 리더이며, 스태프십 리더는 그런 오너십 리더의 비전을 구체화해서 기술적으로 실현하는 사람이다.

주은래는 이 점을 온몸으로 분명하게 깨달았기에 준의회의에서 모택동에게 오너십 리더의 자리를 넘겨주고 본인은 스태프십 리더의 자리로 물러나 앉았으며 이후 이 구도에 대한 도전을 전혀 하지 않은 것이다. 이 부분에 대해서 데이빗 히넌과 워렌 베니스는 앞에서 언급한 공동 저서 『위대한 이인자들』에서 이렇게 기술하고 있다.

"초기에 중국 공산당에서 모택동보다 높은 서열에 있던 사람 중에 주은래만 팀원으로 살아남았다. 무엇보다 중요한 것은 모택동이 주은래에게서 위협을 느끼지 않았다는 점일 것이다. 주은래는 모택동의 가장 중요한 동반자로, 대체로 그늘에 가려져 있었지만 혁명을 가능케 한 가장 믿음직한 협력자였다. 또한 그는 허우타이(houtai, 後臺, 중국어로 '무대 뒤에 있는 사람'을 의미)였고 대중이 잘 느끼지 못하는 가운데 막강한 영향력을 행사했다. 흥미롭게도 그는 자신의 경력에서 1순위를 거부한 유일한 공산주의자였다. 주은래는 겸손했고 신뢰할 수 있었다. 그는 중국 공산당 내에서 개인적인 파당을 형성하지 않았고 모택동과 반대되는 파벌을 만들지도 않았다. 또 때때로 사람들로부터 요청받았지만, 주석직을 추구하지도 않았다. 모택동에 반대하는 내분을 일으켜 중국에 이득이 될 리 없다고 본 그는, 변덕스러우나 카리스마가 있는 지도자를 포용하는 것이 중국을 위한 길이라고 생각했다."

이런 계산형(CS) 리더의 예는 중국 역사에서 유방의 토사구팽을 피한 한나라의 승상 소하에게서도 찾아볼 수 있다. 그는 한나라 건국 후 유방이 '내 앞에서 칼을 차도 되며 종종걸음으로 물러나지 않아도 좋다'고 특권을 부여했지만 한 번도 그 특권을 행사한 적이 없다. 스스로 몸을 낮춰 일신의 영화를 끝까지 유지했다.

주은래의 이런 처신을 보면서 필자는 체 게바라를 다시 생각한다. 쿠바 혁명이 성공한 뒤 볼리비아로 혁명을 전파하기 위해 떠난 그가 주은래와 같은 생각을 가졌다면, 먼저 자기보다 못났어도 현지에서 민중을 이끌어줄 오너십 리더를 찾는 데에 주력했을 것이다. 그러나 그는 자기 밑에서 이인자를 하라는 현지 공산당 지도자 몬헤의 제의를 단칼에 거절하고 스스로 일인자가 됨으로써 혁명의 우두머리 노릇을 했고 불과 몇 달 만에 정부군에 사살되는 비운을 맞이한다. 그 이유는 분명한 아우라를 지닌 오너십 리더가 없다 보니, 불과 몇십 명도 안 되는 그의 휘하 게릴라들이 끊임없이 분란을 일으키고 무엇보다도 현지 농민들의 협조가 없기 때문이었다.

그런 점에서 주은래의 처신은 오늘날 조직에서 일하는 리더들에게 가르치는 바가 참으로 많다. 당신의 상사는 어떤 리더인가? 그리고 당신은 어떤 리더인가?

# 잘난 사람보다 질긴 사람이 이긴다

### – 제갈량과 사마의 –

사회가 변하면서 고전 속에 나오는 인물에 대한 선호도도 달라진다. 예전에는 흥부와 놀부 중에서 착하고 정직한 흥부를 선호했지만 지금 세상에서는 놀부를 선호한다. 왜? 세상이 각박해졌기 때문에 흥부처럼 대책 없이 아이만 펑펑 낳는 사람은 먹고살기가 어렵기 때문이다. 즉 살아갈 대책을 단단히 세워야 하며 또 놀부처럼 돈에도 욕심이 있어야 경제적 기반을 쌓아 잘 살 수 있는 세상이라는 뜻이다. 같은 논리로 옛날에는 유비와 조조 중에서 정통 왕족이면서 겸손하고 인정에 약한 유비를 선호했지만 지금 시대는 조조처럼 교활하며 꾀 많고 이기적인 사람을 선호한다. 그만큼 눈 감으면 코 베어가는 세상이요, 프롤로그에 나온 K처럼 정직만 신조로 삼아서는 매번 당하며 살 수밖에 없는 세상이란 뜻이다. 그런 면에서 이번에는 제갈량과 사마의를 다루려 한다. 사실 제갈량은 그 책략과 포부, 지혜 총명에서 너무나 탁월하므로 유비 밑에 있었다고는 하나 굳이 스태프십 리더로 분류하기에는 무리가 있다. 또 제갈량은 아무리 훌륭해도 결국 당시 중국 천하를 통일하지 못했고 무엇보다도 일인자 자리에 오를 수 있는데도 그렇게 하지 않았다. 필자는, 역설적으로 제갈량이 일인자 자리에 오르지 않았기 때문에 중국 천하를 통일하지 못한 건 아니었을까 생각한다.

유비는 죽음에 이르자 제갈량을 불러 그에게 자기 아들을 보살펴주기를 당부하며 이렇게 말한다.

"내 아들 유선은 좀 모자란 데가 있소. 만약에 경(卿)이 지켜보다가 황제의 그릇이 아니면 그를 밀어내고 그대가 주군이 되시오. 그렇게 해서 천하를 통일하고 억조창생을 편안하게 해주시오."

그러나 제갈량은 이를 단호히 거부한다.

"폐하, 어찌 제가 그럴 수 있겠습니까? 지금까지 보살펴준 폐하의 은덕에 감사드리며 충심을 다해 아드님을 보좌할 뿐입니다."

여기서 유비의 포부는 실로 놀라운 바가 있다. 즉 자기 아들이 대를 이어 촉나라의 황제를 하는 게 중요한 게 아니라 중국 천하를 통일해서 한나라의 대통을 세우고 백성을 편하게 하는 것이 진정한 그의 꿈이었던 것이다. 그리고 그런 그의 눈으로 아무리 좋게 봐도 자기 아들은 그럴 인재가 아님을 간파한 것이다.

그래서 제갈량에게 그런 부탁을 한 것인데 제갈량은 오로지 신하로서의 충성을 다할 뿐이라고 자기 역할에 선을 긋고 있다. 바꿔 말하면 오너가 될 수 있으나 순수형(PS) 리더로서의 속성을 고수하고 있는 것이다.

도광양회(韜光養晦 : 자신의 재능을 숨기고 인내하며 때를 기다린다)
는 삼국지 후반을 장식하는 사마의를 한마디로 표현하는 말이다. 속고
속이고 죽고 죽이며 의심하고 배신하는 난세를 '인내'라는 무기 하나로
무사히 살아남아서 최후의 권력을 거머쥔 전형적 계산형(CS) 리더인 사
마의의 몇 가지 일화를 알아보자.

　사마의는 23세에 조조의 부름을 받는다. 그러나 그는 병을 핑계로 관
직에 나가지 않는다. 왜? 그 당시 조조 휘하에는 순욱, 곽가 같은 걸출한
참모들이 많으니 아직 자신의 재능이 제대로 발휘하지 못할 것으로 판단
했기 때문이다. 또 당시 원소와의 세력 다툼이 끝나지 않은 상태라 조조
가 과연 천하를 가질 것인지 불분명했기 때문이었다. 이런 판단도 대단
하지만, 그보다 더 무서운 것은 그의 선견지명과 끈질김이다.

　조조가 누구인가? 삼국지를 대표하는 교활한 영웅이 아닌가? 그런 조
조의 속성을 다 아는 사마의는 병을 핑계로 집에 누워 있으면서도 조조
가 반드시 자기를 시험하려 들 것이라는 걸 예측했다. 조조가 보낸 사람
이 몰래 들어와 목에 칼을 들이댔는데 사마의는 짐짓 몸을 움직이지 못
하는 척해서 조조를 완전히 속인다. 그렇게 병을 핑계로 누워 있기를 무
려 7년이나 했으니 그의 끈질김은 가히 초인적이다. 그 7년 사이에 조조
는 원소를 제압하고 중원을 얻었으며 곽가, 순욱 같은 참모도 사라진다.
세상에 나설 때가 되었음을 짐작한 사마의는 조조의 부름에 응해서 문학
연(文學緣 : 교육 기관장) 자리를 맡았다가 얼마 지나지 않아 황문시랑
(黃門侍郞 : 황제의 비서)을 거쳐 드디어 주부(主簿 : 조조의 비서)를 맡

아 조조의 측근이 된다.

이후 계속되는 조조의 의심과 감시를 피하고자 항상 몸을 낮췄으며 심지어는 가축을 기르는 일까지도 조조에게 물어볼 정도였다고 한다. 조조가 죽고 그 아들 조비를 거쳐 조예가 대를 이었을 때 북벌을 감행한 제갈량을 맞아 싸우는데 이때도 역시 참고 또 참는 인내 전략으로 일관한다. 그의 화를 돋우기 위해 제갈량이 여자 옷을 보냈는데 이는 요즘 말로 하면 '내가 무서워서 움직이지 못하는 너는 찌질이요, 남자도 아니다.'라는 뜻이다. 그러나 사마의는 이를 태연히 받아들이고 오히려 제갈량의 일과를 묻는다. 그리고 사자를 통해 제갈량의 일과를 파악한 사마의는 제갈량이 그렇게 과로하다가는 결국 오래가지 못할 것으로 파악한다. '찌질이'라고 놀리는데도 아무런 감정의 변화가 없는 게 쉬울 것 같은가? 결코, 쉽지 않다. 그것도 부하들이라면 더욱 그렇다.

요즘은 내 차를 추월했다고 쫓아가서 사람을 패고, 층간 소음 때문에 싸우다가 칼부림하고, 보일러 켜지 못하게 했다고 아들이 아버지를 찔러 죽이는 세상이다. 아무리 시대가 달라졌어도 당시 그의 인내는 놀랍다.

조비가 죽고 조예를 거쳐 조방에 이르렀을 때 황제의 삼촌 조상이 권력을 잡게 되자 사마의는 실각하는데 이때도 사마의는 역시 낙향한 뒤 병을 핑계로 드러누워 때를 기다린다. 그리고 역시 확인을 위해 찾아온 조상의 사람에게 골골해서 거의 죽을 것처럼 연기해서 경계를 풀게 만든 사마의는 조상이 황제 조방과 함께 조예의 무덤인 고평릉으로 제사를 지내러 나간 사이에 전광석화같이 일어나 낙양을 점령하는 정변을 일으켜 다시 정권을 장악한다. 이를 '고령릉 사변'이라 하는데 사변의 내용은 제 쳐놓자. 다만 사마의가 어떤 사람인가를 알기 위해 중국에서 만든 〈대군 사(大軍師) 사마의〉라는 드라마에 나오는 사변 성공 후 사마의의 대사를 살펴보자.

"나는 칼을 한 번 휘둘렀지만, 그 칼을 십수 년간 갈았다."

이 한마디에 사마의의 속성이 모두 들어 있다. 이는 사마의가 칼을 갈 며 기회를 기다리는 인내의 화신임을 알려주는 대사이다. 드라마뿐만 아 니라 최근에는 사마의에 대한 출판물도 많이 쏟아지고 있는데 모두 계산 형(CS) 리더로서 끝까지 살아남은 점을 부각하고 있다. 그중 하나인 중 국 작가 친타오(秦涛)가 쓴『결국 이기는 사마의』의 서장(序章)에서 저자 는 이렇게 말한다.

"모사(謀士)란 젊음을 무기로 하는 직업이다. 젊은 모사는 넘치는 정력 과 지력으로 빈틈없고 신묘한 계책을 낼 수 있다. 반면 나이든 모사는 경 험과 신중함에 기대는 경우가 많았다. 이는 일반적인 모사의 특징이었 다. 평범한 사람의 인생은 발산하는 방식이다. 젊었을 때는 자신의 재능 과 청춘을 아낌없이 쏟아붓는다. 이 경우 나이가 들어서는 젊었을 때 벌 어놓은 밑천으로 살아갈 수밖에 없다. 그러나 사마의는 달랐다. 사마의 의 인생은 수렴하는 방식이다. 사마의는 70 평생을 살면서 끊임없이 자 기 자신과 다른 사람의 경험과 교훈을 차곡차곡 모았다."

제갈량과 사마의를 비교할 때 예전에는 제갈량을 일류로, 사마의는 이류로 여겨왔다. 그러나 시대가 변하고 사회가 변하니 요즘은 사마의도 일류로 칠 뿐만 아니라 오히려 '최후의 승자'로 표현하고 있다. 최후의 승자라는 말은 유비, 조조, 손권, 제갈량 같은 인걸이 명멸했던 삼국 시대에 끝까지 살아남아 권세를 쥐었다는 뜻인데, 오나라가 망한 것이 사마의가 죽은 251년보다 훨씬 뒤인 280년이므로 완전한 삼국통일을 이룬 승자라고 하기에는 무리가 있다고 본다. 물론 그의 손자인 사마염이 삼국을 완전히 통일할 수 있는 기반을 사마의가 닦았다는 점에서는 최후의 승자라고 하는 게 맞을지도 모르겠다.

어쨌든 오너의 의중을 먼저 헤아려서 자신을 낮출 줄 아는 계산형(CS) 리더로서의 처신, 아무리 어려워도 좌절하지 않고 기회를 엿보며, 세가 불리하면 물러나 죽은 척하면서 때를 기다리고, 결정적 거사 시기에는 거침없이 일어나 전광석화처럼 일을 해치우는 그의 처세야말로 **최후의 승리는 탁월함이 아니라 인내하는 질긴 자에게 있다는 것을 온몸으로 보여주는 것이라 하겠다.**

유비가 죽은 뒤 제갈량은 영민하지 못한 후주(後主) 유선을 위해 그야말로 열과 성을 다해서 보좌하는 한편 천하 통일을 위해 장안으로 진출하려고 여러 번 위나라를 공략했지만 결국 실패하고 만다. 만약 유비의 말대로 그 스스로 황제가 되어 전권을 가지고 단호하게 위나라를 공략했다면 상황은 달라졌을 것이다.

물론 충(忠)이라는 관점에서 부도덕한 신하라는 오명을 얻었을지 모르지만 이미 유비가 그런 면에서는 정당성을 부여해준 게 아닌가?

그리고 제갈량의 생각이 짧았던 한 가지는 만약에 위나라 공략이 성공해도 오나라까지 쳐서 천하를 통일해야 하는데 과연 그 일이 가능할 것인가와 통일한다 해도 그 나라는 누가 다스릴 것인가에는 신경을 쓰지 않았다는 것이다.

작은 촉나라를 다스리기에도 능력이 모자란 유선이 과연 거대한 통일 과업을 이루고 또 천하를 다스릴 수 있었을까? 물론 제갈량이 모든 것을 맡아서 하면 될지도 모른다. 그러나 이미 여러 번 밝혔듯이 대업(大業)을 이룩하는 데 오너십 리더와 스태프십 리더의 역할은 분명 다르다. 모택동과 주은래의 예에서 보듯이 오너십 리더는 천하를 가지려는 분명한 의지와 그 수하를 단합시키는 열정과 아우라가 있어야 하며 스태프십 리더는 그 의지와 열정을 실제로 구현해내는 탁월한 능력이 있어야 한다. 제갈량은 순수형(PS) 리더로서는 부족함이 없다. 아니 오히려 차고 넘친다. 그러나 유선은 오너십 리더의 그런 아우라가 없다. 물론 유비가 살아 있을 때는 그런 오너십 리더의 아우라를 충분히 보여줬지만, 그때는 힘이 없었다. 그러나 힘이 생겨서 이제 통일 대업을 이룩해야 할 때, 관우의 죽음을 복수한다고 오나라 정벌에 나섰다가 실패하면서 유비가 죽어버렸으니 제갈량으로서는 대업을 위한 전체 역량의 반(半)이 날아가버린 셈으로 유선으로는 대체가 되지 않는다. 그럼 이 모자라는 반(半)을 어찌할 것인가? 필자는 여기에 순수형(PS) 리더로서 제갈량의 한계가 있었다고 보는 것이다.

중국에서 2010년에 만든 드라마 〈삼국 (三國 : Three Kingdoms, 한국명은 '新 삼국지')〉에는 눈길을 끄는 장면이 나온다.

조조가 큰아들 조비가 역적모의에 가담했음을 알고 아들을 불러 추궁하는 장면이다. 조조가 엄하게 꾸짖으며 조비를 심문한다.

"솔직히 말하거라. 그러면 용서하마."
"아닙니다. 아바마마 저는 그런 일이 없사옵니다."
"어허 솔직히 말하라는데도!"

그러면서 조조의 속마음이 나오는데 '제발 솔직히 말하지 마라. 너는 나를 이어 제왕이 될 몸이다. 제왕은 솔직하면 안 되느니라. 끝까지 숨겨야 하느니라'는 마음이다. 만약 거기에서 조비가 아버지의 압박에 못 이겨 솔직하게 말하면 조조는 그를 왕재(王材)가 아닌 인물로 낙인을 찍는 것이다. 조비가 끝까지 우기자 조조는 곁에 있는 바둑돌을 집으며 이렇게 말한다.

"홀수이면 죄가 없고 짝수이면 죄가 있는 것으로 하늘의 판단에 맡기겠다."

그리고 바둑돌을 세어 나간다. 손에 잡은 바둑돌이 6개였는데 아들이 고개를 숙이고 안 볼 때 한 개를 버린다.

"네가 무죄라는구나!"

그리고 심문을 끝낸다. 결국, 조조는 아들이 역적모의에 가담했는지 안 했는지보다 아들이 과연 큰 인물인지 아닌지가 궁금했으며, 조비가 끝까지 자신의 주장을 우겨나가는 배포가 있기 바란 것이다.

하마터면 죽을 뻔한 조비는 사마의를 찾아가 감사를 전하며 물었다.

"제 부친이 저를 불러 바라던 것이 정녕 무엇이었습니까?"
"승상은 아들이 얼마나 잘 잡아떼는지가 궁금했던 것입니다."
"왜 그게 그렇게 궁금하단 말입니까?"
"바로 승상이 잡아떼기의 고수이기 때문입니다."

바둑돌 이야기나 조조의 속마음 이야기는 작가가 만든 허구일 것 같은데 어쨌든 조조는 황제 위를 찬탈하지는 않았으므로 어찌 보면 계산형 (CS) 리더이기도 하지만 그보다는 철저하게 오너의 속성을 지닌 독점형 (MO) 리더인데, 사마의는 이를 정확히 간파하고 있던 것이다.

# 4 장

# 불행한 역사를 알면
# 행복한 미래가 보인다

# 물실호기(勿失好機)를 명심하라

프롤로그에서 필자와 토사모 회원들의 대화 내용을 다루었다. 그후 그들에게서 살아 있는 토사구팽의 사례를 듣고 거기에 대해서 필자 나름대로 해설을 해주는 그런 과정이 1년 넘게 이어졌는데, 각 사례에 관해서 설명할 때 역사상 비슷한 일로 토사구팽 당한 인물의 이야기를 같이 들려주었다. 그러면 회원들이 고개를 끄덕이며 상당히 재미있어했는데 여기서도 같은 방식으로 기술했다. 즉 토사모 회원의 이야기를 싣고 거기에 대한 나름의 해설을 붙인 뒤에, 경우가 비슷한 역사상 인물의 이야기를 첨부했다. 그럼 이제 첫 사례부터 한번 들어보자.

M은 대형 광고기획사에서 잘나가는 카피라이터(copy writer)였다. 예술가적 기질이 있다 보니 사람이 좀 엉뚱하고 남을 의심하지 못하는 순정파 같은 성격의 소유자였는데, 대기업 광고에서 사람들 뇌리에 남는 재치 있는 카피를 써서 능력을 인정받았다. 당시 광고 기획사에서 직급이 차장이었는데 한 중견기업에서 홍보 책임자로 와줄 수 없느냐는 제안을 받았다. M도 마침 새로운 곳에서 일해보고 싶은 생각이 있던 터라 사장을 만나서 협상을 했는데 문제는 연봉과 직급이었다. M이 바라는 연

봉은 현재 연봉에서 20%를 올려 받는 것이었는데, 두 회사의 연봉 총액이 워낙 차이가 있어서 M이 바라는 대로 하면 이쪽 회사에서는 이사 연봉이 되어버렸다. 그러자 이사를 달면서 연봉까지 더 많이 상향 조정한다면 옛날부터 회사를 키워왔던 기존 간부들과의 형평이 너무 차이가 난다고 사장이 어려워했다. 그래서 이직을 포기하려는 찰나 사장이 하나 그럴듯한 비밀 제안을 했다.

"당신의 요구와 능력은 잘 알겠지만 아무래도 기존 조직의 사기 문제 때문에 연봉을 공개적으로 다 올려줄 수는 없다. 그러니까 10% 정도만 인상하고 나머지 10%는 회사에서 기밀비로 처리해서 따로 다른 통장에 넣어주겠다. 그러다가 1년 뒤에 능력을 보여주고 이사로 승진하면 자유롭게 연봉을 올릴 수 있으니 그때 현실화하는 게 어떻겠는가? 단 이것은 당신과 나만 알아야 한다."

잠시 고민을 하던 M이 승낙해서 회사를 옮겼는데 1년이 지나도 승진은 이루어지지 않았다. 사장의 말은 1년이 지났지만 아직 기존 부장들과 차별화를 할 타이밍이 아니니 기다리는 김에 1년만 더 두고 보자는 것이었다. M은 1년 더 기다리기로 하고 참았다. 그런데 2년 차 되는 해에 문제가 생겼다. 정기 급여 인상 3개월 전에 M의 급여가 갑자기 10% 인상되어서 이게 웬일인가 했는데 그달부터 비처리로 나오던 금액이 끊긴 것이다.

회사에서는 오너가 M부장이 일을 잘해서 보너스로 3개월 전에 급여를 특별 인상한 것이라고 발표하는 바람에 동료들로부터 질시를 받았고, 집에서는 이 이야기를 전해 들은 아내가 엄청나게 기뻐했다. M부장이 그동안 몰래 나오는 돈을 집에 밝히지 않고 개인 용도로 써왔기 때문에 그의 아내는 오너 말대로 갑자기 급여가 10%나 특별 인상된 것으로 안 것이다. 그리고 정식 급여 인상 때 M부장에게는 그해 인상률이 적용되지 않았다. M부장은 누구에게도 속사정을 말할 수 없었으므로 혼자 벙어리 냉가슴 앓듯 가만히 있을 수밖에 없었다. 그러나 3개월 후 있을 승진 인사에는 기대를 걸었다. 오너가 1년 뒤에 보자고 했기 때문이다.

그러나 승진 인사 발표에서 M은 제외였다. 속이 상한 M부장은 오너를 찾아가 따져 물었다. 그러자 오너의 대답은 다음과 같았다.

"민 부장, 너무 성급하게 생각하지 마시오. 당신이 와서 보았다시피 작년 올해 계속해서 기존 부장 중에 이사 승진자가 한 사람도 없지 않소. 나도 약속을 지키고 싶지만, 올해는 안 되겠고 내년에 봅시다. 내가 다 생각이 있어서 올해 급여를 이사급으로 인상해줬으니까 이제 남은 건 승진 아니요?"

지난 2년 동안 받던 총액이 그대로인데 급여가 어떻게 인상이 되었고 하는 건지 이해가 잘 되지 않았지만, 말이 그럴듯해서 일단 물러 나왔다. 그러나 이제는 M부장도 뭔가 자기가 당하고 있다는 생각이 들어서 3년 차가 되기 직전 몰래 이직할 곳을 알아보며 인사 시기를 기다리고 있었다. 그런데 승진 인사철이 되어도 역시 승진 소식은 없었고 그 대신 기존 부장들의 눈초리가 쌀쌀해지는 걸 느꼈다. 이게 웬일인가 싶어서 가장 경력이 오래된 부장에게 물었더니 다음과 같은 이야기를 해주는 것이었다.

"우리 부장들이 당신에 대한 인식이 곱지 않소. 그제 인사 발표가 난 뒤에 사장이 우리를 불러서 올해 임원 승진이 없는 이유를 말했거든. 바로 당신처럼 대기업에서 온 고급 인재도 임원을 못 달고 있는데 어떻게 우리만 먼저 달아주겠느냐는 거야. 근데 작년에도 똑같이 말했거든."

M부장은 비로소 자기한테는 기존 부장들 핑계를 대고, 기존 부장들한테는 자기 핑계를 대면서 임원 승진을 안 시켜준 사실을 알게 되었다. 그동안 준비해온 곳으로 떠나기 직전 마지막이라는 생각으로 사장을 찾아가 약속을 안 지키고 이럴 수가 있느냐고 따졌다. 그러나 사장의 한마디에 아무 소리도 못 하고 문을 걷어차고 나오고 말았다. 사장의 말은 이랬다.

"뭔 약속을 안 지켜? 내가 두고 보자고 했지, 언제 승진시켜준다고 약속했어? 그리고 그래서 어쩌겠다는 건데? 인사권은 내 고유 권한이야. 이거 왜 이래. 알 만한 사람이?"

M은 결국 미리 알아둔 회사로 이직은 했지만, 평판 조회과정에서 사장의 지시를 받은 부장들이 안 좋게 말하는 바람에 해명하느라 무진 애를 먹었다.

토사모 M회원은 세상에 그런 회사와 오너가 다 있더라고 기가 막힌 표정을 지었지만, 필자는 하나도 기가 막히지 않았고 오히려 M회원이 딱하게 느껴졌다. 왜? 처음부터 **그 회사의 사장은 M회원을 이사로 승진시킬 마음이 전혀 없었고 3년 동안 시쳇말로 가지고 논 것이나 다름없기 때문이었다.** 그 회사 사장은 직원을 아끼는 사람이 아니었다. 기회만 닿으면 어떻게든 승진을 덜 시키고 급여를 덜 주는 쪽으로 해서 자신의 이익을 조금이라도 더 남기려는 지독한 독점형(MO) 리더였는데 순진한 순수형(PS) 리더인 M회원은 이를 알아채지 못한 것이다.

생각해보라. 인생을 살아보면 1년이라는 세월이 길다면 길지만 짧다면 또 엄청 짧다. 즉 지금 기존 부장들의 사기 문제 때문에 이사를 못 달아줄 형편이라면 그게 1년 후에는 과연 가능하겠는가? 필자가 보기에는 지금이나 1년 후나 어차피 기존 직원들의 반발은 예상되기 때문에 이사를 달아줄 시기는 차라리 이직하는 그 시점이 더 나았다고 본다. 이 말은 결국 처음부터 사장이 M에게 이사를 달아줄 생각은 없었다는 뜻이다.

사장은 M에게 이사를 달아줄 생각이 없었을 뿐만 아니라 처음부터 M을 기존 부장들을 견제하는 데에 이용할 생각이었다. 즉 '우리 회사 이사는 아무나 하는 게 아니다. 엄청 유명한 홍보기획사에서 모셔온 인재도 이사를 달아주지 않지 않느냐? 그런데 당신들만 먼저 승진시켜달라고? 안 될 말이다.' 이런 논리로 승진 욕구를 눌러온 것이다.

**M회원의 결정적 실수는 무엇이었을까? 물실호기를 놓쳤다는 사실이**

**다.** 정말로 그 회사에서 M이 필요했다면 그때 당연히 모든 요구 조건을 충족시키고 갔어야 한다. 사장이 기존 부장들 사기를 들먹인 건 일견 맞는 말 같지만, 엄밀히 따지면 틀린 말이다. 회사가 작을 때는 '우리가 남이가?' 하는 식으로 인정에 호소하는 방식으로 직원들을 단합시키지만 그런 온정주의, 가족주의는 회사가 커지면 장점으로만 작용하지 않는다. 즉 무한경쟁이 판치는 시장에서 살아남으려면 능력 위주, 실적 위주의 방향으로 갈 수밖에 없다. 나이가 밑이고 경력이 짧더라도 그 실력이 탁월하다면 M은 합당하게 이사를 달고 가도 되는 것이다. 가서 회사를 더 키우고 파이를 더 키워서 그 혜택이 기존 직원 모두에게 돌아가도록 하면 되는 것이지, 무슨 기존 직원의 사기를 운운하는가?

**따라서 이직할 때 뭔가 설명과 조건이 복잡하고 '나중에 다 해주겠다'고 말하면 이를 섣불리 믿으면 안 된다. 정할 것은 확실하게 정하고, 받을 건 떳떳하게 다 받기로 하고 가는 것이 최선이다.** M이 일했던 회사의 사장처럼 잔머리를 굴리는 독점형(MO) 리더들에게 말이란 허공에 흩어지는 뜬구름과 같은 것이다. 그런 리더들은 이런 뜬구름을 이용해서 M처럼 순진한 순수형(PS) 리더를 써먹고 버리는 데 도가 튼 사람들이다.

그런데 이런 일은 계속 반복되고 있다. 요즘도 능력 있는 직장인들이 새로 시작하는 회사에 합류할 것을 제의받고 고민하는 경우가 종종 있는데 상당히 신중해야 하며 특히 '물실호기'라는 부분을 잊지 말아야 한다. 참고로 필자가 실제로 상담했던 사례를 하나 살펴보자.

"화학을 전공하고 중견기업 생산부에 근무하는 경력 9년 차 차장입니다. 제가 아는 선배의 형이 비슷한 회사를 창업하는데, 선배를 통해서 파격적 조건으로 이직 제의가 왔습니다. 그 형이 재정이 튼튼하고, 회사 건물도 자사 건물이며, 인맥도 좋다고 합니다. 나중에 이익을 나누겠다고까지 하니 비전이 있는 것 같아서 옮길까 하는데 주변에서는 좀 더 지켜본 뒤 가능성을 확인하고 가라고 합니다. 지금 회사에서도 충분히 인정을 받고 있는데, 새로 시작하는 회사라 공연히 긁어 부스럼 만드는 건 아닌지 망설여집니다. 어떻게 하면 좋을까요?"

이 질문에는 고려해야 할 점이 너무나 많다. 사장이 돈이 많다고 해서 사업이 반드시 성공하는 것도 아니요, 특히 인맥이 좋다는 점을 자랑하는 것이 마음에 걸린다. 인맥을 자랑하는 사장치고 제품을 단단히 만드는 사람이 드물기 때문이다. 그러나 이런저런 여건은 다 제쳐두더라도 이 질문자가 가장 명심해야 할 것은 물실호기다.

지금 회사에서도 충분히 인정받고 있는데 왜 불투명한 창업회사로 가려고 할까? 그것은 파격적인 처우도 처우지만 그보다는 나중에 이익을 나누겠다는 제안 때문일 것이다. 평생 월급쟁이로 사는 것보다 회사의 이익을 공유할 수 있다면 얼마나 좋겠는가? 그러나 여기에 함정이 있을 수 있다. 저쪽에서 정말로 이익을 나눌 마음이 있는 것인가 하는 문제인데 현재는 진심일 수 있다. 그러나 일이 이루어지고 나면 상황은 달라진다. **지금 진심인 것은 그가 진실로 필요하기 때문이다. 그러나 나중에 일이 이루어지고 나면 능력 있는 사람은 얼마든지 모여든다.** 그러니 그때

가서 과연 어떻게 될 것인지 생각해봐야 한다.

　당연히 물실호기, 지금 갈 때 지분을 요구하든지 아니면 적어도 문서로 이익 공유를 확약받아야 한다. 그렇게 하지 않고 가면 나중에 공이 클수록 팽당할 확률이 더 높다. 왜? 한신과 같은 존재가 되기 때문이다. 그럼에도 이 질문자처럼, 이익을 나누겠다는 '말의 성찬'에 이끌려 확실한 안전보장 없이 투신하려는 유능한 직장인들이 있는데 반드시 물실호기를 명심하기 바란다. 분명한 근거가 없으면 아무리 화려한 장밋빛 약속도 바람에 날리는 낙엽과 같다.

직장에서 오너와 나 둘만 아는 비밀은 안전핀이 아니다. 오히려
그 비밀을 지키고자 오너가 갑자기 나를 밀어내버릴 확률이 더 높다.

# 역사에서 배운다

## - 유방과 한신 -

유방이 항우를 패퇴시키고 천하를 통일한 뒤에 한신이 얻은 지위는 초왕(楚王)이었다. 그러나 유방은 권력이 커진 공신들을 그대로 두면 황실의 지위가 불안할 것을 염려하여 이들을 제거하기 시작한다. 한신도 놀라서 이에 대비했지만 교활한 유방에게 속아서 체포당하고 왕위를 박탈당한 뒤 일개 보통 신하로 강등되어 장안으로 끌려온다. 이때 한신이 하늘을 우러러 탄식하며 했다는 말이 사기에 나온다.

"과연 옛사람의 말이 틀림없구나. 토끼가 잡히면 개를 삶고 나는 새가 잡히면 활은 감추어지고 적국이 망하면 꾀를 내는 신하도 망한다. 이제 천하가 평정되었으니 나도 당연히 팽당하는구나!"(果若人言. 狡兎死良狗烹, 飛鳥盡良弓藏, 敵國破謀臣亡. 天下已定, 我固當烹.)

여기서 한신이 말하는 옛사람이란 춘추전국 시대 월나라의 범려를 가리킨다. 월나라 왕 구천(句踐)이 오나라 왕 부차(夫差)를 꺾는 데 결정적 공헌을 한 사람이 둘 있었는데 범려와 문종이다. 범려는 일이 끝났으니 왕이 자신들을 토사구팽하리라 생각해서 떠나버린다. 이때 문종에게도 같이 떠날 것을 종용하면서 한 말이 바로 한신이 인용한 말이다. 그러나 문종은 범려의 말을 무시하고 남았고 결국 구천에게 죽임을 당한다.

이처럼 역사 기록에서 '토사구팽'이라는 말을 범려가 처음 사용하였음에도 오늘날에는 '토사구팽'을 한신이 처음 한 말로 알고 있는 경우가 많다. 어쨌든 목숨 걸고 전장을 누비면서 천하를 통일하는 데에 온 힘을 기울여온 한신으로서는 하루아침에 몰락한 자신의 처지가 얼마나 비참하게 느껴졌겠는가? 필시 가슴속에 만감이 교차했을 것이다. 그리고 결국에는 지위 강등만이 아니라 목숨까지 잃게 되는데 일련의 팽 과정을 살펴보면 한신의 억울한 심정도 이해가 되지만 한편 일이 그렇게 되도록 방치한 그의 실수도 무시할 수 없다. 그렇다면 과연 한신이 실수한 것은 무엇일까?

한신의 **가장 큰 실수는 물실호기(勿失好機)를 잊었다는 것이다.** 고향에서 불우한 생활을 하다가 여기저기에서 진나라에 대한 봉기가 일어나자 맨 처음 그가 찾아간 사람은 항우였다. 그러나 항우가 자신의 진가를 몰라주자 그를 버리고 유방을 따라왔던 한신은 유방마저 자신을 몰라주자 다시 유방의 곁을 떠난다. 그러나 그의 능력을 알아본 소하가 그를 데리고 돌아가서 유방에게 대장군으로 삼아달라고 천거한다. 이때 몇 가지 테스트를 거쳐서 한신의 능력을 확인한 유방이 알았다고 한 뒤 그를 그냥 대장군으로 임명하려 하자, 소하가 다시 진언한다. "왕께서는 목욕재계하고 단을 쌓은 뒤 하늘에 제사를 지내고 대장 검을 하사하면서 모든 장수 앞에서 한신을 대장군으로 삼는다는 선언을 하십시오." 유방이 이를 받아들여 그렇게 했고 한신은 기꺼이 대장군 직을 맡아서 항우와의 천하를 건 싸움을 시작하게 된다.

그러나 아무리 진지한 대장군 임명식을 거행하면 무슨 소용이 있는가? "세상을 다 얻고도 제 목숨을 잃는다면 무슨 소용이 있겠느냐?"라는 성서 구절처럼 아무리 천하를 통일해도 죽어버리면 끝이다. 따라서 그가 진정으로 요구해야 하는, 더 **중요한 것은 천하가 통일된 뒤에 그 열매를 같이 나눌 것과 자신의 신변안전을 보장한다는 약조를 얻는 것**이었다. 물론 유방이 나중에 그 약속을 지킬 것인지 아닌지는 알 수 없지만 어쨌든 여러 장수 앞에서 그렇게 약속했다면 유방과 천하를 나누지는 못하더라도 적어도 끓는 물에 삶기는 비극은 면했을 것이다.

그리고 여기서 우리가 알아야 할, 더 중요한 것은 그렇게 유능한 그가 그런 중요한 사전 약속을 왜 놓쳤을까 하는 점이다. 이는 그가 리더의 속성을 깊이 생각하지 않았기 때문인데 더 풀어서 이야기하면 리더라고 해서 다 같은 리더가 아니라는 사실을 생각하지 않은 것이다.

대체로 일의 출발점에 선 스태프십 리더가 반드시 해야 할 일은 2가지이다. 첫째는 일을 성사시키기 위한 권한과 인력과 시스템을 확보하는 것, 둘째는 일이 이루어진 다음에 그 결과물을 같이 나눌 것과 자신의 신변안전에 대한 보장을 약속받는 것이다. 그런데 스태프십 리더들은 타고난 속성 때문에 전자에 대해서는 신경을 많이 쓰면서도, 후자에 대해서는 소홀히 하는 경우가 많다. 왜그럴까? 스태프십 리더들은 그런 요구를 하는 행위 자체를 천박하게 여기기 때문이다. '나중에 일이 성사되면 얻은 것을 나누어달라니? 이들에게 그것은 제삿밥부터 먼저 챙기는 저급한 행위다. 그리고 나중에 목숨을 살려달라니? 누가 감히 능력 있는 나를 버린단 말인가? 그런 오너가 있다면 그는 어리석은 오너이다. 그리고 나는 내가 택한 오너를 믿는다. 나의 오너는 절대 그럴 리가 없다!' 개인의 성향에 따라 약간씩 차이는 있지만, 스태프십 리더의 생각은 거의 이렇다.

그리고 일의 출발점에서 안전보장을 약속받아야 하는 또 다른 이유는 부와 권력의 속성 때문이다. 부와 권력은 바닷물과 같아서 마시면 마실수록 더 목말라진다. 따라서 오너십 리더, 특히 독점형(MO) 리더는 스태프십 리더와 아무리 진하게 고생을 같이해도 나중에 부와 권력을 같이 나누기는 쉽지 않다. 남들이 보기에는 충분히 가진 것 같은 오너도 정작 자신보다 더 많이 가진 오너를 바라보면서 '나는 아직도 배고프다'고 하는 것이 대부분의 독점형(MO) 리더가 지닌 속성이다. 그렇기 때문에 **대업에 나서는 스태프십 리더가 오너십 리더에게 결과의 분배와 신변안전을 보장받는 데는 오너가 요구를 들어줄 수밖에 없는 '출발점'이라는 타이밍, 즉 물실호기가 절대 중요한 것이다.**

# 나만은 다르다는 환상을 버려라

A는 명문 S대를 졸업하고 대기업 공채에 합격하여 그룹 기획실에서 5년째 근무하고 있었다. 그는 근면 성실하고 정직한 것은 좋았으나 성정이 너무 곧아서 남을 너무 믿는 게 흠이었다. 그러나 상사들로부터는 많이 인정받아 앞길이 창창하다고 생각하고 있었는데 건강기능식품 사업을 하는 고교 선배의 간곡한 권유로 직장을 옮기게 되었다. 당시 그 회사의 연 매출이 5억 정도였으니 아직 갈 길이 한참 먼 초창기 단계였고 다니던 회사는 대기업이었으므로 주변의 반대가 극심했다. 그러나 A는 생각한 바가 있어서 그 회사로 옮겼는데 바로 이 '생각한 바'가 그에게는 족쇄가 되었다. 그가 생각한 것은 우후계구(牛後鷄口)였다. 즉 소의 꼬리가 되기보다는 닭의 머리가 되자는 것이다.

그렇게 작정하고 옮겼기 때문에 A는 이직 후 '이 회사에 내 운명을 걸고 모든 걸 쏟아 붓자. 그렇게 해서 성공하고 명예도 얻고 부자도 되자'고 생각해서 오너의 생각과는 관계없이 스스로 혼자 비장해져서 회사의 주인은 자신이라는 무모한 주인의식을 지니게 되었다. 대차게 일하는 것은 좋았으나 매사에 주인이 아닌데도 주인처럼 굴었으니 간혹 진짜 주인과 마찰이 생길 때도 있었다. 그러나 그 당시 A는 그것이 가져올 비극적 결말을 까마득히 몰랐다.

어쨌든 회사는 십몇 년이 지나면서 연 매출 900억 가까이 성장했고 자회사가 많아져 어줍지만 그룹이라 불리게 되었다. 그런데 어느 해 노사분규가 일어나게 되었다. A가 분규의 원인을 열심히 설명했지만, 여기서는 생략하겠다. 중요한 것은 리스크가 상당한 노사담당 임원을 A가 맡게 된 것인데 안타깝게도 파업이 길어져서 회사의 손해액이 막심했다. 그러자 A가 분규를 일으킨 당사자도 아닌데도 모든 임원의 손가락이 A를 향했다. 자신들이 살아남기 위한 희생양이 필요하기 때문이었다.

분규가 타결되고 난 뒤에 A는 한 경영대학원의 최고경영자 과정에 가서 공부를 1년 하고 오라는 명을 받았다. 그동안 수고했으므로 공부에 전념하기 위해 보직에서는 빼줄 것이며 '앞으로 대표이사를 하려면 경영 공부를 해야 한다'는 말도 덧붙였다. 그렇게 본사의 귀퉁이 커다란 빈방에 책상 하나 놓고 '자문역'이라는 이름을 단 A의 낭인(浪人) 생활이 시작되었다. 그러나 당시 A는 일이 있거나 없거나 누가 알아주거나 말거나 별로 걱정을 하지 않았다고 한다. 같은 방에 책상만 놓고 앉아 있는 임원들이 몇 있었고 이미 그들은 해고될 것이라는 소문이 돌았지만, A는 당당했다. 왜? 자기는 유수의 대기업을 버리면서까지 와서 회사를 키운 창업 공신이므로! 그렇게 1년 공부가 끝나자 현직에 복귀하리라는 A의 예상과는 달리 연수원 교수로 발령이 났다. 법인이 달랐으므로 본사에는 사표를 내고 연수원 교수로 재계약을 하는데 받고 있던 연봉은 반으로 깎고 그 대신 강사료를 대폭 인상해서 연봉 1억이 되도록 해주겠다는 제안을 받았다. 당시 A는 사내 교육 과정에서 상당히 많은 강의를 맡고 있었으므로 그 또한 괜찮다고 생각해서 흔쾌히 계약서에 서명했다.

그러나 일이 이상하게 돌아간다고 느낀 건 그때부터였다. 예전에 맡아서 하던 강의가 A에게 배정이 되지 않고 다른 사람에게로 가는 것이었다. 그러다 보니 연봉이 하릴없이 앉아서 반으로 깎인 꼴이 되었다. 본사에 항의를 해봤지만 계약서를 잘 보라는 말만 되돌아왔다. 그래서 계약서를 자세히 봤더니 시간당 강사료는 엄청난 액수로 책정이 되었는데 강의를 연간 필수적으로 몇 회를 배정한다는 조항은 어디에도 없었다. 그러나 정작 더 큰 문제는 다른 곳에 있었다. 강의가 없으면서 연수원 교수라는 간판을 달고 빈방에 홀로(다른 임원들은 다 나간 상태) 앉아 있으려니 부하들의 눈총이 따가워지기 시작한 것이다. 어쩌다가 가뭄에 콩 나듯 강의를 배정받아 연수원에 가면 식사 시간에 예전에는 살갑게 굴던 부하들이 다 자리를 피해버려서 혼자 식탁에 앉아 밥을 먹는 기현상이 연출되었다. 화장실을 가는데도 복도에서 후다닥 방으로 숨어버리는 옛 부하들을 보면서 그때 비로소 전모를 깨닫게 되었다. 회사의 의도는 알아서 스스로 나가라는 것이었다. A는 치를 떨면서 결국 6개월 만에 사표를 던지고 말았다.

토사모 회원 A는 이 사례를 발표하던 그날도 '장수는 죽일지언정 욕보일 수는 없는 법'이라면서 분노했지만, 필자가 보기에는 그가 어리석었다고 생각한다. 왜 그런가? 지금까지 필자가 수없이 강조해온 리더의 분류와 그에 따르는 속성을 몰랐기 때문이다.

우선 A의 가장 큰 잘못은, **회사가 던진 환상에 걸려들었다는 점이다.** 이미 몇 명의 임원이 자문역이라는 이름을 달고 무보직으로 내쳐졌을 때 사실은 그도 똑같은 운명이었다. 그러나 A는 '나만은 다를 것'으로 착각했다. 왜 그런 착각이 일어났을까? 바로 환상(幻想) 때문이다. 어떤 환상? '대표이사가 되려면 공부를 더 하라'는 달콤한 환상 말이다. 그냥 다른 이사들과 똑같이 무보직으로 책상 하나만 주고 앉아 있으라고 했다면 A도 눈치를 채고 뭔가 반발했을 것이다. 그러나 그런 점을 미리 다 간파해서 그에게 '최고경영자 과정과 대표이사'라는 환상을 던져줬으니, '장수는 죽일지언정 욕보이지 않는 법'이라고 철석같이 믿는 고상한 순수형(PS) 리더인 그가 어찌 걸려들지 않겠는가? 그는 1년 동안 '이 공부가 끝나고 때가 되면 나는 대표이사가 될 것이다.'라는 언감생심 말도 안 되는 환상에 빠져 그 일을 기분 좋게 받아들인 것이다.

그리고 그 단계를 넘어서 연수원에 교수로 갈 때를 생각해보자. 이미 다른 임원들이 다 나간 뒤의 일이니 이제는 그도 현직에 복귀시키지 않는 회사의 처사를 당연히 의심했을 것이다. 그러나 이를 간파해서 그에게 다시 묵직한 환상을 쿵 하고 던져줬으니 바로 '연봉 1억'이다. 연봉 1억이 되려면 반으로 깎인 기존 연봉에 얼마를 더 벌어야 하는지, 즉 강의를 기본적으로 연간 몇 회를 해야 1억이 되는지를 확인해서 그만큼 강의를 배정한다는 조항을 계약서에 넣어야 했다. 그러나 A는, 주군을 믿지 못하고 그런 부분까지 일일이 들여다보는 것은 간신 소인배들이나 하는 짓이라고 여기는 전형적 순수형(PS) 리더였으니 어찌하랴! 아마 상대는 그가 계약서를 일일이 읽지 않는 점까지 계산에 넣고 있었을지도 모른다. 그렇게까지 하는 처사가 한심스럽기는 하지만 **인생에서 본인 몫은 본인이 찾아 먹어야지, 절대로 남이 찾아서 떠먹여주지 않는다.**

그러므로 조직에서 팽의 분위기가 감돌면 '나만은 예외일 것'이라는 환상을 버리고 뭔가 달콤하면서도 불투명한 제안이 또 다른 환상을 일으키려는 미끼임을 알아채야 한다.

# 역사에서 배운다
## - 주원장과 호유용 -

   명(明)나라를 건국한 주원장은 그 출신이 가난한 농군에서 거지, 탁발 승, 산도적 등 워낙 극적인 삶을 산 인물이기 때문에 중국에서 여러 번 드라마로 만들어졌다.

   대표적인 작품들을 살펴보면 풍소녕 연출, 후준 주연의 〈주원장 (2006)〉을 비롯해서 소계운 연출, 진보국 주연의 〈傳奇皇帝 주원장 (2010)〉, 조동 연출 양명 주연의 〈세상을 훔친 거인 주원장(원제 : 洪武大 案, 2011)〉, 조예용 연출, 진호민 주연의 〈주원장(원제 : 乞丐皇帝 與大脚 皇后, 2015)〉 등이 있다. 여기서는 2006년 제작한 〈풍소녕의 주원장〉을 텍스트로 삼아서 그가 신하인 호유용을 어떻게 팽했는지 다루려 한다.

   풍소녕의 〈주원장〉을 텍스트로 삼은 이유는 호유용이 팽당하는 부분 에서 아주 현실적으로 생생하게 담고 있기 때문이다. 그것은 **오너가 팽 하려는 부하에게 일종의 환상(幻想)을 심어주어서 부하를 방심하게 만든 뒤에 그를 치는 것이다.** 드라마에 보면 주원장이 호유용을 불러서 탄핵 상소를 보여주며 추궁하는 장면이 나온다.

주원장 : 자네를 탄핵하는 상소가 이렇게 많이 올라와 있네. 어찌할 것인가?

호유용 : 폐하, 신이 죽을 죄를 지었나이다. 벌하여주십시오.

주원장 : 대체 무슨 죄를 지었단 말인가?

호유용 : 네??

주원장 : 재상이 일을 하다 보면 남에게 중상모략을 받을 수도 있는 게지. 모함하는 자들은 일은 안 하고 남을 헐뜯는 걸 업으로 삼는 자들이야. 그런 데 얽매이지 말고 대담하게 일을 해야 해!

호유용 : 폐하의 말씀은 저의 가려운 곳을 긁어준 것과 같습니다.

주원장 : 그래. 가려운 곳은 긁어야 시원하지. 앞으로 재상으로서 더 대담하게 일을 추진해가게나.

호유용 : 성은이 망극합니다.


그리고 이 장면에 이어 필자가 감탄한 장면이 나오는데 그것은 바로 주원장이 자기가 쓰던 나무로 된 여의(如意 : 등긁개)를 호유용에게 주는 것이다. 그러면서 이런 말이 오고 간다.


호유용 : 폐하, 이것은 폐하가 아끼는 여의 아닙니까? 이것은 저에게 만금보다 더 귀한 것이지만 폐하는 어찌합니까?

주원장 : 나에게는 다른 여의가 더 있다. 이것을 너에게 주는 이유는 바로 나와 네가 일체라는 생각에서다.

호유용 : 성은이 망극합니다.


그리고 다음 날 주원장은 피곤하다며 더위를 피해서 황산 별궁에서 몇 달 지내고 오겠다고 한다. 그리고 호유용에게 '이제 경성은 네 책임이다. 내가 없어도 나 대신 과감하게 일을 처리하라'는 말과 함께 태자를 데리고 떠나버린다. 그러자 호유용은 바로 주원장의 덫에 걸려든다. 즉 황제만이 밟을 수 있는 붉은 카페트 위를 당당하게 걷는 것이다. **황제가 준 여의를 손에 들고 흔들면서 말이다. 마치 자기가 황제라도 된 듯이! 이 얼마나 위험한 행동인가?**

그리고 이어서 중서성 관리들을 모아놓고 '그동안 밀려 있던 상소를 다 가져오라. 내가 전결로 처리하겠다'고 한 뒤 구휼미 지급, 치수 관계비용 등의 업무를 일사천리로 결재해 나간다. 그러다가 북벌에서 승리하고 돌아온 공신 장수들에게 상금을 하사하는 일을 결재하고, 당시 회서(淮西) 집단인 호유용 일당이 적으로 지목하던 절동(浙東) 집단의 보스 유기(劉基)에게 독약을 먹여 그를 죽여버린다.

황산 별궁에서 매일 측근으로부터 비밀리에 자세한 보고를 받던 주원장은 이 소식을 듣고 태자에게 '이제 돌아갈 때가 되었다'며 번개같이 환궁해서 호유용을 체포한 뒤 '과감하게 제대로 정무를 보라고 했지, 누가 황제의 권한까지 침범하면서 정무를 보라고 했느냐'며 그를 사형에 처하고 거의 만 명이 넘는 관련자를 싹 다 숙청하는 피바람을 일으킨다.

바로 이것이 독점형(MO) 리더들이 잘 쓰는 '나무에 올려놓고 흔들기'에 해당한다. 즉 드라마에서 주원장이 호유용에게 주었던 '여의(등긁개)'가 바로 그것인데 황제는 그런 여의를 사실은 여러 개 가지고 있다.

그래서 그 여의를 자기의 심복으로 만들고픈 신하에게 '이건 너에게만 주는 것이다'는 식으로 하사하는데 그러면 그 신하는 그 환상을 붙들고 감읍해서 열심히 일을 하든지 아니면 호유용처럼 오버해서 함정에 빠지게 된다.

특히 황제가 호유용에게 그런 환상을 줄 필요가 있었던 것은 그가 잔머리를 아주 잘 굴리는 계산형(CS) 리더였기 때문이다. 즉 호유용을 처단하고 싶지만, 그 일당이 대체 누구누구인지 알 수 없고 워낙 결속력이 강해서 서로 감싸고 돌기 때문에 섣불리 트집을 잡기가 어려웠으므로 환상을 던져서 방심하게 만들고 함정에 빠트림으로써 두 마리 토끼를 다잡은 것이다. 물론 이러한 작전은 주원장이 교묘하게 술수를 부린 것이 효과를 본 건데, 그래도 호유용이 조금만 정신을 차리고 황제를 들여다봤다면 얼마든지 눈치챌 수 있는 일이었다.

중국에서 명사(明史) 전문가로 유명한 오함(吳晗 : 역사학자)은 그의 저서 『주원장전』(朱元璋傳)에서 주원장을 '농민을 아끼고 그들의 고통을 이해한 해방자'로 평하고 있는데 이는 그가 열렬한 공산주의자로서 계급투쟁의 차원에서 역사를 보았기 때문이다.

어쨌든 그의 저서에 보면 주원장을 한마디로 평가한 부분이 나오는데 다음과 같다.

"그는 대권(大權)을 독차지하려 함은 물론 소권(小權)마저도 독차지하려 한 인물이다."

　이 얼마나 간명한 표현인가? 그야말로 정곡을 찌르는 분석인데 대권은
물론 소권까지도 장악해야 직성이 풀리는 황제를 두고, 공신에게 상금을
주는 일까지 호유용이 결재해버렸으니 황제가 던지는 환상의 위력이 얼
마나 큰지를 짐작할 수 있다.

　이 드라마에서는 그런 환상이 하나 더 나오는데, 바로 주원장에 대한
호칭이다. 고향인 회서를 떠나 거사를 할 때부터 같이 다녔던 서달(徐達)
이나 탕화(湯和)를 비롯한 장수는 주원장을 사석에서 '형님(따거: 大哥)'
이라 부르고 이선장(李善長)처럼 나중에 합류한 문관은, 황제가 되기 이
전의 직책인 '상위(上位)'라고 부른다. 주원장이 그렇게 부르도록 허락한
것인데, 맨 나중에 합류한 유기에게는 그런 특전이 주어지지 않는다.

　그래서 사석에서 술을 마시며 회서 집단이 '형님 먼저, 아우 먼저' 하고
황제와 친근하게 굴 때 혼자 '폐하'라고 불러야 하는 유기가 소외감을 느
끼는 장면이 나온다. 즉 '아무리 내가 아껴도 당신은 원조 이너써클에는
못 들어온다'는 암시를 주는 동시에 이너서클에게는 '너희는 내가 특별히
아끼는 사람들'이라는 환상을 주어서 무한 충성을 하도록 하는 것이다.

　그러나 이게 다 무슨 소용이 있으랴? 남남끼리는 아무리 형님 아우 해
도 피는 물보다 진한 법이다. 즉 아무리 형님이라 불러도 피가 섞이지 않
았는데 친형제처럼 대해줄 것이라고 기대하는 것은 대부분 환상이다. 실

제로 '따거'라 부르던 서달을 비롯해 '상위'라 부르던 그 많은 공신도 결국에는 다 주원장의 칼 아래 비명횡사한 것이 이를 잘 말해준다.

오늘날에도 부하들 앞에서 등긁개를 휘두르며 '나는 황제와 일심동체'라는 암시를 내세우던 호유용처럼 오너가 내리는 환상 하나에 목숨을 거는 직장인들이 많다.

이런 환상은 이름만이 아니라 여러 가지가 있다. 회식 자리에 나가면 누가 가장 먼저 상사의 술잔을 받는가, 즉 반대로 말하면 오너 또는 상사가 누구를 가장 먼저 불러서 자기 술잔을 주는가를 가지고 부하들은 일희일비한다. 자리도 마찬가지이다. 그런 것으로 신경전을 벌이는지를 잘 아는 오너는 때로 자기 곁에 앉은 미운 놈을 '저리 가라'고 한 뒤에 총애를 주고픈 부하에게 '이리 오라'고 불러서 '너뿐'이라는 환상을 심어주기도 한다.

독점형(MO) 리더인 오너는 아무리 부하를 아끼는 것 같아도, 결국 그가 아끼는 제1순위는 회사의 존속이다. 그리고 회사의 존속은 곧 오너의 무한 권력, 즉 힘의 독점에 있다고 생각한다.

따라서 오너의 권력 독점에 장애가 되는 부하는 그가 얼마만큼 공을 세웠든 언제든지 비정하게 버림받을 수 있다는 사실을 스태프십 리더들은 항상 명심해야 한다.

풍소녕의 드라마 〈주원장〉에 보면 남옥(藍玉: 주원장을 도와 명나라를 건국한 일등 공신 장수)이 주원장에게 결정적 의심을 사는 장면이 나오는데 그 또한 재미있다. 알호이라고 하는 몽고 족장이 북방에서 난을 일으키자 주원장은 남옥을 급파해서 이를 평정하도록 하는데 바로 그 출정식에서 벌어진 일이다. 남옥이 사령관 임명장을 받고 황제와 함께 병사들을 사열하는데 4명의 장수가 따라오며 호위한다.

주원장 : 못 보던 부장들이구나. 낯이 익지 않은데?

남옥 : 제 양자(養子)들입니다. 폐하께 인사드려.

부장들 : 황제 폐하를 뵈옵니다.

주원장 : 그래, 수고한다. 그런데 남옥, 너는 양자가 도대체 몇 명이냐?

남옥 : 몇백 명쯤 됩니다.

주원장 : 그래? 나보다 많구나! 알았다. 사령관과 할 이야기가 있으니 너희들은 물러가라.

주원장 : (부장들이 물러가지 않고 계속 따라오자) 내가 분명히 물러나라고 했을 텐데?

남옥 : (당황하며 큰 소리로) 물러나라고 하시지 않느냐? 얼른 물러나라!

주원장 : (그제야 물러나는 부장들을 보며) 허, 네 명이 어명보다 낫구나!

남옥 : 이들은 전투에 나서면 목숨을 걸어야 하기 때문에 언제든 제 명을 따르도록 엄히 가르쳐서 그렇습니다. 이들은 저의 명이라면 폐하를 위하여 지옥에라도 뛰어들 것입니다.

마지막 대사는 황제의 불편한 심기를 눈치 챈 남옥이 잽싸게 둘러댄 변명이지만 주원장은 이미 얼굴빛이 변한다. 왜? 황제를 위해서 지옥에라도 뛰어드는 것은 좋은데, 그것이 황제의 명이 아니라 남옥의 명에 의한 것이라면 독점욕이 강하고 의심 많은 황제는 '아니올시다'인 것이다. 호유용이 죽고 나서 13년이 지난 뒤에 남옥도 결국 팽당하는 운명을 맞이하는데 주원장은 이미 출정식 장면에서 남옥을 죽이기로 결심했을 것이다.

결국 부하들을 잘 단합시키고 자신을 따르게 하는 것은 좋지만 자신에게만 충성을 다한다는 사실을 자랑하는 것은 위험하다. 물론 상사 앞에서 '제 명령이라면 일사불란하게 움직입니다'는 식으로 잘 훈련된 모습을 보여주고픈 마음이 들기도 하겠지만, 그러면 남옥의 사례처럼 그것을 바라보는 오너의 기분은 정말 안 좋을 것이다.

조직에서 팽하려는 먹구름이 피기 시작하면
'나만은 예외일 것'이라는 환상을 버리고
뭔가 달콤하면서도 불투명한 제안은
또 다른 환상을 일으키려는
미끼임을 알아채야 한다.

# 최악의 경우를 예상해서 행동하라

직장생활을 하다 보면 때로 상당히 민감한 정책 사항을 결정해야 할 때가 있다. 특히 상사나 동료들 사이에 의견이 일치되지 않아서 갑론을 박이 심할 때, 오너가 나와 다른 극히 위험한 시도를 하려 한다면 어떻게 해야 하는가? 여기 극단의 진퇴양난을 경험한 토사모 회원의 이야기를 들어보자.

식품 회사인 B사는 경쟁 상대인 A사와 항상 시장에서 치열하게 경쟁하고 있었다. 선발 기업인 A사는 보유 고객이 많아서 매출에서 앞장서고 있었으나, 뒤늦게 더 좋은 제품을 개발한 B사는 가격 면에서 고가 정책을 유지하면서 자기들 제품이 훨씬 더 낫다는 홍보에 주력하고 있었다.

그러던 어느 해 A사가 먼저 가격 인상을 단행했다. 재료의 가격 상승과 인건비 상승에 따른 조처였는데 당연히 B사도 뒤를 이어 가격을 올렸다. 이는 매년 거의 연례행사처럼 이어지던 일인데 그해는 양상이 좀 달랐다. A사가 3개월 만에 B사와 동일한 수준으로 가격을 다시 인상해버린 것이다. 이는 매출에서 앞서지만, 항상 가격 면에서 밀려 저가 상품이라는 이미지를 못 벗어나던 A사가 '그래, 어디 같은 가격으로 경쟁해보자'며 비상수단을 쓴 것이었다. 물론 2번의 연이은 가격 인상으로 구매율이 떨어지겠지만 그래도 B사와의 장기 경쟁에서는 유리해진다는 계산을 한 것이다.

당연히 B사에도 비상이 걸렸다. B사도 이 전략에 대응하려면 가격을 다시 인상해서 차별화를 해야 하는데 그러면 시장에서 구매율이 대폭 떨어지면서 전체 매출이 A사보다 작은 B사는 타격이 크기에 담당 임원은 깊이 고민했다. 'A사의 가격 인상에 따른 매출 저하가 얼마나 일어날 것인가? 그 여파가 시장에서 어떻게 전개될 것인가?' 여러 가지 고심 끝에 담당 임원은 'A사의 가격 인상에 따른 반사 이익을 B사가 흡수해서 매출을 올리는 것이 상책'이라는 결론을 내리고 결국 가격 인상을 유보하기에 이르렀다.

그런데 문제는 B사의 오너가 A사의 가격 인상에 자존심이 상한 것이었다. 처음에는 다른 임원들도 가격 인상에 반대 의견을 표명하다가 "아니, 그럼 우리 제품이 A사 제품보다 못하단 말이오?"라는 오너의 질책에 아무 답을 못하고 입을 다물고 말았다. 그러나 평소 회사에서 주인의식이 강하기로 소문난 담당 임원은 홀로 끝까지 반대했다.

"A사가 노리는 것이 바로 그것입니다. 일부러 우리의 감정을 건드리는 작전입니다. 거기에 말려들면 위험합니다."
"아니, 당신이 나를 그렇게 못 믿는 거야? 나는 잘될 거라는 확신이 있는데 말이야?"

"아니 이건 회장님을 믿고 못 믿고의 문제가 아닙니다. 경쟁사 따라 한다고 고객들 반발이 클 거고요. 주력 상품이 타격을 입으면 회사가 위험해집니다."

**"거 참, 안 되면 내 회사 내가 말아 먹겠다는데 당신이 왜 그렇게 입에 거품을 물고 지랄이야? 지랄이? 이 회사가 당신 회사야?"**

오너의 마지막 한마디에 담당 임원은 더 할 말이 없었고, 마침내 B사는 가격 인상을 단행했다. 그런데 문제는 그다음이었다. 먼저 가격을 인상했던 A사가 예상보다 구매율 하락 폭이 큰 것에 놀라 갑자기 '고객의 소리'를 중시한다며 인상가격을 원래대로 환원해버린 것이다. B사도 뒤따라서 인상가격을 환원하려 했지만, 선두주자 따라서 매번 흉내를 낸다는 비난이 두려워서 우물쭈물하는 사이에 매출액이 상당한 타격을 입게 되었다. 결국, 고객들의 비난과 매출 하락을 견디지 못한 B사는 6개월 뒤에 가격을 환원했고 그러다 보니 매출, 특히 이미지 면에서 심각한 피해가 있었다.

한바탕 태풍이 지나가고 나자 회장이 대책회의를 소집했다. 모든 임원은 긴장했다. 자신들이 가격 인상을 반대하지 못해서 막대한 손실을 보았기 때문에 무슨 철퇴가 내려질지 전전긍긍하는 모습이었다. 그러나 담당 임원은 자신의 판단이 옳았음이 입증되었기 때문에 '거 봐라.' 하는 편안한 얼굴로 앉아 있었다. 드디어 오너가 입을 열었다.

"주인의식이 부족한 사람은 이 회사에 있을 자격이 없어요. 알아서 나가주시오!"

다음 날 보따리를 싼 사람은 놀랍게도 담당 임원이었다. 오너가 설명한 그의 죄목은 이러했다. '본인의 판단이 옳았다면 끝까지 목숨을 걸고 주장해서 관철해야 하는데 그러지 않고 남의 일처럼 중도 포기해서 회사의 명예를 떨어트리고 매출에 막대한 손실을 입혔다.' 요약하면 주인의식이 모자란다는 것이었다.

2번의 가격 인상으로 막대한 피해를 봤으니 누군가 그 책임을 져야 하는데 어차피 오너가 오너를 벌할 수는 없다. 그러면 입을 다물고 앉아 있던 나머지 임원에게 벌을 줄까? 그들은 가격 인상에 굳이 찬성도 반대도 하지 않고 앉아 있었는데 무슨 근거로 벌줄 것인가? 결국, 앞일이 어떻게 될지 알면서도 끝까지 막지 못한 그를 희생양으로 삼을 수밖에 없다. 그리고 여기에는 오너의 사심이 들어 있었으니 바로 오너가 틀렸고 그가 옳았다는 사실을 참기 어려웠을 것이다. 만약 그 담당 임원이 끝까지 '회장님, 이러시면 안 됩니다.' 하고 바짓가랑이를 붙잡았다면 어떻게 되었을까? 그러면 그는 더 일찍 잘렸을 것이다.

이 문제를 어떻게 볼 것인가? 찬성해도 잘렸을 것이고 반대해도 잘렸을 것이니 마치 안과 밖이 이어져 탈출구가 없는 '뫼비우스의 띠'와 같다. 그러나 굳이 따진다면 그의 실수는 가격 인상으로 인한 최악의 경우를 제대로 예상하지 못한 것이다. 구매율이 그렇게까지 많이 떨어질 것을 예상하지 못했을 뿐만 아니라 더구나 경쟁사인 A사가 기습적으로 인상 가격을 환원해버리리라고는 아예 짐작도 하지 못했다.

물론 웬만큼 뛰어난 촉이 아니고는 그런 짐작을 하기 어려울 것이다. 그러나 그런 극히 위험한 사안의 시행과 관련해서는 다양한 경우의 수를 최대한 고려해야 하며, 특히 최악의 경우 어떤 일이 벌어질 것인가를 깊이 생각해야 한다.

우리가 바로 다음에서 살펴볼 부분이 그런 예측을 잘못해서 억울하게 목숨을 잃은 경우인데, 이분도 그와 비슷하다. 할 수 있다면 그런 최악의 경우를 예상해서 오너에게 "최악의 경우는 이런 일도 있을 수 있습니다." 라고 조언해야 했다. 물론 그래도 오너는 가격 인상을 했을 것이고 역시 이분을 잘랐겠지만 말이다.

만약 여러분에게 이런 일이 벌어졌다면 어떻게 할 것인가? 필자가 보기에는 단 하나의 답이 존재한다. **그 회사에서 잘린 것을 다행으로 여기는 것이다.** 왜? 어차피 그런 오너 밑에 오래 있어봤자 희망이 없기 때문이다. '그래, 잘 먹고 잘 살아라.' 하는 심정으로 훌훌 털고 새 출발하는 게 정답이다.

# 역사에서 배운다

## – 경제(景帝)와 조착(曺錯) –

요즘은 그야말로 말(言)이 춤추는 시대이다. 일베, 혼밥, 혼술, 갑분싸, 틀딱, 급식충 등은 이미 고전이 되었고 최근에는 아바라, 만반잘부, 보배, 혼코노, 전차스, 머박, 마상, 복세편살, 댕댕이, 펭하 등이 유행이다. 이처럼 젊은이들 사이에서 신조어가 난무하는 세상이라 옛날 사자성어가 많이 사라졌지만 그래도 웬만한 이들은 '아침에 정하고 저녁에 바뀐다'는 뜻의 조령모개(朝令暮改)를 알 것이다.

이 말은 유방이 세운 한나라 3대 황제인 문제(文帝) 때, 신하 조착(趙錯)이란 사람의 상소문에서 비롯된 말인데 오랑캐들의 침입이 잦고 곡식 약탈이 잦아서 백성이 살기 힘든데 나라의 제도마저 아침에 정했다가 저녁에 뒤바뀌는 식이라고 비판한 내용에서 나온 것이다. 그런데 이 조착이 문제(文帝) 다음 4대 황제인 경제(景帝) 때 억울하게 팽당해서 죽었다. 그 내용을 살펴보자.

조착의 죽음에 관한 이야기를 하려면 3대 황제인 문제(文帝) 때로 거슬러 올라가야 한다. 유방이 죽고 난 뒤 그 둘째 아들이 황제가 되었으니 그가 곧 2대 황제 혜제(惠帝)이다. 그러나 혜제는 심약해서 정사를 돌보지 못했고 전권은 어머니인 여태후(呂太后)의 손에 있었다. 여태후는 유방의 애첩이었던 척부인을 시기해서 유방 사후 척부인의 손발과 혀를 다 자른 뒤 돼지우리에서 기르는 등 그 패악이 아주 심했으며 모든 권력을 자신의 일족인 여 씨로 채웠다. 그러다 여태후가 죽자 유방의 자손들이 합심 협력해서 여 씨 일파를 몰아내고 권력을 다시 잡았는데 이때 황제로 옹립한 것이 유방의 넷째 아들 유항으로 그가 바로 문제(文帝)이다.

문제(文帝)는 성품이 온순해서 그의 치세 24년간 백성들은 평화로웠는데 문제(問題)는 그를 대하는 지방의 왕들이었다. 즉 문제(文帝)는 유방에 의해서 지방으로 분봉받아 나간 왕들 가운데 한 명(One of Them)이었기 때문에 다들 그를 황제가 아니라 동등한 왕처럼 여겨서 중앙의 지시를 안 따르니 황제의 권력이 매우 약했다.

이에 가의(賈誼)라는 신하가 안을 올려서 지방 군주들의 땅을 나누어 왕의 수를 더 늘리라고 권했는데 이는 왕의 권력을 약하게 만들려는 의도였다. 그러나 평화를 바랐던 문제(文帝)는 이 안을 받아들이되 억지로 하지 않고 왕이 죽으면 그 아들을 모조리 왕으로 임명하는 방식으로 슬슬 일을 추진했다.

그런 문제(文帝)가 죽고 그 아들이 황제 위에 오르니 그가 4대 황제인 경제(景帝)다. 이때 앞에서 말한 조착이 드디어 가의(이때는 이미 사망)가 시도했던 정책을 강하게 밀어붙이니 이를 왕들의 영토를 삭감한다 해서 삭번책(削藩策)이라 한다. 이때 조착의 벼슬이 어사대부(오늘날의 검찰총장 격)였으니 힘을 가지고 추진한 것이다. 경제도 이미 황태자 시절부터 아버지의 온건책에 불만을 품고 있던 터라 조착의 주장은 힘을 받았고 바로 시행되었다. 조착이 삭번책을 올리면서 경제에게 한 말은 다음과 같다.

"지금 이를 삭감한다면 틀림없이 왕들은 반란을 일으킬 것입니다. 그러나 삭감하지 않더라도 역시 반란은 일어날 것입니다. 이를 삭감하면 그 반란은 빨리 일어나지만 소규모로 그칠 것입니다. 그러나 삭감하지 않으면 반란은 늦게 일어나지만, 그 규모는 매우 커질 것입니다."

풀어서 말하면, 어차피 왕들의 힘이 비대해지면 더 큰 반란을 일으킬 것이니 아예 힘이 덜 자란 지금 땅을 삭감하고 반란이 일어나면 바로 진압하자는 것이다. 즉 조착 자신도 반발이 있을 것은 당연하다고 예상했지만, 간단히 진압될 것으로 본 것이다.

드디어 삭감 명령이 하달되니, 초(楚)와 조(趙)나라는 각각 2군(郡)이 삭감되었으며, 교서(膠西)는 6군이 삭감되었다. 왕들은 삭번책이 시작되자 두려워했고 이어서 오(吳)나라의 예장(豫章), 회계(會稽) 2군을 삭감하려 했다. 예로부터 예장은 구리가 많이 나는 땅이었으며 회계는 바다를 끼고 염전이 활발해 소금이 많이 나는 노른자위 땅이었다. 이 2곳을 빼앗기는 것은 오나라로서는 알맹이를 내주고 빈껍데기만 남는 격이었다. 게다가 오나라 왕 유비(劉濞, 삼국지의 유비가 아님)는 경제의 삼촌뻘이면서 지방의 왕 중 최연장자였다. 결국, 참지 못해 유비가 반기를 들자 초나라를 비롯한 7개 나라가 반란에 동참하니 이를 중국 역사에서 '오초칠국(吳楚七國)의 난'이라 한다. 이들이 반란을 일으키면서 내세운 명분은 '황제 곁에 있는 간신 조착을 제거한다'는 것이었다.

처음부터 예상한 일이기는 하지만 막상 7개 나라가 연합하여 20만의 대군으로 반란을 일으키니 경제는 어찌할 바를 몰랐다. 이때 조정에는 원앙(袁盎)이란 대신이 있었는데 평소 조착과 사이가 좋지 않았다. 그가 몰래 황제에게 이렇게 아뢰었다.

"왕들이 반란을 일으킨 것은 폐하께 대한 것이 아니라 간신 조착을 죽여 기강을 바로잡으려 한 것이므로 그를 죽이고 땅을 돌려준다면 저들은 군대를 돌릴 것입니다."

반란을 기회로 라이벌을 없애려 한 것인데 경제는 처음에는 망설이다가 나중에는 조착의 죄를 상소하도록 명했다.

"일개 신하 하나 때문에 천하에 죄를 지을 수는 없지 않은가?"

그러자 승상 도청(都請)이 이렇게 아뢰었다.

"조착은 대역무도하고 신하의 예를 지키지 않았으니 죽여 마땅할 뿐만 아니라 그의 부모, 처자형제도 함께 죽여야 합니다."

경제가 이를 허락하니 바로 집행되었는데 당시 조착은 한창 반란을 진압하느라 눈코 뜰 새 없이 바쁜 중이었다. 형을 집행하는 사신이 왔을 때도 그는 황제가 중요한 일로 자신을 부르는 줄 알고 조복을 갈아입고 나섰다. 그를 태운 마차가 사형수를 처단하는 당시 수도인 장안성(長安城)의 동쪽에 이르자 일이 잘못되었음을 알았지만, 결국 한마디 변명도 해보지 못하고 처형되고 말았다.

조착을 희생시켰지만, 그에 대한 처단은 겉으로 내세운 명분에 불과했으므로 반란군은 돌아가지 않았고 결국 대규모 진압군이 결성되어서 주아부(周亞夫)가 사령관으로 반란을 진압했고, 7개 나라의 왕은 모두 죽임을 당했다.

그렇게 반란이 진압되어 황제의 권한이 이때부터 확실하게 강화되었으며 그 결과 경제의 아들인 무제(武帝) 때에 이르러 한나라는 최고 전성기를 맞이하니 이는 바로 조착이 바라던 것이다. 그러나 조착의 관점에서 보면 좋은 일을 하고도 억울한 죽임을 당했을 뿐이다. 황제를 위하여 왕들의 힘을 빼려고 했던 조착은 왜 그 황제에 의해 오히려 죽임을 당했는가?

**조착이 실수한 것은 최악의 경우를 제대로 예상하지 못했다는 점이다.** 삭번책을 시행할 경우 지방의 왕들이 반발할 것은 예상했지만 7개 나라 왕이 들고일어나 20만이라는 대군으로 반란을 일으킬 줄은 짐작하지 못한 것이다. 그가 황제에게 올린 상소처럼 반란이 일어나더라도 '찻잔 속의 태풍'일 것으로 예측했기 때문에 이를 간단히 제압하면 그만이라고 여긴 것이 그의 최대의 실수였다. 왜? 성서에도 나오지 않는가? "천하를 얻고도 제 목숨을 잃는다면 무슨 소용이 있겠는가." 조착은 삭번책의 결과가 어떻게 될 것인지 예측하는 데도 실패했고 또 반란이 일어나면 황제가 자신을 어떻게 처리할 것인지에 대한 예측도 실패함으로써 허망하게 목숨을 잃고 만 것이다.

조착의 토사구팽에는 중요한 일화가 있으니 바로 조착의 아버지에 관한 것이다. 그의 아버지는 왕들의 증오가 조착에게 갈 것을 염려하여 삭번책의 시행을 말리며 이렇게 말했다.

"넌 생각이 너무 짧구나. 이 일은 성공하면 유 씨 황실은 튼튼해질 것이나 조 씨 집안은 위험에 처할 것이며, 실패하면 유 씨 황실은 그대로이지만 너는 바로 죽음을 면치 못할 것이니 일이 어떻게 되어도 너에겐 이로울 게 없다. 똑똑한 사람이 어째서 이리 어리석은 일을 하느냐?"

아들의 대답은 이러하였다.

"이것은 나라를 위한 일입니다. 몇몇 사람이 저를 원망한다 해도 어쩔 수 없습니다. 오직 폐하께서 저의 마음을 알아주신다면 그 누가 감히 저를 해치려 하겠습니까?"

반란이 일어나도 황제가 충성하는 자기를 지켜줄 것이란 말인데 이 말을 들은 아버지는 이렇게 말했다.

"화가 눈앞에 닥쳤는데도 전혀 깨닫지 못하고 있으니 더는 말할 필요가 없구나. 나는 아들이 먼저 죽는 꼴을 못 보겠다."

그리고 아버지는 독약을 마시고 자살해버렸다. 아버지가 죽음으로써 말렸으나 조착은 이에 아랑곳하지 않고 일을 밀고 나갔다. 이런 사실로 미루어보면 조착의 아버지는 독점형(MO) 리더의 속성을 꿰고 있었던 것 같다. 그러나 그 아들은 황제가 자기를 죽이라고 명령했는데도 죽는 순간까지 황제를 만나는 줄 알고 조복을 입은 채로 가다가 처형되었으니, 얼마나 순진한 순수형(PS) 리더인가?

# 인질범의 얼굴을 보면 죽는다

직장인에게는 저마다 맡겨진 일이 있어서 그 일을 수행하며 평가받고 승진하며 살아간다. 그러나 때로 나에게 맡겨진 정상적인 일이 아닌데도 뭔가를 시급하게 해야 하는 경우가 있다. 그리고 그것이 모두가 맡기 싫어하는 악역이라면 어떻게 할 것인가?

한 회사에 그 회사의 창업 때부터 참여해서 일해온 유능한 H라는 이사가 있었다. 그는 회사 내에서 기업 철학이 가장 분명했고, 회사 상품 지식에 정통했으며, 무엇보다도 오너에 대한 충성심이 강해서 오너의 지시라면 불 속이라도 뛰어드는 인물이었다. 전 직원을 전사(戰士)로 육성하라는 차원에서 그에게는 HRD 센터장직이 맡겨졌는데 그는 밤낮없이 열성적으로 교육에 임했다. 그렇게 회사는 승승장구 성장하고 있었는데 갑자기 조그만 사건이 발생했다.

어느 해에 신입사원을 뽑을 때 명문 S대를 나왔지만 운동권 출신이라서 면접에서 탈락할 위기에 처한 사원이 있었다. 오너가 불합격이라고 하니 심사하는 임원들이 모두 불합격이라고 하는데 유독 H만 '그런 친구를 잘 가르치면 오히려 좋은 인재가 된다'며 합격을 주장했다. 처음에는 마땅치 않게 여기던 오너도 H가 계속 주장하니까 합격을 시켜주었다.

"그래 똑똑하기는 제일 나은데 말이야. 그럼 HRD 센터로 발령 내서 황 이사가 책임지고 가르쳐봐요."

그런데 이 친구가 입사 4개월 되던 어느 날 선배 동료들과 술을 마시면서 오너를 성토하는 일이 벌어졌다. 지난해에 영업 실적이 안 좋다고 그해 임금 인상이 동결되었는데 그걸 가지고 불만을 토로한 것이다.

"이게 다 회사에 노조가 없어서 그런 겁니다. 기업가들이 어디 노동자의 권익을 생각이나 합니까? 우리 사장님도 마찬가지입니다. 기업가한테 양심을 구하는 건 우물가에서 숭늉 찾는 격입니다. 기업가들과는 무조건 대차게 싸워서 우리 노동자의 발아래 굴복시켜야 한다니까요!"

이렇게 열변을 토하는데 일이 묘하게 되느라고 칸막이 저편에서 비서실 과장이 술을 마시고 있다가 이 말을 들었다. 그 말은 다음 날 바로 사장에게 보고되었고 사장은 노발대발했다. 바로 오너한테 불려간 H는 그 부하를 내보내라는 압력을 받았지만 그 말 한마디를 핑계로 부하를 자를 수는 없었다. 그래서 H는 그에게 입조심하도록 주의시키는 한편, 일을 더 열심히 하라고 당부했다.

그런데 한 달 정도 있다가 다시 일이 터졌다. 이번에는 HRD 센터에서 집행한 경비에 문제가 있다는 것인데 일주일짜리 계장 교육을 마치고 난 뒤에 올린 경비 정산 영수증이 가짜가 발견된 것이다. 그리고 그 간이영수증을 써서 올린 사람이 바로 그 문제의 사원이었다. 사장실에 불려간 H는 다시 한 번 호되게 질책을 당했다. 경비 유용은 해사 행위에 해당하니 그를 해고하라는 것이었다.

그러나 이번에도 H는 말을 듣지 않고 버텼다. 왜냐면 그 비용은 HRD 센터 직원들이 장기 합숙 교육을 끝내고 난 뒤 수고했다는 의미에서 따로 술집에 가서 회포를 푸는 데 들어간 돈이었기 때문이다. 소위 '뒤풀이'라는 회식이었는데 모든 합숙 과정을 마치고 난 뒤 관행적으로 진행하는 것이었으며 당연히 센터장인 H도 그 자리에 있었다. 다만 술값이 좀 비싼 유흥업소에 갔기 때문에 공식적인 영수증을 올릴 수가 없어서 간이로 처리한 것이었다. 이 설명을 다 들은 사장은 일단 H를 돌려보냈다.

그런데 다음 날 아침 출근한 H는 대경실색했다. 지난밤에 징계위원회가 열렸는데 H는 관리 감독 소홀로 경고, 그 사원은 횡령으로 해고 결정이 났다는 것이다. 이 결정을 통보받은 H는 난감하기 짝이 없었다. 분명본인도 그 회식 자리에 같이 있었는데 자기는 경고요, 사원은 해고라니! 머리를 싸매고 고민하던 H는 저녁 무렵이 되자 사표를 써 들고 오너에게 갔다. 그리고 사표를 책상 위에 쾅! 하고 던지면서 이렇게 말했다.

"사람 잘못 봤습니다. 제가 어떤 짓이든 시키면 시키는 대로 다 하는 사람인 줄 아십니까? 이런 회사에 더는 미련 없습니다. 그 친구는 제가 같이 데리고 나갈 테니 잘해보십시오."

그리고 돌아서는데 오너의 일갈이 들려왔다.

"야, 황 이사! 사장은 언제 사표 쓰나?"

사장이 사표를 쓰다니 이게 무슨 말인가? 얼떨결에 당황해서 그가 대답했다.

"사장님이야 회사가 망해야 그만두는 거지. 무슨 사표를 쓰고 말고 해요?"

"그래, 잘 아는구먼. 그렇게 잘 아는 사람이 왜 그리 주인의식이 없어? 당신 그렇게 안 봤는데 실망이야. 당신도 이 회사의 주인이라고 생각하면 어떻게든 문제를 해결할 생각을 해야지, 사표부터 던지는 건 뭐야?"

H는 갑자기 할 말이 없었다. 그러자 이어서 오너가 말했다.

"그 친구 HRD 센터에는 못 둬. 회사 정신을 가르치는 곳이니까! 다른 곳으로 발령 내고 당신은 앞으로 사표 이런 거 들고 오지 마. 그리고 뭐야, 부하를 지킨다고 사표를 던지면 당신은 영웅이고 난 직원 자르는 나쁜 놈이야? 이거 왜 이래? 나도 당신만큼 직원들 아낀다고!"

그렇게 그 부하는 살아남았고 H는 오너 말대로 '내가 이 회사의 주인이다.'라는 심정으로 그 후 더욱 열심히 일했다. 그러나 그로부터 1년이 지나 H는 갑자기 회사를 그만두게 되었다. 연수 물품을 구매하면서 싼 물품을 두고 더 비싼 물품을 구매해서 회사에 손해를 끼쳤다는 것이 그 이유였는데 H는 이를 도저히 이해할 수가 없었다. 왜냐면 그 물품의 구매 총액이 그렇게 많은 것이 아니었을 뿐더러 비싼 물품을 구매한 것은 저가(低價) 상품이 '싼 게 비지떡'이어서 품질이 형편없었기 때문이다. 그러나 이런 항변은 받아들여지지 않았고 그는 격노한 오너의 고함을 등지고 회사를 나올 수밖에 없었다.

이 이야기를 해준 토사모 회원 H는 지금도 오너를 이해할 수 없다며 울분을 토했는데 필자의 생각은 좀 달랐다. 3가지 면에서 그렇다.

첫째, 그는 오너가 자기를 버렸다고 흥분했지만, 사실은 그가 먼저 오너를 버렸다. 언제? 왜? 간이영수증 사건 때 부하를 지킨다고! 물론 그의 행위는 사표라는 최후 수단을 동원한 것이지, 실제로 그만둘 생각은 없었는지 모른다. 그러나 자신의 책상 위에 쾅 소리를 내며 던져진 사표를 바라보는 오너의 심정을 생각해보라! 더구나 사표를 던진 장본인이 오너가 평소 가장 아끼던 H이사였으니! 오너 생각에 무슨 일이 있어도 그만큼은 곁에서 자기를 지켜줄 거라 믿고 있었는데 그야말로 믿는 도끼에 발등 찍힌 심정, 즉 배신당했다고 느꼈을 것이다.

둘째, 오너는 그때 그를 새삼 달리 봤을 것이다. 즉 아무리 회사 일만 잘하면 무슨 소용인가? 회사가 커질수록 대내외적으로 악역이 필요해진다. 자금 문제에서, 복직 투쟁하는 해직자 문제에서, 특히 나중에 노조가 생긴다면 대 노조 업무에서 정직하고 좋게만 일을 처리할 수는 없다. 오너 생각에는 자기를 대신해서 손에 피를 묻히는 부하가 있어야 하며 바로 그를 그렇게 여겼을 것이다. 그런데 험한 일을 지시하자마자 바로 와서 그리는 못하겠다고 깽판을 친 것이다. 그런 그를 보면서 오너는 무슨 생각을 했을까? 분명 그가 정상적인 회사 업무는 잘하지만 악역에는 아주 약하고 더구나 나의 부정을 아는 순간 그냥 두지 않을 부하라고 판단했을 것이다.

셋째, 이것이 가장 중요한데 책임은 H가 지고 공은 오너에게 돌리기를 바랐는데 그는 정반대로 나갔다. 부하를 지킨 공은 자기가 가져가고 오너에게는 마음에 안 드는 부하를 불법으로 자른다는 오명을 남기려 한 것이다. 그것이 바로 '너는 영웅이고 나는 나쁜 놈이냐?'라는 말이다. **자기의 뜻을 거역하고 사표를 던지는 것만 해도 괘씸한데 자기를 나쁜 놈으로 만들려고 드니 절대 용서할 수 없는 일인 것이다.**

물론 필자가 보기에도 그렇게 집요하게 미운털이 박힌 사원을 잘라내려고 하는 그 오너는 온당치 못하다. 그러나 여기에서 그 오너의 인격이 훌륭한가 또는 행위가 옳은가 그른가는 아무 소용이 없다. 오직 오너가 H를 그렇게 판단했다는 사실이 중요하다. 결론을 요약하면 H는 자기가 연수 물품 대금 몇 푼에 억울하게 잘렸다고 분노했지만, 오너는 그보다 훨씬 전에, 부하를 지킨다고 사표를 던졌을 때 이미 그를 마음속에서 버린 것이다.

복면을 쓴 인질범은 자신의 얼굴을 본 인질을 죽인다고 한다. 왜 안 그렇겠는가? 나중에 그 인질이 경찰에게 범인의 얼굴을 알릴 것이기 때문이다. **독점형(MO) 리더도 이와 똑같다. 아름답게 둘러친 자신의 장막을 걷어내고 야비한 본성을 제대로 들여다본 부하는 용서하는 법이 없다.** 다만 그 부하가 아직 쓸모가 많다면, 냉정하게 선의로 위장하여 처형에 대한 집행을 미뤄둘 뿐이다.

그러므로 그만둘 마음이 없다면 사표는 함부로 던지는 것이 아니다. 그만두는 게 좋다고 판단해서 불가피하게 사표를 던졌으면 그대로 실행하는 것이 좋고, 엄청난 만류로 실행하지 못했을 때는 상황을 오너보다 더 냉정하게 바라보고 떠날 때를 스스로 선택해서 오너가 칼을 뽑기 전에 먼저 그만두는 것이 비참한 팽을 피하는 비결이다.

공은 자기가 갖고 책임은 부하가 지기를
바라는 것이 독점형(MO) 오너의 속마음이며,
이를 반대로 하는 부하가 있으면 절대 그냥 두지 않는다.
고로 겉으로는 조용하지만, 속으로는 이때부터 팽의 음모가 파도치기 시작한다.

# 역사에서 배운다
## - 히틀러와 롬멜 -

'사막의 여우'라는 별명으로 우리에게 익숙한 롬멜은 2차 세계대전 당시 북아프리카에서 혁혁한 전투 능력을 떨친 명장이다. 그가 처음으로 히틀러를 직접 만난 것은 1939년 체코 국경에서였다. 당시 체코를 무력으로 점령해서 합병한 히틀러가 현지 시찰을 나왔는데 바로 이때 히틀러의 경호를 맡게 된 것이다. 그리고 여기에서 히틀러의 신임을 얻는 결정적 일이 생기는데 그것은 바로 히틀러가 프라하 시내를 지나갈 때 무개차(無蓋車: 덮개가 없는 승용차)를 타도록 한 것이다. 다른 장군들은 저격의 위험 때문에 일반 차량을 이용해야 한다고 주장했지만, 롬멜은 그렇게 하면 체코 국민에게 강렬한 인상을 줄 수 없다는 이유를 들어 무개차를 타야 한다고 주장했다. 물론 경호는 롬멜이 책임진다고 호언장담했다. 히틀러는 롬멜의 의견을 받아들여서 무개차로 프라하 시내를 관통하며 그 유명한 나치식 경례를 선보였는데 저격이 없이 무사히 행사를 마쳤고 롬멜은 이때부터 히틀러의 측근으로 떠오른 것이다.

이후 2차 세계대전이 발발하고 1940년 독일군이 프랑스 국경을 돌파할 때 제7기갑사단을 맡은 롬멜은 유명한 마지노 방위선을 우회하며 아르덴 숲을 통과해 프랑스 본토로 들어갔고 이후 상상을 초월하는 속도로 진격하게 된다.

그리고 1941년 독일의 아프리카 군단 사령관을 맡은 그는 사막전에서 신출귀몰한 작전으로 영국군을 괴롭혀 '사막의 여우'라는 별명을 얻었고 이때부터 선전 선동의 대가였던 괴벨스가 그를 독일 국민의 영웅으로 크게 홍보하여 더욱 유명해졌으며 특히 영국 수상 처칠이 의회 연설에서 그를 '위대한 장군'이라고 부르면서 그 명성은 하늘을 찌르게 되었다.

그러나 그렇게 승승장구하던 롬멜도 1942년 10월에 벌어진 엘 알라메인 전투에서 참패함으로써 내리막을 걷기 시작했다. 이때 롬멜은 끝까지 싸우라는 히틀러의 항전 명령을 무시하고 아프리카 군단을 전격 튀니지로 철수시켜버림으로써 히틀러와 등을 지게 된다. 이후 롬멜은 독일로 소환되었으며 결국, 1943년 5월 롬멜이 떠난 아프리카 군단은 영국의 몽고메리에게 항복함으로써 그 신화의 막이 내린다.

이후 1943년 7월 프랑스 주둔 독일 B집단군 사령관을 맡았으며 이미 독일 패전의 기미를 알아차리고 여러 번 히틀러에게 종전을 권했으나 받아들여지지 않았다. 1944년 7월 영국 공군의 기습으로 입은 부상을 치료하고자 독일로 갔으나 이후 히틀러 암살 사건에 연루되었다는 이유로 히틀러로부터 독약 자살을 명받아 1944년 파란만장한 생애를 마치게 된다.

이제 우리의 관심사인 '히틀러가 왜 롬멜을 팽했을까?'로 들어가보자.

겉으로 알려진 이유는 그가 히틀러 암살 사건에 연루되었기 때문이라는 것인데 사실 이는 분명하지 않다. 콜로라도 대학교 역사학과 교수인 데니스 쇼월터는 『현대 기동전의 두 영웅, 패튼과 롬멜』에서 다음과 같이 기술하고 있다.

"7월 20일 사건(히틀러 암살 시도 사건)에 롬멜이 관여했다는 주장은 모든 것을 종합해볼 때 이해 당사자들이 자신들의 희망으로 빚어낸 신기루였을지 모른다. 사건 관련 자료들이 분실되기는 했어도 거사일이 다가오고 전장의 정세가 악화되자, 프랑스에 있던 공모자들이 롬멜과 솔직하게 대화를 나눈 것은 명백한 사실이다. 그러나 분명한 동의는 없었다. 거사에 목숨과 명예를 건 사람들은 롬멜을 지렛대로 사용해서 아직 망설이는 동료에게 영향력을 끼치려 했다. 그 결과 많은 이들은 기껏해야 눈짓이나 팔꿈치로 툭 친 것에 불과한, 가령 롬멜이 참여했다는, 입소문을 기정사실로 받아들였다."

독일 전쟁사 연구에 정통한 학자가 쓴 글이니 믿어도 될 것이다. 그렇다면 히틀러도 히틀러 암살 시도 사건 이후 엄청나게 방대하고 치밀하게 이루어진 게슈타포의 조사를 통해서 이 사실을 알았을 것이다. 실제로 롬멜은 사망하기 얼마 전 아들과 나눈 긴 대화에서 독일 패망은 기정사실로 인정했으나 히틀러 암살 시도는 잘못된 행동이라고 비난하기도 했다.

그렇다면 히틀러는 자신이 그렇게 아끼던 롬멜을 왜 버렸을까? 패색이 짙어가던 때였지만 그럴수록 전체 국민과 군을 단결시킬 영웅적인 군인은 더 필요한 법인데 말이다. 역사학자들은 이 문제에 대한 답을 명확하게 내리지 못하고 있다. 앞서 본 데니스 쇼월터 교수의 말처럼 '그랬을 것이다'로 추측하는 견해만 난무한다.

필자가 보기에 이렇게 롬멜의 최후에 대한 설명이 어려운 것은 분석자들이 모두 롬멜만 들여다보았기 때문이다. 히틀러가 롬멜을 버린 내막을 알려면 롬멜은 물론 오너인 히틀러를 들여다보아야 한다. 더 정확히 말하면 독점형(MO) 리더인 히틀러의 속성을 알아야 답이 나온다. **독점형(MO) 리더의 속성은 의심이 많으며 끈질기고 자신을 속이는 데 능하다는 것, 그리고 한 번 배신을 경험하면 확실하게 버린다는 것이다.**

북아프리카에서 롬멜의 몰락이 시작되는 지점으로 돌아가보자. 1942년 10월 23일부터 시작된 제2차 엘 알라메인 전투에서 롬멜의 아프리카 군단은 치명타를 입고 전멸의 위기에 처한다. 이에 롬멜은 11월 3일 오전 11시 30분 히틀러에게 후퇴를 허락해달라고 요청한다. 그리고 정확히 2시간 뒤에 히틀러로부터 '총통 명령'을 받는다. 내용은 어떠한 희생을 치르더라도 알라메인 전선을 고수하라는 것이었다. 그러면서 히틀러는 다음과 같은 말을 덧붙인다.

"강한 의지로 자기보다 몇 배나 더 많은 대군이라도 대적해 승리한 경우가 많았다는 점을 명심하고 '승리 아니면 죽음밖에 없다'는 것을 전 부대에 철저히 주지시킬 것."

이 말에서 어떤 감정이 느껴지는가? 비장함이 느껴지는가? 아니다. 필자의 눈에는 롬멜에 대한 히틀러의 무한 신뢰와 기대가 느껴진다. 왜? 강한 의지로 자기보다 몇 배나 더 많은 대군과 대적해 승리해온 사람이 바로 롬멜이기 때문이다. 즉 히틀러는 롬멜을 전장에서 그런 마법을 부리는 인물로 믿고 있었던 것이다. 그리고 당시는 독일의 소련 침공 작전이 난관에 봉착해 큰 어려움을 겪고 있을 때였다. 소련군의 역공에 독일군이 여지없이 무너지고 있었지만, 히틀러는 한 발짝도 물러서면 안 된다는 명령을 동부전선에 내렸다. 실제로 이 명령으로 인해 독일군의 희생이 엄청나게 발생했는데 히틀러로서는 어디에선가 기적 같은 반전이 일어나기를 기대하고 있었고 그 역할을 롬멜이 해주기를 희망했던 것이다.

그러나 롬멜은 그 기대를 여지없이 무너트렸다. 히틀러의 총통 명령이 내려오고 나서 이틀이 지난 11월 4일 14시 50분 아프리카 군단에 전군 철수를 명령해버린 것이다. 그리고 7시간이 지난 21시 20분에 히틀러는 이를 사후 승인한다. 그렇다면 그 7시간 동안 히틀러는 과연 무슨 생각을 했을까? 히틀러는 죽어버렸고 자료도 없으니 아무도 그의 생각을 모른다. 그러나 나는 감히 단언할 수 있다.

그 7시간 동안 히틀러는 롬멜의 배신에 치를 떨었을 것이며 롬멜이 앞에 있었다면 당장 총살을 명령했을 것이다. 그러나 이미 일은 벌어졌다. 롬멜은 자신의 명령을 무시하고 철수 명령을 내렸다. 어떻게 할 것인가? 일단 추인하는 수밖에 없다. 그리고 '죽일 때를 기다리자'고 결심하며 이를 갈았을 것이다. 즉 롬멜은 1944년 10월 14일에 독약을 마시고 죽었지만, 히틀러의 마음속에서는 1942년 11월 4일 14시 50분에 이미 죽은 것이다.

그 이후 1년간 롬멜은 패망해가는 제3제국의 시간을 벌기 위한 도구로 쓰인 것에 불과하다. 그런 히틀러에게 롬멜이 암살 기도에 관여한 정황이 있다는 보고가 들어왔으니 바야흐로 기다리던 때가 온 것이다. 데니스 쇼월터 같은 역사학자들이 진실을 규명하기 위해 여러 가설을 제시하고 있지만, 히틀러에게 그런 진실은 하나도 필요 없었을 것이다. 이미 1년 전에 죽인 사람인데 무슨 이유가 필요하랴?

오늘날에도 조직에는, 오너와의 견해차로 과감하게 사표를 던져서 목숨이 경각에 달렸다가 '이번만큼은 봐주겠다. 앞으로는 더욱 충성하라'는 은전을 받고 감읍해서 배로 열심히 일하는 순수형(PS) 리더들이 있다. 그러나 롬멜의 사례에서 보듯이 그것이 용서할 수 없는 사안이라면 그 감격스러운 용서는 당연히 가식이며 아직은 그 조직에서 이용할 가치가 남아 있다는 뜻일 뿐이다.

**독점형(MO) 리더는 용서할 수 없는 일을 한 부하를 결코 용서하는 법이 없다. 특히 자신을 나쁜 놈 취급하는 부하에게는 반드시 복수한다.**

히틀러가 1942년 11월 4일에 마음으로 롬멜을 팽한 이유가 한 가지 더 있다. 그것은 바로 좋은 역을 롬멜이 맡고 악역은 히틀러에게 떠넘겼다는 것인데 당시로 돌아가 자세히 살펴보자. 불퇴전의 명장이었던 롬멜이 왜 총통의 명령을 거역하면서까지 철수를 결정했는가? 이유는 단 하나, 병사들을 죽음에서 구하겠다는 것이었다. 그러면 반대로 알라메인 전선 사수를 명령한 히틀러는 병사들을 사지로 몰아넣는 나쁜 놈이 되는 것이다.

1차 세계대전의 패배로 실의에 빠진 독일 국민에게 자부심을 심어주고 이를 바탕으로 세계제국을 건설하고자 분투 중인 히틀러에게 자기 병사들을 사지로 몰아넣는 나쁜 사람이라는 오명은 죽기보다 싫은 일이다. 자기를 반대하는 세력이 그런 말을 해도 화나는 일인데, 하물며 자기의 심복인 롬멜이 자기만 영웅이 되는 상황을 만들었다? 이는 도저히 용서할 수 없는 일인 것이다. 그리고 필자는 롬멜이 히틀러를 암살하는 계획에 동참하지 않은 게 사실이라고 본다. 히틀러가 롬멜을 죽이기로 맘먹고 그에게 제시한 선택지는 2개였다. 첫째는 암살 기도자 즉 반역자로서 군사 법정에서 재판을 받는 것, 둘째는 독약을 마시고 자살하면 국장을 치러주고 가족의 안전을 보장한다는 것인데 그의 선택은 후자였다.

이 상황을 신중하게 생각해보면 롬멜의 결백(?)이 드러난다.

그가 만약 히틀러를 독일 국민과 인류의 적으로 보고 암살하기로 맘먹었다면 전형적 순수형(PS) 리더인 그는 당연히 재판을 택했을 것이며 그 자리를 빌려 히틀러의 죄악과 자신의 정당성을 주장함으로써 히틀러에게 타격을 입히고자 했을 것이다.

그러나 그는 이 길을 택하지 않았고 오히려 마지막까지 히틀러를 돕는 길을 택했다. 이는 명예와 자신의 신념을 중시하는 순수형(PS) 리더인 그로서는 당연한 결말이다. 그가 독약을 마시고 자살하자 시신은 곧바로 울름의 군(軍) 병원으로 향했고 병원에서 공식 발표한 사인(死因)은 '서부 전선에서 근무 중 입은 부상 악화에 따른 심장마비'였다. 사흘 후 열린 장례식에 히틀러는 참석하지 않았으나 독일 국민의 애도는 대단했다.

히틀러는 당시 '국민적 영웅'으로 존경받는 그가 암살미수 사건에 관련되어 처벌당하는 것은 좋지 않다고 여겨 가족의 안전을 보장하는 조건으로 그에게 자살을 권했다고 한다. 언뜻 듣기에는 군인으로서의 명예를 지켜주고 가족도 살려주는 은전을 베푼 것처럼 보이지만, 사실 히틀러는 독일 국민의 정서를 결집하는 데 끝까지 롬멜을 이용한 것이다. 결론을 말하면 양자택일을 권했다고 하지만 히틀러를 죽일 생각이 없었던 그가 후자를 택할 것이란 사실을 이미 알았던 것이며 이는 독점형(MO) 리더들의 타고난 직감이다.

# 애정은 움직이는 것이다

    각종 외국어 회화 교재로 유명한 A사에 근무하는 기획 담당 P이사는 오너와 처음부터 사업을 같이 시작한, 유명한 학원 강사 출신의 실력자였다. 그 자신 영어가 워낙 유창했으므로 학원 강사를 할 때 수강생을 몰고 다녔으며 그로 인해서 오너에게 발탁된 뒤 사업에도 수완을 발휘해서 학원이나 영어만이 아니라 개별 학습용 각종 외국어 회화 교재를 개발해서 회사를 키웠다. 그런 공로로 P이사는 오너로부터 각별한 신임을 받았다.

    그렇게 한동안 회사가 승승장구하자 한 온라인망 업체에서 교재를 온라인용으로 합작 개발하자는 제안이 들어왔다. 그 온라인망 업체는 상당히 큰 회사라 A사로서는 회사 매출을 한 단계 더 증폭시킬 절호의 기회로 보고 TFT를 만든 뒤에 P이사에게 지휘봉을 맡겼다. 온라인망 업체에서도 팀이 구성되었고 두 팀은 한 사무실에서 일하며 합작 사업에 대한 여러 준비를 세심하게 해나갔다. 교재 종류가 워낙 다양하고 수강생의 실력을 진단해서 거기에 대한 맞춤식으로 교재를 재구성해주는 시스템이라 검토할 부분이 상당히 많았다. 그런데 거의 6개월을 준비해서 드디어 합작 사업 조인식을 하루 남겨둔 날 저녁에 돌발 상황이 발생했다.

오너가 합작 사업 계약서의 한 조항을 문제 삼아서 사업을 파기한다고 선언한 것이다. 그 조항은 상품의 지적 재산권 문제였는데 두 회사가 공평하게 50 대 50으로 권리를 가진다고 된 부분을 오너가 문제 삼은 것이다. 오너의 주장은 온라인에 올리는 상품은 콘텐츠가 중요하지 망이 중요한 것이 아니라는 것인데 알기 쉽게 말하면 온라인망 업체는 여기저기 많지만, 독특한 회화 학습 시스템을 갖춘 업체는 A사뿐이라는 것이다. 고로 상품의 소유권은 하다못해 최소 51 대 49로라도 해서 A사가 권리를 더 가져야 한다는 것이었다.

P이사가 망 업체에 최종 의사를 타진해봤으나 5 대 5 아니면 불가하다는 답이 돌아왔다. 그러자 오너로부터 합작 사업 포기하라는 최종 지시가 내려왔다. 이 사실을 전해들은 팀원들 사이에서는 난리가 났다. 6개월 동안을 거의 밤샘해가며 준비해온 일인데 하루아침에 포기하라니, 오너의 처사가 이해되지 않았다. 재산권의 문제는 나중 문제이고 당장은 온라인 사업을 하면 회사 매출에 엄청난 이익이 될 텐데 왜 그걸 마다하느냐고 시끌시끌했다.

그러나 P이사는 반발하는 팀원을 설득했다.

"우리가 느끼지 못하는 어떤 사업적 부분을 오너는 예민하게 느끼고 있다. 이걸 우리가 믿어야 한다. 사업은 지식이나 논리만으로 되는 게 아니다.”

　일단 그렇게 팀원들을 다독여놓았는데 문제는 그다음에 있었다. 이미 강당에 조인식 무대까지 설치해놓은 온라인망 업체에서는 합작 사업을 포기한다는 P이사의 갑작스러운 통지에 회사 전체가 발칵 뒤집혔다. 사장을 바꾸라는 전화가 수없이 빗발쳤지만, P이사는 요지부동으로 ‘미안하다. 결정은 팀장인 내가 내렸다. 그 이유는 밝힐 수 없다. 손해를 입은 게 있으면 나한테 배상 청구를 하라’며 끝까지 오너를 보호했다. 전화가 통하지 않자 온라인망 업체의 TF 팀장인 상무가 A사로 직접 찾아와서 사장을 만나겠다고 항의했지만, 사장은 이미 외유를 떠난 상태였고, 그러자 P이사한테 온갖 비난과 욕을 바가지로 퍼부은 다음 ‘법적으로 조처하겠다’는 으름장을 놓은 뒤 돌아갔다.

　그러나 온라인망 업체에서 아무리 화가 난들 어떻게 할 것인가? 계약이 성사되고 나서 이를 위반한 게 아니라 계약을 위한 조정 과정에서 서로 이견이 있어 성사가 안 된 것이니 어쩔 수 없이 물러서고 말았다. 원래 총애받던 P이사였지만 그 일로 인해서 오너의 신임은 더욱 깊어졌다. 그런데 어찌 된 일인지 그해에 영업이 매우 부진했다. 시장이 어느 정도 포화상태가 되어서 그런지 교재 판매량이 늘지 않았다.

　그렇게 한 해를 마무리하고 다음 해가 밝아서 2월이 되었는데 마지막 주 임원 회의에서 갑자기 일이 터졌다. 오너가 회의 시작 전부터 잔뜩 인상을 찌푸리고 있더니 총무 담당 이사의 “회의를 시작하겠습니다. 부서

별로 업무 보고를 해주십시오."라는 말이 채 끝나기도 전에 탁자를 쾅 내리치면서 이렇게 소리쳤다.

"이거 봐요. 이런 회의 만날 하면 뭐해? 작년 매출이 엉망인데 누구 하나 책임지는 사람은 없고, 허구한 날 앉아서 탁상공론이나 하고 말이야! 거, 부서별이고 뭐고 집어치우고 영업부가 이야기해봐! 왜 이렇게 매출이 엉망이야?"

그러자 잔뜩 주눅이 든 영업 담당 이사가 이렇게 말했다.

"그게 아주 엉망은 아니고요, 전년 대비 10%는 성장을 했습니다."

그 순간 다시 한 번 책상이 쾅 하고 울렸다.

"뭐? 전년 대비 10% 성장? 성장 좋아하시네! 목표 대비를 말해야지. 왜 전년 대비야? 목표 대비 달성률이 40%밖에 안 되잖아? 이게 자랑이야? 누구는 자갈 논 팔아서 사업하는 줄 알아? 매년 임금 인상은 꼬박꼬박 해 달라면서 말이야!"

그리고 이사들을 죽 둘러보는데 모두 감히 눈을 마주치지 못하고 일제히 고개를 숙였다. 그런데 유독 P이사만 입가에 미소를 지으면서 사장을 정면으로 쳐다봤다. 그러자 오너가 다시 큰 소리로 말했다.

"박 이사는 뭐가 좋다고 웃어? 엉! 내 말이 틀렸어? 이게 회사고 이게 영업 실적이야?"

그러자 P이사가 침착하게 답했다.

"아니, 사장님 그게 아니고요, 이게 우리만 그렇게 실적이 안 좋은 게 아니라 경쟁사 모두 작년에는….""

그런데 말을 마치지 못했다. 사장이 자리를 박차고 일어났기 때문이다. 회의실 문을 쾅 열고 나가면서 사장이 소리쳤다.

"경쟁사 좋아하시네! 난 이런 회의 안 해! 당신들끼리 앉아서 감 놔라 배 놔라 해봐!"

사장이 나간 뒤 잠시 침묵이 흐르고 나자 총무 담당 이사가 P이사에게 얼굴을 찡그리며 물었다.

"아니 사장님이 갑자기 왜 저렇게 화를 내시나? 그리고 박 이사는 화난 사장님 앞에서 왜 실실 웃어서 화를 더 돋워요? 나 원 참!"

그러자 P이사가 역시 웃으며 대답했다.

"아, 웃음이 나오는 걸 어떡합니까? 사장님이 화내는 건 진짜로 화내는 게 아니잖습니까? 연기하는 거죠. 억지로 화난 척하는 그 모습을 보니까 나도 모르게 그만 웃음이 나왔죠."

"아니, 억지로 연기를 하다니, 그게 무슨 소리요?"

10명 정도 되는 임원들의 눈초리가 다 P이사에게로 쏠렸다.

"거 참, 왜들 이러십니까? 올해 임금 인상은 물 건너갔습니다. 3월에 임금 인상 발표해야 하는데 사장님이 저렇게 나오시는 거 보면 벌써 동결로 마음먹고 연막 치는 거 아닙니까? 자, 저는 일하러 갑니다."

그런데 일주일 뒤 정말 급여 동결이 발표되었는데 동시에 P이사는 갑자기 신설된 생산 공장 관리 담당 이사로 발령이 났다. 그리고 1년이 지난 뒤 임원 계약 만기가 되면서 회사를 나오게 되었다.

발표를 마친 P회원은 자기가 한순간의 실수로 갑자기 총애를 잃고 추락하게 되었다고 했다. 그에게 실수가 무엇인지 묻자 남들 다 고개를 숙일 때 고개를 빳빳이 든 게 첫째이고 게다가 웃기까지 해서 사장의 부아를 더 돋운 것이 둘째라고 했다. 맞는 말이다. 그러나 100% 맞는 말은 아니다. 비슷하기는 하지만 정곡을 찌르지는 못했다. 그러면 정답은 무엇일까?

정답은 사장이 화를 내고 나가고 난 뒤 임원들에게 '사장이 화낸 이유'를 설명한 것이다. 즉 **사장의 속마음을 여과 없이 밝혀버린 게 가장 큰**

**실수인 것이다.** 그러면 그날 P이사는 어떻게 해야 했을까? 바꿔 말하면 사장이 그 자리에서 P이사에게 바랐던 것은 무엇일까?

그것은 일단 다른 임원들처럼 고개를 숙이고 두려움에 떠는 것이고 그 다음에는 '사장님이 왜 저렇게 화를 내는지 나도 모르겠다'며 총무 이사처럼 말해야 했다. 만약 그랬다면 사장의 작전은 완벽하게 성공했을 것이다. 그런데 '척 하면 삼천리요, 쿵 하면 이웃집 호박 떨어지는 소리'라고 사장과 호흡이 잘 맞던 P이사가 그날따라 고개를 빳빳이 들고 실실 웃어서 분위기를 망치더니 나중에는 사장의 속셈까지 다 까발려서 일을 완전히 망친 것이다.

이런 일이 벌어지게 된 배경에는 2가지 이유가 있다. 하나는 애정은 움직이는 것이라는 사실인데, 특히 기업에서 오너의 애정은 수시로 움직일 뿐만 아니라 때로는 돌변한다. 둘째는 카타스트로피 현상이다. 이는 애정과 증오의 감정이 갑자기 바뀌는 심리를 말하는데 내가 좋아하던 사람에게 뭔가 서운한 걸 느끼면 사랑하던 감정이 증오로 바뀌게 되는 것이다. 그리고 그 증오의 강도는 좋아했던 크기에 비례하는데 많이 좋아했을수록 증오의 강도가 더 크다. 즉 P 이사는 사랑받은 만큼 더 미움을 받아 즉각 좌천되고 결국 해임된 것이다.

사장은 P이사가 평소에 자기 속마음을 알고 거기에 따라주어서 많이 총애했다. 왜 아니겠는가? 속마음을 알아주고 게다가 실력까지 있으니 말이다. 그러나 중요한 것은 실력이나 상사의 속마음을 아는 게 아니라 거기에 장단을 맞춰주는 것이다. 즉 임원 회의에서 급여 동결이라는 속마음을 읽는 것보다 더 중요한 건 화내는 척하는 사장의 액션에 모른 척 장단을 맞추는 것이었다.

그렇게까지 하면서 직장생활을 해야 하나 싶은가? 아니다. 꼭 그럴 필요는 없다. 그렇게 하고 마는 건 각자의 자유다. **필자는 살벌한 전장(戰場)에서 살아남는 방법을 이야기하는 것이지, 자존심을 죽이면서까지 살아남으라고 권하는 게 아니다.**

# 역사에서 배운다

— 조조와 양수(楊脩) —

양수는 조조의 참모였다. 둘 사이에는 일화가 참 많은데 독자들도 대부분 아는 내용이라 대표적인 것 3가지만 소개한다. 조조가 화원(花園)을 만든 적이 있었다. 화원이 완성되었을 때 조조가 와서 둘러보더니, 좋다 싫다 아무 말도 없이 문에 '활(活)'이라고 한 글자를 적어놓고는 자리를 떠나버렸다. 이게 무슨 뜻인지 알 수 없어 사람들이 머리를 싸매다가 결국 양수를 불러 물어보았다. 양수는 글자를 보자마자 설명을 해주었다.

"문(門)에 활(活)자를 쓰셨으니 이것은 '넓을 활(闊)'이라는 말입니다. 승상께서는 화원의 문이 너무 넓어서 싫다고 하신 겁니다."

그래서 즉시 문을 헐고 작은 문으로 다시 만들어 세웠다. 조조에게 다시 오기를 청하니 조조가 와서 보고 마음에 들어 하더니 사람들에게 물었다.

"누가 내 뜻을 알아냈느냐?"
"양수입니다."

그 말에 조조는 양수의 재주를 크게 칭찬했다.

한번은 서량 태수 마등(馬鄧)이 조조에게 과자 한 상자를 보내왔다. 조조는 물끄러미 상자를 바라보더니 거기에 '一合'이라는 두 글자를 쓴 뒤에 나가버렸다. 신하들이 그 뜻을 몰라 우왕좌왕하고 있을 때 양수가 나타나더니 상자를 열고 과자를 한 개씩 나눠주는 게 아닌가? 신하들이 놀라서 먹기를 주저하자 양수가 말했다.

"승상께서 '一合'이라고 쓴 것은 풀어보면 '一人一口' 즉 한 사람이 한 입씩 먹으라는 것이니 아무 걱정하지 마시오."

과연 조조가 돌아와 보고는 얼굴에 미소를 지으며 남은 과자 한 개를 먹자, 곁에 있던 참모가 이렇게 말했다.

"혹시 마등이 독을 넣어서 보냈을지도 모릅니다."

그러자 조조는 웃으면서 이렇게 답했다.

"그래서 한입씩 먹어보라고 한 건데 양수가 알고 그렇게 시식을 했다네."

그러면서 양수의 지혜를 또 칭찬했다. 그러나 이런 일이 잦아지자 양수의 마음이 교만해져서 위험한 발언까지 하게 되는데, 바로 이런 일도 있었다. 조조는 밤에 누군가가 자신을 살해할까 봐 늘 걱정했다. 그래서 아예 자신이 자는 동안에는 아무도 접근하지 못하게 예방책을 강구해야 했다.

조조는 측근들에게 이렇게 말해두었다.

"나는 꿈속에서 살인을 자주 한다. 내가 잠들었을 때는 내 곁에 오지 않도록 해라."

하루는 조조가 낮잠을 자다가 이불을 걷어차 침상 밑으로 떨어뜨렸다. 시종 하나가 무의식적으로 그 이불을 덮어주러 다가갔다. 그 순간 조조가 벌떡 일어나 칼을 뽑더니 시종의 목을 날려버렸다. 조조는 아무 일도 없다는 듯이 다시 쓰러져 잠이 들었다. 한참 후 깨어난 조조는 시종의 시체를 보고 깜짝 놀라 주위에 물었다.

"누가 내 시종을 죽였느냐?"

다른 시종들이 일어난 일을 사실대로 고하자 조조는 통곡하며 그를 후히 장사지내라 명했다. 이런 일이 일어나자 조조가 자다가 살인을 한다는 것을 모두 믿게 되었다. 다만 양수는 그런 속임수에 넘어가지 않았다. 양수는 시종의 장례 때 관을 가리키며 한탄했다.

"승상께서 꿈을 꾸신 게 아니라 자네가 꿈속에 있었던 거라네."

이 말을 전해듣고 조조는 기뻐하는 게 아니라 상당히 못마땅한 표정을 지었다. 왜 아니겠는가? 보통 사람도 남이 내 속을 훤히 들여다보면 기분이 나쁜 법인데 천하의 간웅(奸雄)이라는 조조야 더 말할 필요가 있겠는가?

그러다가 드디어 양수는 우리가 너무나 잘 아는 '계륵' 사건으로 인생을 마감하게 된다. 조조가 유비의 거점인 한중(漢中)을 치기 위해 40만 대군을 몰고 쳐들어갔는데 마초가 10만의 병력으로 결사 저지하니 오도가도 못 하는 괴로운 처지에 빠지게 되었다. 게다가 자신이 아끼던 장수 하후연까지 잃고 철군의 명분과 실리 사이에서 이러지도 저러지도 못하고 고민하는 중에 저녁 식사로 닭요리가 나왔는데 그 상황이 '먹자니 먹을 게 없고 버리자니 막상 아까운 닭갈비(계륵 : 鷄肋)'와 같다고 생각했다. 그리고 때마침 하후돈이 들어와 오늘 밤 암호를 정해달라고 하자 무심결에 '계륵'이라고 답했다.

그런데 좀 있다가 양수 휘하의 부대가 짐을 싸느라고 난리가 났다. 하후돈이 찾아가 이유를 물어보자 양수가 말했다.

"왕이 한중을 닭갈비에 견주어 생각하고 있으므로 이제 곧 철군 명령이 내려질 것이오. 그래서 미리 짐을 싸고 있다오."

이에 일리가 있다고 생각한 다른 부대도 짐을 싸느라 난리가 났다. 그러자 조조가 이를 보고받고 이번에는 양수를 칭찬하는 것이 아니라 군심

(軍心)을 어지럽혔다는 이유로 즉시 목을 베어버렸다.

　나중에 이 이야기를 전해들은 제갈량이 양수의 재주를 안타까워하며 이렇게 말했다고 한다.

　"남보다 똑똑하기는 어렵다. 하지만 남보다 잘 아는 것을 말하지 않고 겸손하게 보이는 것은 더욱 어려운 일이다."

　이상은 우리가 대부분 삼국지를 읽기 때문에 잘 아는 일화이지만 실제로 생활 속에서 실천하기는 어려운 일이다. 바로 P회원도 그랬다. 오너가 여러 가지 이유로 자신을 총애하자 더욱 기고만장해져서 나중에는 고개를 빳빳이 들고 '난 당신 속을 다 안다'는 표정으로 웃음을 지은 것인데, 이는 마치 조조로부터 여러 번 재주를 칭찬받은 양수가 자신의 재주만 믿고 건방을 떨어서 목이 달아난 것과 같다.

　잊지 말자. 오너가 당신의 재주를 칭찬하며 총애하는 것은 그 상사의 권위를 넘어서지 않는 선에서 겸손하게 몸을 낮출 때 유지되는 것이지, 조금이라도 그 총애를 믿고 건방을 떨면 '이 친구야. 당신이 말 안 해도 나도 다 알아.' 하면서 총애를 거둬가버린다. 그리고 심하면 자리마저 위험해진다. 왜냐하면 **당신이 총애받고 있는 동안 그 총애를 시기 질투하면서 칼을 갈고 있는 경쟁자가 수두룩하기 때문이다.**

비굴하게 자존심을 내던지면서까지 직장생활을 해야 하는가?
꼭 그럴 필요는 없다. 필자는 살벌한 전장(戰場)에서 살아남는
방법을 이야기하는 것일 뿐, 선택은 각자의 자유다.

# 오너는 항상 배가 고프다

한 중견 건강식품 회사에서 특허 제품을 개발하는 데 주역을 담당했던 J라는 임원이 있었다. 그는 회사가 중소기업이던 시절부터 오로지 제품 개발실에 박혀 밤낮없이 일했으며 그런 열정의 결과로 40대 남성의 전립선 비대증에 탁월한 효과가 있는 제품을 개발해서 특허까지 받게 되었고 그 후 이 상품이 출시되면서 돌풍을 일으켜 회사가 중견기업까지 성장하게 되었다.

그런데 이 상품의 돌풍을 주목하던 일본의 한 회사에서 '우리와 합작 사업을 하면 어떻겠냐'는 제의를 해왔다. 평소에 세계 시장 진출이 꿈이었던 오너는 대환영이었고 일이 일사천리로 진행되어서 드디어 일본에서 사람이 오게 되었다. 그런데 갑자기 프로젝트에 문제가 생겼다. 그 상품을 일본 협상 대표들한테 설명할 사람이 없었던 것이다. 그 제품에 관해서는 당연히 개발 주역인 J이사가 모든 것을 꿰고 있는 대표주자였지만 결정적으로 일어가 불가능하다는 것이 문제였다.

그래서 부랴부랴 P라는 일어 전공자가 다른 곳에서 긴급 수배되어 입사하게 되었고 J이사는 그와 함께 상품 설명회를 준비하는 한편 일본 대표단과의 협상 준비 및 양 대표이사의 서명식까지 준비하게 되었다. 그런데 문제는 J이사가 일본어를 모를 뿐만 아니라 그들의 문화와 음식, 기호까지도 모르기 때문에 갑자기 들어온 P차장이 전 과정의 총괄을 맡게 된 것이다. 게다가 호사다마라고 P차장은 일어를 전공해서 일어학원을 하다가 실패한 경험뿐, 조직 생활 경험이나 건강식품 지식은 전무(全無)였다. 결국, 일을 추진하면서 예상된 불협화음이 일어나기 시작했는데 J이사는 상품의 효능을 정확히 이해하는 것과 재료에 대한 이해, 효능에 대한 근거 자료, 수익을 결정하는 가격 책정 등에 주안점을 두어서 세심한 준비를 하자는 데 반해 P차장은 그보다 협상 대표단을 기분 좋게 해주는 것이 프로젝트 성사의 열쇠라고 주장하면서 숙소, 음식, 유흥업소, 보여줄 관광지 등의 조사에 열을 올린 것이다. 어찌 보면 두 사람의 견해는 전혀 상반되는 것 같았지만 실은 수레의 두 바퀴처럼 2가지 요소가 다 협상 성공에 필요할 수도 있었다.

그러나 불행의 씨앗은 두 사람의 성격에 숨어 있었다. J이사는 드러내지 않고 조용히 일만 하는 스타일인 데 반해 P차장은 작은 것도 부풀리며 떠벌리는 스타일이었다. 그러다 보니 두 사람은 일을 준비하면서도 서로 소 닭 보듯 하는 식으로 외면하면서 일했고, 안 보는 곳에서 J는 P를 회사도 모르고 상품도 모르며 허풍으로 가득 찬 떠벌이라고 비난하고, P는 J를 세상 물정 모르고 저 혼자만 잘난 척하는 샌님이라고 비난했다. 그런 가운데에서도 그럭저럭 준비는 진행되어서 마침내 상품 설명회가 열렸다.

회사의 사장을 비롯한 관계자와 일본에서 온 대표와 관계자가 배석한 가운데 P차장이 화면을 보며 설명을 이어나갔다. 그런데 순조롭게 진행되던 설명회에서 작은 해프닝이 일어났다. 일본에서 온 건강제품 전문가가 묻기를 어떤 약재가 어떤 상호작용을 해서 전립선 비대증에 효능이 있는가를 물었는데 상품을 완벽하게 이해하지 못하고 있던 P차장이 '나중에 알려주겠다'고 대충 넘어가려 해서 그 일본 전문가가 '신의성실 원칙'에 위배된다고 강하게 반발하고 나선 것이다. 원래 축제처럼 일사천리로 설명회를 마치고 준비된 파티장으로 갈 예정이었는데 분위기가 썰렁해지면서 긴장이 감돌았다. 처음에 P차장과 일본 협상단의 목청이 높아질 때는 사장과 J이사는 영문을 모르고 있었는데, 이야기가 길어지자 결국 사장이 상황 설명을 듣고 J이사를 불러서 직접 설명하게 해서 이를 P차장이 통역하는 방식으로 겨우 설명회를 마쳤다.

그러는 사이에 예정 시간보다 1시간 정도 지연되면서 최초의 축제 분위기가 많이 사그라들고 말았다. 그 이유는 일본 측에서는 한국 측이 솔직하게 다 알려주지 않고 뭔가를 숨기고 있다는 생각을 하게 되었고, 한국 측에서는 일본이 너무 까다롭게 군다고 짜증이 났기 때문이다. 어쨌든 그래도 설명회를 무사히 마치고 파티장으로 이동했는데 사건은 거기서 터지고 말았다.

술을 곁들인 저녁 식사이다 보니 해프닝으로 긴장했던 마음과 서로 서먹한 마음이 있어서 일본 대표와 사장 사이에 술이 좀 과하게 여러 순배 돌았는데 나중에는 아주 유쾌하게 풀어졌다. 그런데 갑자기 기분이 좋아

사장이 J이사를 부르더니 일본 대표에게 술을 따르며 사과하라고 시키는 게 아닌가? 개발 담당자가 상품 설명 준비를 완벽하게 하지 못해서 서로 오해를 불러일으키게 했으므로 미안하다고 하라는 것이다. 그러나 순순히 술을 따르며 사과를 하리라고 예측한 사장의 생각과는 달리 J이사가 곁에 있는 P차장에게 버럭 화를 내서 분위기가 어수선해졌다. 사연인즉 바로 그 문제를 틀림없이 일본 측이 물어볼 거라며 J이사가 설명에 포함시켰는데 매끄럽게 설명하기가 어려운 P차장이 일방적으로 삭제해버린 것이었다. 그러니 사과는 P차장이 해야지, 왜 내가 해야 하느냐고 화를 낸 것이었다.

사장은 속으로 격노했지만 일단 자리가 자리인 만큼 J이사를 달래서 무마한 뒤 그럭저럭 파티를 마쳤다. 그러나 J이사의 불행은 거기에서 멈추지 않았다. 바로 그날 2번이나 해프닝이 있었으므로 사장이 사과하는 의미에서 일본 대표단을 유명한 술집으로 데리고 가서 2차를 냈는데 문제는 P차장이 통역이므로 당연히 따라갔고 거기에서 J이사 험담을 엄청 해댄 것이다.

다음 날 사장실로 호출된 J이사는 야단을 많이 맞았다.

"자칫하면 중요한 대사를 망칠 뻔했잖소? 당신이 처음부터 똑바로 했으면 그냥 부드럽게 성사가 되었을 일을 왜 그런 식으로 어렵게 만들어? 장 이사, 나한테 뭐 불만이 있소? 어제 박 차장이 일본 애들 앞에서 얼마나 재롱을 떨었는지 알아요? 그 사람이 잘해줬기 망정이지 아예 일이 틀어질 뻔했잖아?"

J이사도 잠자코 듣고 있을 수만은 없었다.

"아니, 사장님 그런 게 아니고요. 어제도 분명히 말씀드렸잖습니까? 제가 처음부터 그 부분 틀림없이 질문 들어올 거라고 그렇게 일렀는데도 박 차장이 말을 안 듣고 그걸 빼버려서 이런 일이 벌어진 겁니다."
"어허? 이 사람이 그래도 못 알아듣고! 아 당신이 끝까지 설득해서 그걸 집어넣었어야지. 박 차장이 뭘 알아요? 일어학원이나 하다 온 사람이, 어?"

사장은 답답하다는 듯이 언성이 더 높아졌다.

"아니, 당신 나이가 몇이요? 박 차장보다 한참 위인데 그 어린 사람 하나 장악을 못 한단 말이요?"
"사장님, 그런 게 아니라 처음 일을 시작할 때 사장님이 박 차장을 총책임자로 임명하셨잖습니까? 상품보다 좋은 음식 하고 좋은 술 먹이고 잘 대접하면 된다고 하시면서…."

J이사는 말을 마치지 못했다. 사장이 책상을 세게 내리쳤기 때문이다.

"이 사람이 이제 보자 보자 하니까 앞뒤가 꽉 막힌 인간이구먼. 그럼 어제 일이 내 책임이라는 거야 뭐야? 총괄은 박 차장 시켰어도 최종 책임은 이 회사 귀신인 당신이 져야지, 지금 와서 무슨 엉뚱한 소리를 하는 거야?"

그다음 날 회사 강당에서 진행된 협약 서명식에 J이사는 나오지 않았다. 서명식 다음 날 J이사는 짐을 쌌고 대신 밑에 있는 과장이 차장으로 승진하며 개발 담당이 되고 P차장은 이름도 거창한 해외사업본부장으로 발령이 났다.

이 사례를 발표한 J회원은 아직도 '왜 사장은 P에게 총괄을 맡겨놓고 책임 추궁은 자기에게 했는가'를 알지 못했다. 글쎄, 왜 그랬을까? 복잡하게 생각하면 아주 복잡하지만 간단하게 생각하면 아주 간단하다. 왜? 사장도 처음에는 오판(誤判)한 것이다. 즉 갑자기 나타난 P가 사장에게 상품은 다 알고 오는 것이니 적당히 설명하고 그보다 접대에 더 신경을 쓰는 것이 협상 성공의 지름길이라고 설명하자 그렇게 믿어버린것이다. 그러니 세상 물정 모르는데 일어 못하지, 접대에는 젬병인 J를 어떻게 총괄로 삼을 것인가? 당연히 P를 책임자로 삼은 것이다.

어쨌든, 즉 사장이 오해했든 말았든, P가 나쁜 놈이든 아니든, 그 일로 회사를 나온 것은 J였다. 물론 J회원의 말로는 치사해서 자기가 스스로 던지고 나왔다고 했지만 그럼 왜 그 이름도 기묘한 '토사모'에 와서 울분을 토하고 있는 걸까? 필자가 보기에 결론은 단 하나이다.

그것은 바로 J가 성실하기는 하나 너무 원리원칙을 중시하는, 대쪽 같기만 하고 융통성이 없는 순수형(PS) 리더라는 사실이다. 오너는 수단 방법을 그리 따지지 않는다. 즉 누가 총괄을 하든, 서로 기싸움을 하든 말든 중요한 것은 일본 측과의 공동 사업이며 그 사업을 통해서 들어오는 수익이다.

그리고 여기서 J가 놓치고 있는 가장 큰 것이 있으니 바로 오너는 항상 배고프다는 사실이다. J는 특별한 신상품을 개발하고 특허를 얻었으니 '이제 시장은 우리의 것이고 파는 일만 남았다'고 자신만만했을 것이다. 그러나 오산(誤算)이다. 국내 시장이 평정되는 순간에 오너는 벌써 해외로 눈을 돌리고 있었을 것이다. 페르시아를 정복하고 나자 인도로 눈을 돌렸던 알렉산더처럼 말이다.

그렇게 가정하고 보면 사장은 당시 J에게 무척 짜증이 나 있었을 것이다. 왜? J가 미리미리 좀 일어를 해뒀으면 아무런 문제가 없었을 텐데 그러지 않았으니 말이다. 제품 개발에 바쁜데 일어 공부할 시간이 어디 있느냐고? 맞는 주장 같지만, 사장이 보기에 그것은 변명이다. 그리고 J에게 짜증이 난 이유는 또 있다. 그래, 바빠서 일어 공부를 못했다 치자. 그러면 일어 할 줄 아는 사람을 데려왔을 때 그 친구를 제대로 부려서 일을 시켜 먹을 줄 알면 좋지 않은가? 사장은 뭐가 아쉬워서 P에게 차장 직급을 주고 데리고 다니면서 기분 좋게 만들어주었을까? 오로지 상품을 일본에 제대로 론칭시키기 위해서였다. P가 좀 간사해서 믿음이 없었기 때문에, 혹 중간에 일을 망치지나 않을까 오히려 더 잘해준 것이다. 도대체 일본 측과 오가는 말이 모두 오로지 P를 통해서만 가능하니 어찌 설명회에서 잘못했다고 나무라서 그의 기분을 건드리겠는가? 잘못이 있더라도 그건 나중에 따져야 한다. 풀 베려다 뱀 놀라게 하면 안 되는데, 순진한 J 는 부득부득 저 뱀 잡으라고만 하고 있으니 얼마나 답답한 노릇인가?

마지막 J의 약점은 질기지 못했다는 것이다. 승패(勝敗)가 병가지상사 (兵家之常事)이듯, 신규 사업 추진에서 시행착오는 직장지상사(職場之常 事)이다. 좀 불편하지만, 자신과 P를 팀으로 보면 어쨌든 일본 사업을 성 사시킨 것이다. 물론 사장 곁에서 그 공을 독차지하며 알랑거리는 P가 보기 싫겠지만 그래도 일본 사업을 성공시키기 위해서는 필요한 존재이 며, 바로 그것이 사장의 관점이다. 그 관점을 이해하고 거기에 초점을 맞 추면 얼마든지 참을 수 있다.

그리고 **차분하게 기다리면 기회는 반드시 온다. 왜냐면 오너는 항상 배고프기 때문이다.** 즉 앞으로 일본만이 아니라 중국, 미국, 유럽 등 얼 마든지 새로운 시장이 있고 그렇게 되면 일어 가능자 P는 그야말로 많은 통역 중의 하나가 될 것이다. 그러나 상품 노하우의 열쇠를 쥐고 있는 J 는 여기저기서 찾는 핵심 인재가 된다. 고로 일본 대표들과의 실수가 다 시는 반복되지 않도록 미리미리 각 시장 특성에 맞는 준비를 하면서 때 를 기다리면 기회는 반드시 온다.

그것이 바로 이 책에서 여러 번 지적한 사마의 리더십이다. 그러나 빛나는 순수형(PS) 리더의 관점을 버리지 못한 J는 한순간의 분을 삭이 지 못해 사장과 충돌하고 협약식 자리에 안 나가서 불리한 입장에 서게 됐고, 누가 말려주지 않으니 결국 회사를 나오게 되었고, 무궁무진한 해외 시장을 개척하는 주역은 P가 차지하게 되었으니 그야말로 국 쏟고 손 덴 격 아닌가?

그러므로 **성품이 좀 사악한 사람을 만났을 때는 절대로 그 사람을 비난부터 하려 들면 안 된다. 그런다고 해서 그 사람의 성품이 달라지는 일은 절대로 없으며 도리어 경계심과 적개심만 키워주기 때문이다.** 이럴 때는 싫어도 주원장의 환상 수법을 쓰는 게 좋다. 즉 나를 낮추고 슬쩍 그를 추켜세우면서 그에게 환상을 주어서 방심하게 만든 뒤에 결정적 거사 시기를 기다리는 것이다. 그러면 바탕이 얕은 사람은 얼마 안 가 반드시 바닥이 드러나기 마련이다.

# 역사에서 배운다

## – 알렉산더와 파르메니온 –

파르메니온은 알렉산더 이야기가 나오는 곳에 자주 등장하는 장군인데 엄밀히 말하면 알렉산더의 아버지인 필립 왕 때 이미 고위직에 올랐던 인물이다. 즉 알렉산더가 B.C. 336년 20살의 나이로 왕이 됐을 때 파르메니온은 대략 64세 정도의 나이였으니 상황을 미루어 짐작할 수 있을 것이다. 그리고 즉위 당시의 알렉산더는 아버지 같은 노련함, 카리스마 등이 부족했으므로 아버지 때의 장군들을 우대할 필요가 있었는데 그 중에서도 파르메니온을 거의 2인자 자리인 군 총사령관 자리에 앉힌다. 그 이유는 당시 파르메니온의 두 아들, 사위, 친구 등이 모두 군내의 주요 보직을 맡고 있어서 거의 군을 장악하고 있었기 때문이며, 동시에 전투 경험이 풍부한 파르메니온이 필요했기 때문이다.

어쨌든 파르메니온은 알렉산더의 기대에 충실히 부응해서 페르시아 정복을 결정짓는 이수스 전투나 가우가멜라 전투 등에서 눈부신 활약을 하며 알렉산더의 오른팔로서 입지를 확실히 굳힌다. 그러나 가우가멜라 전투가 끝나고 얼마 안 지난 B.C. 330년에 그의 아들이 먼저 처형당하고 이어서 그도 알렉산더가 보낸 병사들에 의해 목숨을 잃고 만다. 알렉산더는 왜 갑자기 오른팔 파르메니온을 팽했을까? 그 이유를 알아보려면 알렉산더의 성격과 꿈, 그리고 그 당시 알렉산더를 둘러싼 상황과 두 사람의 특성을 살펴볼 필요가 있다.

잘 알려진 바와 같이 알렉산더는 자신을 신의 아들로 믿었다고 한다. 이는 태어나면서부터 그의 어머니인 올림피아스가 아들에게 '너는 신의 아들'이라고 가르친 결과이기도 한데 어쨌든 그는 스스로 이집트 원정 중에 현지의 아몬 신전에 가서 신탁(神託)을 받고 자신이 '아몬의 아들'이라는 계시가 나왔다고 선포하며 신격화를 시도한다. 아몬은 그리스로 치면 제우스에 해당한다. 알렉산더가 자기 자신을 신이라고 생각한 게 왜 중요하냐면 이게 바로 파르메니온의 팽과 관계가 있기 때문이다.

페르시아를 정복한 뒤 전진을 멈추지 않고 인도까지 공략하다가 부하들의 반발로 돌아온 알렉산더가 궁극적으로는 어디까지 가려고 했을까? 후세 사람들은 이점을 매우 궁금하게 여긴다. 본인 입으로 말한 바 없으므로 그가 어디까지 가려고 했는지 정확히 알 수 없지만, 그가 그렇게 끝없이 정복의 발길을 밀고 나간 원동력에 대해서는 재미있는 해석이 많다. 그중에서 오스트리아의 역사학자 프리츠 샤헤르마이어의 해석이 재미있다.

"알렉산더의 정신적 발달 방향은 조상의 영웅 혹은 조상신들과 경쟁하면서 그들을 능가하려는 욕망으로 만들어졌다. 그래서 알렉산더는 그 자신이 신이 되어 그런 자격으로 숭배받는 길 외에는 다른 길이 남아 있지 않다고 생각하면서 소위 마지막 계획(추가 정벌 계획)을 구상했다."

이 말은 알렉산더가 마케도니아 주변을 복속시키고 그리스 지역을 완전히 장악한 뒤 목표로 했던 페르시아 정복까지 마쳤지만 거기서 다시 목표가 상향 조정되어서 인도까지 진출했다는 것인데 그 자신이 스스로 끝없이 도전욕을 키웠다는 뜻이다.

특히 그는 전투에서 가히 죽기로 각오하고 최일선에서 적과 싸우는 모습을 보여준다. 알렉산더의 전기를 쓴 그리스인 저술가 아리안(A.D. 1~2)에 의하면 '일반인들에게도 중독에 가까운 쾌락이 있듯이 그에게 전투의 쾌락은 거의 중독 수준이었다'고 한다. 이 말은 알렉산더가 전투를 안 하면 좋지만 벌어지면 싫어도 해야 하는 군인처럼 생각한 것이 아니라 목숨 걸고 죽자고 싸우는 데에서 엄청난 희열을 느끼는 존재였음을 말해준다. 이수스 전투와 가우가멜라 전투에서 알렉산더의 승리 요인은, 그가 불문곡직하고 적의 왕 다리우스의 목을 취하고자 달려들자 이를 보고 겁에 질린 다리우스가 도망가면서 나머지 페르시아군의 전열도 일거에 무너졌기 때문이다.

그런데 그는 왕이면서도 왜 이렇게 선봉에 서서 죽기로 싸웠을까? 물론 적은 병력으로 병사들의 사기를 일거에 올려야 하는 리더의 고뇌가 있기는 하지만 더 중요한 다른 이유가 있다. 그것은 바로 그가 자신을 죽지 않는 자, 즉 절대로 죽을 일이 없는 신의 아들이라고 믿었기 때문이며 나중에는 아예 자신이 신으로 추앙받기를 원했다.

알렉산더에 관한 이야기는 그만하고 이제 파르메니온에 대해서 간략히 살펴보자. 그는 알렉산더의 명에 따라 알렉산더보다 먼저 페르시아로 건너와 있다가 나중에 합류한다. 그와 알렉산더의 일화를 1~2개만 살펴봐도 둘의 성격과 관계를 잘 알 수 있다. B.C. 334년에 처음으로 페르시아군과 맞부딪친 그라니쿠스 전투에서 파르메니온은 페르시아군의 배후로 돌아가 공략을 하자고 했지만, 알렉산더는 듣지 않고 바로 정면돌격을 감행했는데 이때 자칫하면 적장에게 목숨을 잃을 뻔했다. 다행히 클레이투스 장군이 달려와 적장을 베는 바람에 간발의 차로 목숨을 구했다. 하지만 이 클레이투스는 나중에 알렉산더에게 죽임을 당한다.

클레이투스 이야기를 다 하려면 한참 옆길로 빠져야 하므로 우리의 관심사인 파르메니온의 토사구팽만 살펴보자. 그러려면 또 하나의 일화에 주목할 필요가 있다. 이수스 전투에서 대패해 달아난 다리우스가 알렉산더에게 사신을 보내 강화를 요청하면서 많은 금은보화와 영토를 줄 테니 이제 싸움을 멈추고 돌아가라고 한다. 이때 옆에 있던 **파르메니온은 '내가 알렉산더라면 그 제의에 응하겠소.'라고 한다. 그러자 알렉산더가 '내가 파르메니온이라면 나도 그렇게 하겠소.'라고 했는데 이 대목이 매우 중요하다.** 이 상황에는 2가지 사실이 들어 있다. 하나는 파르메니온은 이제 할 만큼 했으니 그만 멈추고 누릴 것을 누리자는 생각인데 알렉산더는 '전혀 아니올시다, 아직 멀었소이다.'라고 한 것이다. 그리고 두 번째는 그런 파르메니온을 알렉산더가 비웃고 있다는 것이다.

앞서 살펴봤듯이 알렉산더의 꿈은 세계제국을 넘어 신의 경지까지 확장되어 있었다. 그가 이런 궁극의 꿈을 헬로스폰투스 해협(지금의 다르달네스 해협)을 건너 페르시아로 가던 B.C. 334년부터 했는지는 알 수 없지만 어쨌든 두 사람의 목표와 인식은 근본적으로 달랐다. 그리고 이러한 차이는 알렉산더가 왕이 되던 B.C. 336년에 이미 시작된 것이다. 케임브리지의 역사학 교수 폴 카트리지는 그의 저서 『알렉산더 위대한 정복자(Alexander the Great)』에서 다음과 같이 말하고 있다.

"장기적 관점에서 볼 때 그가 파르메니온을 제거해야만 하는 강력한 이유들이 분명히 존재했다. 노장군은 조심성이 많은 데다 아주 협소한 마케도니아 중심적인 인생관을 갖고 있었다. 이러한 노장군의 기질과 전망은 조만간 변덕스러운 기질에 범세계적인 전망을 지니고 있던 젊은 왕과 충돌하게 되어 있었다."

이런 상황에서 가우가멜라 전투의 승리를 통해 이제 페르시아를 완전 정복했으니 파르메니온의 수명은 이미 다한 것이다. 게다가 오랜 정복 전쟁으로 인해 병사들은 지쳐 있었다. 이제 전리품인 금은보화를 가지고 고향으로 돌아가 편히 쉬고 싶은 것이 그들의 마음이었다. 그런 그들의 구심점이 될 인물이 누구이겠는가? 당연히 파르메니온이다. 실제로 그는 이수스 전투 후에 다리우스가 보내온 엄청난 금은보화를 보고 그만 싸우자고 알렉산더에게 말하기도 하지 않았는가? 그러나 알렉산더의 꿈은 인도로 향하고 있었고 어쩌면 인도를 넘어 세상 끝까지 가 있었는지도 모른다. 거기가 어딘지는 알렉산더 자신도 몰랐겠지만 말이다!

결국, 알렉산더 암살 기도에 관한 보고를 하지 않았다는 (신빙성이 적은) 죄로 파르메니온의 아들 필로타스가 먼저 처형되고 그다음에 파르메니온도 죽음을 맞이한다. 알렉산더와 파르메니온의 긴장 관계에 대한 분석은 대부분 학자의 견해가 일치하는 것 같다. 파리 낭테르 대학에서 역사학을 강의한 프랑수아 슈아르가 쓴 『알렉산더, 역사로 태어나 신화로 남은 남자』에는 다음과 같은 내용이 나온다.

"아시아 정복 과정에서 얼마 지나지 않아 파르메니온은 알렉산더에게 거추장스러운 존재가 되었던 것 같다. 아마 페르시아에서 정복지를 더 확장하는 것에 반대했기 때문일 것이다. 늘 적절한 때를 기다리는 그의 태도가 언제나 갑작스럽게 결정을 내리는 알렉산더에게는 방해꾼처럼 보였을 수 있다."

파르메니온의 토사구팽에서 우리가 배울 것은 무엇인가? 그것은 **오너는 항상 배고프다는 사실이다.** 앞에 나온 프리츠 샤헤르마이어의 알렉산더에 대한 해석을 다시 한 번 읽어보자. 이 해석을 한마디로 요약하면 '나는 아직도 배가 고프다'는 말과 같다. 이 말은 잘 알려진 바와 같이 2002년 한일월드컵 축구에서 한국 대표팀이 16강에 진출한 뒤 거스 히딩크 감독이 던진 말이다. 즉 한국 대표팀의 1차 목표가 16강 진출이었지만 16강을 이루고 나니 이제 생각이 바뀌어서 목표가 더 위로 올라갔다는 뜻이다. 알렉산더도 마찬가지이다. 마케도니아 주변을 복속시키고 그리스 지역을 완전히 장악한 뒤 목표로 했던 페르시아 정복을 마쳤지만 거기서 다시 목표가 상향 조정되어서 인도까지 나갔던 것이다. 이는 앞서 살펴본 바와 같이 그 자신이 스스로 끝없이 도전욕을 키웠다는 뜻이기도 하다.

  현대의 오너들도 마찬가지이다. 그들의 욕심과 목표는 끝이 없다. 어떤 사람들은 "저만큼 회사를 키웠으면, 저만큼 돈을 벌었으면 이제 그만할 때가 된 것도 아닌가?"라고 말한다. 그러나 그것은 독점형(MO) 리더의 속성을 모르고 하는 소리이다. 매출 목표를 얼마로 잡았든 그것이 달성되는 순간 오너는 그보다 더 앞으로 나간다. 고로 독점형(MO) 리더의 속성을 지닌 오너 밑에서 일하는 공신은 과거의 공적은 그날그날로 잊어버리고 오너의 눈이 지향하는 그 미래를 같이 바라보면서 오늘을 같이 뛰어야 팽의 위험을 피할 수 있다.

# 심기(心氣)를 건드리지 마라

M이사는 대기업에 몇 년 다니다가 대리 시절 지금의 회사에 창업 멤버로 옮겼는데 옮길 당시는 회사가 하나밖에 없었지만 10여 년이 흐르자 회사가 7개나 되어서 작지만 그룹이라는 이름을 붙이고 오너는 사장에서 회장으로 승진했다. 사장이 오너이니 스스로 회장으로 알아서 올라간 것이지만 어쨌든 회사가 그룹이라는 모양새를 갖추고 회장 승진이 있었으니 어찌 기념식이 없겠는가? 본사 강당에서 성대한 취임식을 가진 뒤에 회사 근처에 있는 '초원정'이라는 고깃집에서 축하연이 열렸다.

각 계열사의 사장 7명, 전국의 지사장 5명 , 각 지사의 점주 대표자, 하청 업체 대표자, 그리고 본사의 과장 이상 인력이 모두 모이니 100여 명 가까운 인원이 되었다. 다들 온돌방 테이블에 자리 잡고 앉아서 세팅된 음식을 바라보며 회식이 시작되기를 기다리고 있었는데 정작 주인공인 회장이 나타나지를 않았다. 예정 시간이 10분 정도 지나자 비서가 와서 "회장님이 좀 늦으신다고 합니다."라는 말만 전하고 갔다.

본사(本社) 건물로 누가 회장을 찾아왔는데 정치계 주요 인사라서 차접대하느라 시간이 늦어진다는 것이었다. 그렇게 다시 시간이 흘러서 30

여 분이 지나자 자리가 어수선해졌다. 갖다놓은 숯불은 다 사그라져 가는데 배는 고프고 온다는 회장은 소식이 없으니, 특히 점주 대표들과 하청 업체 대표들, 젊은 간부들이 뭐라고 수군거리기 시작한 것이다. 그래도 임원들은 다들 아무 말 없이 눈을 감고 모른 체하고 있는데 갑자기 M이사가 입을 열었다.

"아, 회장님이 너무 늦으시니까 먼저 먹고 있읍시다. 어차피 먹으라고 차린 음식이고 축하 의식은 이따 회장님 오시면 정식으로 합시다. 자, 자 어려워 말고 드세요. 우리 회장님 그렇게 격식 차리는 분 아닙니다."

그렇게 M이사가 먼저 고기를 불판에 얹고 굽기 시작하자, 이내 분위기가 먹는 쪽으로 기울어서 다들 여기저기서 굽고 먹고 마시기 시작했다. 그렇게 화기애애하게 먹고 마시기를 약 20분쯤 했을 때 갑자기 비서가 들이닥치면서 소리를 질렀다.

"회장님, 출발하셨답니다."

그러자 사장들이 자리에서 벌떡 일어섰는데 누가 먼저랄 것도 없이 다들 우우하면서 따라 일어섰다. 그러나 배짱 좋은 M이사는 그대로 자리에 앉은 채로 버티며 이렇게 말했다.

"아니, 본사에서 오시려면 15분도 더 넘게 걸립니다. 뭘 벌써 일어서고 그래요? 이거 고기 타는데 그러지들 말고 먹고 있읍시다. 자연스럽게."

그런데 갑자기 회장이 방에 들어섰다. 어찌 된 일인지 15분 후에 올 줄 알았던 회장이 갑자기 회식 장소에 나타난 것이다. 그리고 그 아주 짧은 순간에 회장의 눈길이 엉거주춤하고 혼자 앉아 있는 M이사에게 향했다. 사실은 M이사도 회장을 보고 막 일어서려고 했는데 회장이 너무 빨리 방에 들어서버린 것이었다. 드디어 윗도리를 벗고 회장이 자리에 앉자 다들 따라 앉아서 축하 덕담 릴레이가 벌어지고 술잔이 돌았는데 갑자기 회장이 M이사를 손짓해 불렀다. 그리고 회장이 술잔을 건네며 한마디했다.

"마 상무, 어디 다리가 아파? 거, 참지 말고 얼른 약방 가서 약을 사 먹어요. 약을! 누가 보면 마 상무 사장 안 시켜줬다고 불만 있어서 자리에 앉아 버티는 걸로 알 거 아냐? 엉!"

M이사가 깜짝 놀라서 술잔을 회장에게 올리며 황급히 해명했다.

"아니, 아닙니다. 다리 아프지 않습니다. 그리고 사장이라니요? 그런 거 생각해본 적도 없습니다. 정말입니다. 잠깐 다른 생각하느라고 깜빡했습니다."

"다른 생각? 뭐? 내가 회장 된 게 마음에 안 들어? 그래서 일부러 멀리 앉은 거야?"

"아니, 절대 그런 거 아닙니다. 회장님이 회장님 하시는데 제가 무슨 불만이 있겠습니까?"

"그래? 불만 없으면 됐고. 그럼 당신 자리로 가봐요."

그렇게 생각하지도 않았던 대화가 오가고 나서 자기 자리로 돌아온 M 이사는 회장이 다시는 눈길 한 번 주지 않는데 맘이 편치 않았고, 괜한 오해를 받은 게 생각할수록 열 받아서 그날 과음을 하고 끝내는 뻗어버렸다.

그런데 다음 날 들어보니 초원정에서 1차가 끝나고 임원 이상이 회장과 2차를 갔는데 술이 뻗은 그만 못 갔다는 것이다. 그리고 이상하게 그날 이후 회장과 말이 잘 안 통하고 관계가 매사 어색하더니 1년 뒤에 회사를 나오게 되었다. M회원의 말에 의하면 이날 그의 행위는 절대로 의도한 것이 아니었고 다만 일어서야 할 잠깐의 타이밍을 놓친 것일 뿐이라고 했다. 얼른 들으면 맞는 말 같지만, 속을 좀 더 들여다보면 그것은 궁색한 변명에 불과하다. 실제로 M이사는 그날 자기 입으로 "우리 회장님 그렇게 격식 차리는 분 아닙니다."라고 했는데 그것은 맞는 말이다. 그러나 그건 회장 달기 전까지만 맞는 말이다.

**유능한 순수형(PS) 리더들은 바로 이 부분, 오너에 대한 의전이나 상사의 심기 부분에 대해서 크게 신경을 쓰지 않는 속성이 있다.** 그런 것은 평범하거나 무능한 사람들이 자신의 능력 없음을 대체시키기 위해서 아부하는 행동으로 치부해버린다. 즉 유능한 나는 내 할 일 다 하는데, 아니 내 할 일보다 더 많은 일을 아주 유능하게 해내는데 뭘 그런 것까지 신경 써야 하느냐는 것이다. 그러나 이는 하나만 알고 둘은 모르는 처사이다. **아랫사람이 편하게 처신할수록 윗사람은 점점 더 불편해지고 그것이 나중에는 쓸데없는 의심으로까지 번지게 된다.** 즉 처음 1~2번은 '나를 믿으니까 저러려니.' 하다가 그런 일이 잦아지면 '이제 저 녀석이 나를 무시하나?'라는 생각이 슬금슬금 들다가 나중에는 급기야 '어라, 이제는 내 머리 위에 올라앉으려 하나?'까지 가게 된다.

그리고 그날 M회원은 별로 심각하게 생각하지 않았지만, 회장과 멀리 떨어져서 창업 멤버들이나 현장 인력과 앉아 있었던 것도 실수다. 아니 실수라기보다는 불운이었다. 다들 일어서는데 혼자 자리에 앉아 있는 장면이 연출되지 않았다면, 회장이 '역시 M이사는 이런 자리에서도 현장의 소리를 듣는구나.' 하고 기특하게 생각했을 텐데, 마치 오너에게 불만이 있는 것 같은 장면이 연출되고 말았으니 오너가 속으로 '아하 내가 회장이 된 게 저 친구는 불만인가? 그래서 저 멀리서 저 친구들하고 딴소리를 하나?'라는 의심을 할 수도 있는 것이다.

한(漢) 나라가 건국되고 웬만한 공신들이 유방에 의해 다 팽당했어도 승상 소하(蕭何)만은 살아남았다. 왜일까? 유방이 황제가 된 후에 소하의 공이 크다며, 어전에서 칼을 차고 다녀도 되고, 걸음을 빨리하지 않아도 되며, 황제 앞에서 의자에 앉아도 된다고 특전을 부여했다. 그러나 소하는 그 어느 것도 하지 않았다. 이처럼 큰 공이 있음에도 주어진 특전을 마다하고 자세를 낮춤으로써 끝까지 살아남은 것이다. 이런 점을 꼭 비굴하다고 말할 필요가 있겠는가? **지위가 높아지고 오너에게 가까이 갈수록 처신을 더욱 조심하는 것은 불필요한 의심을 사지 않기 위한 현명한 태도이다.**

아랫사람이 편하게 처신하면 할수록 윗사람은 점점 더 불편해지고
그것이 심해지면 나중에는 쓸데없는 의심의 물결이 출렁이게 된다.

# 역사에서 배운다
## — 트루먼과 맥아더 —

맥아더는 미국 역사상 가장 유능한 군인으로 일컬어지는 인물이다. 이미 육사 생도 시절부터 우등생이었으며 졸업 시에는 거의 만점에 가까운 성적으로 수석 졸업을 한다. 45살에 미 육군 최연소 소장으로 진급했고 나중에 별 5개의 원수가 되었으며 태평양전쟁을 승리로 이끌었고 인천 상륙작전을 통하여 6.25의 전세를 일거에 뒤집었다. 그러나 그렇게 혁혁한 전공을 세운 그도 대통령에 의해서 갑자기 해임되는 비운을 맞이하게 되는데 이제 그 과정을 한번 살펴보자.

인천상륙작전의 성공으로 한국전의 상황은 완전히 역전되어 북한군이 연전연패하며 밀려났고 그 결과 맥아더의 명성과 인기는 하늘 높은 줄 모르고 올라갔다. 그러나 여기에 예기치 못한 함정이 있었으니 바로 인접한 중공군의 개입이었다. 북한군이 패퇴하게 되자 불안감을 느낀 중국은 여러 경로로 거듭해서 38선을 넘어서면 개입할 것이라고 경고했지만 이 정보에 대해 맥아더는 코웃음을 쳤다.

그 결과 압록강 국경선까지 치고 올라갔던 연합군과 한국군은 30만이 넘는 엄청난 중공군의 개입으로 치명타를 입고 어쩔 수 없이 후퇴하게 된다. 그리고 이 지점에서부터 그 유명한 트루먼과 맥아더의 갈등이 더욱 본격화되기 시작한다.

맥아더는 중공군의 개입을 응징하기 위해 국경을 넘어 중국 본토를 폭격해야 한다고 주장했으며 대만군을 중국 해안에 상륙시켜서 중국을 견제해야 한다는 파격적 의견도 제시했다. 그리고 아직도 진위가 파악되지 않아 논란이 되고 있는데, 아예 원자폭탄을 사용하자고 요청하기도 했다고 한다. 그러나 트루먼은 그렇게 하면 소련의 개입을 불러와서 결국 3차 세계대전이 일어날 것을 우려했다. 하지만 그런 우려에도 아랑곳없이 맥아더는 언론을 통하여 자신의 주장을 강하게 펼쳐 나갔고 이에 트루먼은 맥아더에게 말조심하라는 경고를 여러 차례 보낸다. 물론 맥아더는 중국을 강하게 응징하는 것이 전쟁의 승리와 아울러 소련의 아시아 팽창 정책을 방어하는 수단이라는 신념이 있었고 트루먼에게는 2차 세계대전이 끝난 지 얼마 되지 않아 유럽 재건에 돈을 쏟아 붓느라고 미국 경제가 악화된다는 등의 여러 이유를 들었다.

그러나 우리가 이곳에서 두 사람의 주장 중 어느 것이 옳고 그른가를 평하는 것은 무의미하다. 우리의 관심사는 트루먼에 의해서 이루어진 맥아더의 전격적 팽이다. 물론 역사적으로, 맥아더의 전격적 해임 이후 미국 상원 청문회가 열려서 맥아더가 중공군의 개입을 오판했다는 사실과 군 통수권자인 대통령의 명령에 불복종했다는 사실을 확인했다. 그러나 필자는 맥아더의 팽에 대한 결정적 원인을 그리 복잡하게 생각하지 않고 단순하게 본다. 그 사건은 바로 중공군이 개입하기 한 달여 전인 1950년 10월 15일 태평양의 웨이크섬에서 이루어진 두 사람의 회담에서 일어났으니 내막은 다음과 같다.

대통령이 만나기를 희망해서 이루어진 웨이크 회담에서 비슷한 시간대에 비행기로 도착한 두 사람은 먼저 착륙하지 않고 오랜 시간 상공을 선회했다. 왜냐하면 먼저 내리는 사람이 기다리다가 나중에 내리는 사람을 영접하는 꼴이 되기 때문이다. 이런 눈치를 알아차린 트루먼이 맥아더에게 먼저 착륙하도록 지시해서 이 문제는 넘어갔다. 그러나 문제는 그다음 트루먼이 도착해서 비행기에서 내렸을 때 일어났다. 밑에서 기다리던 맥아더가 트루먼에게 다가와 거수경례도 없이 악수하면서 팔을 붙들고 흔들어댄 것이다. 마치 동등한 두 국가 원수가 만나듯이 말이다. 이로써 맥아더는 통수권자인 대통령에게 거수경례를 안 한 역사상 유일한 미국 장군이 되었는데 이는 맥아더의 오만이 빚어낸 결정적 실수이다.

그 당시를 묘사한 〈타임〉지 기사는 다음과 같다.

"그 순간 트루먼과 맥아더는 각자가 별개 국가의 주권을 가진 통치자로서 화려한 신하들을 거느리고 서로 눈을 마주 보며 회담하기 위해 중립지대로 들어가고 있는 것처럼 보였다."

전기 작가 윌리엄 만체스터가 쓴 『아메리칸 시저 : 더글러스 맥아더』에 의하면 앞서 말한 비행기 착륙 지연 사건은, 밀 멀린이라는 기자가 웨이크 회담으로부터 20년이나 지난 1970년에 트루먼과 인터뷰한 기사를 토대로 쓴 것이라고 한다. 그리고 이 내용은 화제성을 강조하기 위해 맥아더를 의도적으로 나쁘게 묘사한 것이지 나이 든 트루먼은 정확하게 기억하지 못하는 것이라고 한다.

그러나 필자는 달리 본다. 설령 트루먼이 나이 들어서 그 당시 상황을 정확하게 기억하지 못하고 있더라도, 트루먼이 그 당시 만남에서 맥아더에 대해 얼마나 기분이 나빴는지를 충분히 짐작하게 하는 내용이다. 그리고 이 비행기 부분을 제쳐두더라도 더 큰 문제는 맥아더의 불손한 대통령 영접 태도에 있다.

호사가들의 설에 의하면 맥아더는 트루먼을 '미주리 촌놈'이라고 여겼다고 하는데 다시 말하면 상사로 인정을 안 했다는 뜻이다. 그 이유는 일단 맥아더의 나이가 트루먼보다 4살 위이며, 스펙 자체가 천양지차라는 점에 있다.

트루먼은 1884년 미주리주에서 농부의 아들로 태어났다. 맥아더처럼 웨스트 포인트를 가려고 했으나 시력이 안 좋아 실패했다. 이후 1차 대전에 참전해서 포병장교 대위로 근무했으며 제대 후에는 양복점을 경영했으나 3년 만에 망하고 말았다. 이후 여러 직업을 거치다 지인의 소개로 정치에 발을 들이게 되었으며 상원의원을 거쳐 1944년 루스벨트의 러닝메이트로 나서서 부통령에 당선되었다. 그렇게 큰 존재감 없이 지내던 그에게 천지개벽하는 사건이 생겼으니 1945년 4월 12일 루스벨트 대통령이 사망하면서 부통령이 된 지 86일 만에 대통령이 된 것이다.

한편 맥아더는 미 육군 장교 아버지를 두고 태어나 각종 최연소 진급 기록을 갈아치우는 군인이었고 5성 장군인 원수였으며 일본 패망 후 일본을 실질적으로 지배하는 군정의 책임자였다. 실제로 그 시절 히로히토 천황과 같이 찍은 사진을 보면 천황은 왜소하고 의기소침한데 맥아더는 득의양양하다. 일본 사람들은 그런 그를 '아메리칸 쇼군'이라고 불렀다.

필자가 봐도 정말 엄청난 스펙의 차이이다. 그러나 아무리 스펙에서 차이가 난들 무슨 소용인가? 문민 통제가 확실한 미국에서 대통령은 엄연한 군 통수권자이며 맥아더의 상관이다. 따라서 맥아더가 어떻게 생각했든지 트루먼은 당연히 자기에게 거수경례를 하고 부하로서 깍듯한 예의를 차릴 것으로 기대했을 것이다. 그리고 웨이크섬에서의 만남은 '첫 만남'이라 더 중요했다. 첫인상이 얼마나 중요한지는 설명하지 않아도 익히 알 것이다. 그렇게 가뜩이나 첫인상을 망친 맥아더는 그 후 더 심하게 언론 플레이를 하면서 자기주장을 펼쳐 나갔다.

결국, 1951년 4월 11일 오전 1시 정각에 트루먼은 맥아더를 전격 해임하고 만다. 해임을 발표한 이 시각도 중요하다. 백악관 출입 기자들이 잠을 자다가 이 청천벽력 같은 뉴스를 접했으니 말이다. 트루먼이 그렇게 한 이유는 맥아더가 해임을 예상하면 먼저 사직을 할지도 모르기 때문이었다. 즉 **트루먼에게 필요했던 것은 맥아더가 극동군 사령관에서 물러나는 것이 아니라 '상사인 트루먼이 부하인 맥아더의 목을 날리는**

**것'이었다.** 실제로 그날 언론을 장식한 톱 타이틀은 "TRUMAN FIRES MACATHUR!"였다.

이후 트루먼은 사석에서 격노해서 "맥아더는 유능한 군인이지만 아시아에서 황제처럼 행동하는 것이 문제이고 더 큰 문제는 바로 대통령인 내가 그의 상사라는 점을 망각하는 것이다"라고 말했다고 한다. 이 말이 무엇을 뜻하는가? 바로 오너로서의 자존심에 상처를 입었다는 뜻이다. 맥아더가 아무리 유능해도 대통령 앞에서 그는 한낱 부하일 뿐이다. 게다가 그가 놓친 결정적인 게 있으니 트루먼은 일본에 원자폭탄 투하를 결정함으로써 일본을 항복시킨 엄청난 결단력의 소유자란 사실이다. 그런데 맥아더는 이런 사실을 망각한 채 부하로서 행동하지 않고 대통령과 같은 반열에 선 사람처럼 행동했다.

도대체 왜 그랬을까? 그는 상당히 유능한 리더였지만 바로 순수형(PS) 리더였던 것이다. 그가 조금이라도 오너십이 있는 리더였다면 직속 상관인 대통령 앞에서 불필요한 제스처를 보이면서 자신의 명을 재촉하는 그런 일은 하지 않았을 것이다. 그러나 전형적 순수형(PS) 리더인 그는 자기 뜻대로 고집에 빛나는 자존심을 내보였다.

맥아더가 그런 실수를 하지 않아도 결국 정책 차이로 해임을 피할 수는 없었을 것이다. 그러나 만약 그런 일이 없었다면 해임을 하더라도 최소한의 자존심과 명예는 지킬 수 있도록 사전에 기회를 주었을 것이다. 지금도 맥아더에 대한 평가는 극단적으로 엇갈리는데 윌리엄 맨체스터는 『아메리칸 시저 : 더글러스 맥아더』에서 그를 이렇게 평하고 있다.

"더글러스 맥아더는 위대하지만, 역설적인 인간이었다. 고상하면서 비열하고 영감이 가득하나 황당하고 오만하면서 수줍어하고, 가장 좋은 인간인 동시에 가장 나쁜 인간이며, 매우 다재다능하고 매우 우스꽝스러우며 매우 숭고한 인물이었다. 제복을 입었던 인물 중 가장 괴팍하고 가장 짜증나는 인간이었다. 절대로 자기의 오류를 인정하지 않았으며 자기 잘못을 은폐하기 위해서라면 교활하고 어린애 같은 속임수도 마다하지 않았다. 반면 거부할 수 없는 매력, 강철 같은 의지, 하늘을 찌를 듯한 지성을 타고났다. 의심할 여지없이 미국이 배출한 군인 중 가장 뛰어난 재능을 지닌 인물이었다."

우리가 맥아더를 보면서 명심할 점은 무엇인가? 그것은 스태프십 리더가 아무리 오너십 리더보다 잘나고 능력 있고 훌륭하더라도 자신의 위치를 명심해야 한다는 사실이다. 아무리 자존심이 빛나면 무슨 소용인가? 능력이 모자라거나 힘이 모자라도 오너는 오너이다. 오너는 부하의 인사권, 즉 생명줄을 쥐고 있는 상사이며, **또 하나 중요한 것은 능력이 부족한 오너일수록 자신에게 기어오르는 부하를 처치하는 데는 머리가 비상하게 돌아간다는 것이다.**

따라서 못난 상사라도 부하는 진심으로 예를 갖춰야 한다. 그것은 비굴(卑屈)함이 아니라 현명한 처신(處身)이다.

마크 트웨인이 쓴 『왕자와 거지』는 한날한시에 꼭 같은 얼굴로 태어났으나 한쪽은 궁정의 왕자로, 다른 한쪽은 빈민굴의 거지로 태어난 두 아이의 인생유전을 재미있게 그리고 있다. 즉 둘이 우연한 기회에 만나서 옷을 바꿔 입고 장난을 치다가 둘의 운명까지 바뀌게 되는 것이다. 그 이후 왕자가 된 거지는 궁정에서 온갖 호사를 누리며 살고 거지가 된 왕자는 빈민굴에서 갖은 고초를 겪으며 살게 되는데, 왕자는 빈민굴에서도 끝까지 자신이 왕자임을 주장하는 바람에 더 얻어맞으며 힘들게 지낸다.

그런데 바로 이때 왕자에게 한 구세주가 나타났으니 천하를 떠돌던 마일스라는 기사(騎士)이다. 더러운 빈민굴의 거지들 속에서도 끝까지 품위를 잃지 않으려고 몸부림치는 왕자를 보고 마일스는 어딘지 끌리는 바가 있어서 그의 보호자가 된다. 물론 그가 그 아이를 처음부터 진짜 왕자로 믿었던 것은 아니다. 그러나 같이 다니는 동안에 점차 그 아이가 진짜 왕자라는 사실을 믿게 되고 왕자를 궁으로 돌려보내는 데 힘을 보탠다.

결국, 왕자는 자신의 자리로 복귀하는 데 성공하고 그 뒤에 대관식에서 드디어 왕이 된 왕자와 마일스는 다시 만나게 된다. 그런데 여기에서 정말 극적인 장면이 나온다. 왕 앞에서는 아무도 칼을 찰 수 없으며, 의자에 앉을 수도 없는데, 마일스는 무엄하게도 칼을 찬 채로 들어와서 의자를 달라고 한 뒤 왕 앞의 의자에 앉아버린 것이다. 경호원들이 달려들어서 그를 끌어내리려고 할 때 왕의 목소리가 들린다.

"그대로 두어라. 내가 그에게 그렇게 해도 좋다고 허락했노라!"

왕자가 거지로 힘들게 지낼 때, 아무도 진짜 왕자라고 믿어주지 않았지만 '마일스'만이 그 사실을 인정해주었고 왕자가 감격한 나머지 그에게 소원을 말하라고 했더니 이렇게 말한 것이었다.

"나중에 왕 앞에서 칼을 차고 의자에 앉을 수 있도록 해주십시오!"

그렇다. 이 세상의 모든 창업 공신들이 꿈꾸는 것이 바로 이것이다. 오너가 아직 일을 이루기 전에, 즉 다른 사람들은 그 오너의 미래를 몰라볼 때 나만큼은 오너의 꿈을 알아보고 그 꿈에 동참해서 결국 그 꿈이 이루어지도록 만들어주었으니 나를 특별 대우해주는 것이다. 그러나 이 멋진 장면에서 우리가 잊지 말아야 할 한 가지가 있다. 그것은 바로 그 상황이 소설이면서 왕이 어린아이였기 때문에 가능했다는 사실이다. 만약 그 일이 현실에서 일어났고, 그 왕이 어느 정도 나이가 든 상태였다면 이야기는 달라졌을 것이다.

물론 상황이 바뀌었어도 마일스가 그렇게 행동했을 확률이 높지만, 그래도 딱 한 번이었을 것이다. 즉 '내가 이런 사람이라는 사실'을 모두에게 보여주기 위해서 딱 한 번 그런 '서프라이즈'한 장면을 연출했을 가능성은 있다.

그러나 그뿐, 그 이후에는 그렇게 하지 않을 것이다. 왜? 왕을 만날 때마다 다른 신하들은 다 비무장으로 서서 있는데 마일스 혼자 칼을 차고 의자에 앉아 있다면 그 모습을 바라보는 왕의 심정이 어찌 편하겠는가? 이는 상당히 위험한 행동이다. 그러므로 마일스가 현명한 인물이라면 그런 특전을 딱 한 번 남들에게 확인시킨 후에 다시는 그런 행동을 하지 않을 것이다.

# 버리기로 마음먹으면 방법은 부지기수다

한 조명 기구 회사가 특이한 기능과 디자인으로 국내 시장에 돌풍을 일으킨 뒤 이어서 미국 시장에 진출을 노리게 되었다. 여러 지역을 물색하다가 아무래도 한국 교민이 많은 LA가 1차 상륙지점으로 좋다는 결론을 내리고 TFT를 꾸려서 준비하게 되었다. LA 현지의 한인타운 근처에 진열 공간과 판매장이 달린 사무실을 임대하고 구체적으로 인테리어 작업에 들어가는 등 현지 준비를 진행하면서, 동시에 제품에 대한 현지 광고안을 만들고 홍보 전단지도 만들었다. 이 모든 작업은 본사에서 파견된 L이사가 직접 진두지휘했는데 그는 초대 미주 지사장으로 지목되어서 LA로 날아가 일하고 있었다. 그런데 LA 진출 업무가 어느 정도 마무리되어서 오픈 시점이 한 달이 채 안 남았을 때 작은 소동이 있었다.

그것은 바로 현지에서 작업을 지휘하던 L이사가 갑자기 본국으로 소환되고 다른 외부 인사가 LA 지사장을 맡게 된 것이다. 새로 뽑힌 지사장은 오너의 고교 후배였는데 S전자 LA 지사에서 5년 근무를 마치고 본국으로 돌아와 있던 C라는 인물이었다. 오너가 현지 작업 진척 상황을 총점검한다고 본사로 L이사를 소환했을 때 오너, L이사, C 이렇게 3명이 식사를 같이하면서 이런저런 대화를 나눴는데 그 자리에서 C가 갑자기 이사의 영어 회화 수준을 걱정하는 말을 한 적이 있었다. 즉 아무리 처음에는 한국 교민을 상대로 영업하더라도 결국에는 미국인 시장을 파고들어야 할 텐데 그러려면 유창한 영어가 필수라는 것이었다. L이사도 한국 본사에서는 영어를 좀 한다고 해서 초대 미주 지사장에 발탁된 것인데 현지에 가보니 그리 유창한 수준이나 고급 영어가 아니라는 것을 깨닫고 안 그래도 찜찜하던 터라 그 말을 듣고 걱정이 되었다.

왜냐면 L이사는 미주 지사장으로 내정되면서 아예 이 기회에 미국으로 이주를 해서 뼈를 묻을 생각으로 이민을 준비하고 있었기 때문이다. 아이들 교육을 위해서도 그렇고 본인도 더 넓은 세상에서 자사 상품을 한번 대차게 팔아보자고 각오를 다지는 중이었는데 난데없이 나타난 복병의 한마디에 오너가 흔들리는 모습을 보인 것이다. 그리고 그날은 오너가 별말 없이 "우리 L이사도 영어 꽤 한다."라며 마무리해서 걱정을 안 했는데 며칠 후 전격적으로 지사장을 교체해버린 것이다.

L이사는 오너에게 강하게 항의했지만 이미 엎질러진 물이라 소용이 없었다. 부동산에 내놨던 집도 다시 거두어들이고 아이들 학교 문제도 원점으로 돌렸는데 주위에 워낙 소문을 많이 냈던 터라 체면이 말이 아니게 되었다. 반면에 미국에서 5년 살다가 귀국해서 기회만 있으면 미국으로 다시 들어가려던 C는 신이 났다. 집을 팔고 아이들 학교 문제를 정리하고 회사와도 채용계약을 했다. 혹시나 1~2년 안에 내쳐지는 일이 있을까를 염려해서 계약 기간을 최장 5년으로 합의했고 연봉도 S사에 일할

때만큼은 아니어도 거의 상응한 수준으로 정했기 때문에 마음도 편했다.

그렇게 소동을 치르고 나서 C는 LA 현지로 떠나고 L이사는 한국 본사에서 총무 담당으로 일하고 있었는데 시간이 흐를수록 LA 지사에 문제가 심각해졌다. 그 이유는 C가 본래 컴퓨터 엔지니어였지 영업사원 출신이 아니었기 때문에 현지 영업사원들을 통솔하지 못할 뿐만 아니라 좀처럼 현지 시장을 파고들지 못하는 것이다. 그렇게 LA 지사 오픈 뒤 1년여가 지났을 무렵 다시 작은 소동이 일어났다. 오너가 C를 본사의 해외 지사 팀장으로 전격 발령을 낸 것이다.

C는 즉각 본사에 들어와서 오너에게 항의했다.

"선배님, 이럴 수가 있습니까? 분명히 저와 계약할 때 5년을 보장한다고 하지 않았습니까?"
"그랬지. 누가 뭐라고 그러나? 거, 계약서 좀 잘 살펴봐요. 5년을 보장한다고 했지, LA 지사장을 보장한다고는 안 되어 있잖아? 그리고 사무실에서는 선배 소리 하지 말고 직책을 불러주었으면 좋겠어!"

오너의 반응은 싸늘했다. 계약서를 자세히 살펴볼 필요도 없었다. 한국 살림을 모조리 정리한 뒤 식구를 다 이끌고 LA로 가는데 '5년 보장'이라면 당연히 LA에서 5년을 보장한다고 생각하지 누가 한국 본사 근무를 생각한단 말인가? C가 너무 쉽게 선배를 믿은 게 첫 번째 불찰이었고, 현지에서 실적을 올리지 못한 게 두 번째 불찰이었다. 그런데 일은 오너의 생각대로 간단하게 끝나지 않았다. 식구와 떨어져서 지내게 되니 일이 복잡해져서 C가 회사를 바로 그만둘 줄 알았는데 본사로 출근을 시작한 것이다. C는 얼떨결에 당한 것이 화나기도 했지만, 아직 LA에 정착하지 못한 그로서는 별다른 방법이 없었다. 그렇게 되자 이번에는 LA 지사장이라고 높게 책정했던 연봉이 오히려 회사에 부담이 되었다. 본사에서 일하는 다른 이사와 비교해서 총액이 턱없이 높았기 때문이다.

C는 그거 보라는 듯이 속으로 고소해하며 본사로 계속 출근했다. 그러나 그렇게 즐기던 그의 복수혈전은 그리 오래가지 못했다. 3개월이 지났을 때, 마침 충북 제천 근교에 회사 연수원을 짓기 시작했는데 그 공사 현장의 행정 감독으로 발령이 난 것이다. 행정 감독이란 무엇인가? 인부들의 출근 시간과 퇴근 시간을 점검하는 게 일과의 전부였다. 자리는 공사 현장소장의 사무실이 있는 컨테이너 박스 안에 배치되었는데 1인용 철제 책상의 귀퉁이가 찌그러진 조그만 자리가 배정되었다. 물론 그 혼자만 찌그러진 작은 책상을 쓰는 게 아니라 다른 사람들도 비슷한 책상을 썼지만 다들 현장을 나가버려서 그 혼자만 덩그러니 앉아 있게 된 것이다. 그래도 그는 현장으로 내려가서 주위의 눈치를 무릅써가며 버텨냈다. 본사에서는, 임원은 물론 모든 직원이 모이면 과연 C가 얼마나 버틸 것인지가 화제였다. 그는 그렇게 무려 7개월을 버티고 사직했다.

이 이야기를 한 사람은 C가 아니라 당시 처음에 물먹었던 L회원이었다. C는 사직 후에 바로 미국으로 돌아갔으며 L회원은 이제라도 LA 지사를 맡으라는 오너의 명을 거역하고 회사를 나와버렸다. C가 철저하게 당하는 모습을 보면서 오만 정이 다 떨어져버린 것이다. 이 이야기에 대해서는 당사자인 C가 없기도 하고 더는 해설할 필요를 못 느껴서 바로 아이아코카의 사연을 들려주었는데 분명한 것은 **오너가 누구를 자르려고 맘먹으면 방법은 이처럼 부지기수라는 것이다.** 그러므로 이런 일을 당했을 때 어떻게 이렇게까지 비정할 수 있느냐고 몸서리치지 말고 그런 회사에서 잘린 걸 다행으로 여기고 새 삶을 찾아가는 것이 좋다.

# 역사에서 배운다

## – 포드와 아이아코카 –


    4장의 '역사에서 배운다'에서 우리는 유명세가 작든 크든 토사구팽으로 역사에 이름을 남긴 대표적 사례로 총 7명의 인물을 살펴봤다. 물론 여기서 말하는 '토사구팽의 대표적 사례'라는 표현은 필자의 생각이다. 즉, 예를 들어 롬멜이 히틀러에게 팽당했다거나 맥아더가 트루먼에게 팽당했다는 것은 이 책을 집필한 필자의 관점이지, 그들 스스로 그렇게 생각했는지는 확신할 수 없다. 왜냐하면 그들에 관한 공부를 할수록 그들은 나처럼 평범한 사람이 뭐라고 평가하기에는 그 자질과 업적이 너무나 비범해서, 감히 토사구팽을 당한 인생이라는 표현을 쓰면서 비운의 주인공으로 묘사하는 것이 주제넘는 것 같기 때문이다.

    그러나 이제 살펴보려는 여덟 번째 인물인 아이아코카의 자서전을 읽으면서 필자는 나름대로 확신을 갖게 되었다. 즉 그의 자서전을 통해서, 아무리 그 사람의 자질이 뛰어나고 업적이 많고 역사적 명성이 있더라도 오너에게 팽당했을 때 느끼는 감정은 평범한 사람과 똑같다는 사실을 알게 된 것이다. 그래서 총 8명의 인물을 다루면서 일부러 아이아코카를 맨 마지막에 배정했다. 이 말은 아이아코카의 사례 속에는 토사구팽을 당한 사람들이 느끼는 아픔과 분노와 복수심과 반전이 다 들어 있다는 뜻이다. 좀 더 부연 설명하면 나를 비롯한 토사구팽의 아픔을 지닌 모든 사람이 그를 통해서 일종의 카타르시스를 느낄 수 있다는 말이며, 드라마로 치면 토사구팽의 기승전결이 다 들어 있다는 뜻이다. 만약 독자 중에 토사구팽을 당해서 인생이 힘든 분이 있다면 필자의 책을 읽고 난 뒤 아이아코카 자서전도 꼭 읽어보라고 권하고 싶다. 그러면 이제 본론으로 들어가보자.

아이아코카는 1924년 미국 펜실베니아 주에서 이탈리아 이민자의 아들로 태어났다. 대학과 대학원에서 금속공학을 전공한 뒤 1946년 포드사에 엔지니어로 입사한다. 그러나 신입사원 수습을 9개월 정도 받았을 무렵 엔지니어가 자신의 길이 아님을 느끼고 판매부서로 전향지원을 해서 한 대리점의 최말단 자리에서 일을 시작했다. 사람들이 아이아코카를 평할 때 흔히 '경영의 귀재, 타고난 세일즈맨'이라고 하는데, 그가 자서전에서 그 당시를 술회한 대목을 보면 이야기가 전혀 다르다.

"못 믿겠다면야 할 수 없지만, 아직 쑥스럽고 수줍음이 많은 시기였기 때문에 전화를 걸 때마다 손이 부들부들 떨렸다. 수화기를 들기 전에 몇 번이고 말할 내용을 연습했는데도 거절당할 것같이 두려워 매번 진땀을 뺐다. 일류 세일즈맨은 만들어지는 것이 아니라 타고나는 것이라고 믿는 사람들이 있다. 그러나 내게는 그런 타고난 소질이 없었다. 판매 기법을 터득하는 것은 쉬운 일이 아니다. 제2의 본성이 되었다 싶을 때까지 계속해서 반복하고 반복해야 하는, 엄청난 노력과 시간이 필요한 작업이다.

그러나 이 시대의 젊은이들은 잘 이해하지 못하는 듯하다. 단지 높은 자리에 오른 성공한 사업가의 모습만 볼 뿐 그들이 그 자리에 오르기 위해 저질렀을 실수를 비롯해 투자했을 수많은 시간과 노력은 보려 하지 않는다."

1956년 미국 최초의 자동차 할부 판매제를 도입해 엄청난 실적을 올린 그는 그해 워싱턴 지부 책임자로 승진한다. 그리고 그의 나이 36살이던 1960년에 포드사의 가장 큰 디비전 책임자에 올랐으며 4년 뒤인 1964년 '미국 자동차의 전설'로 불리는 머스탱을 출시하여, 한 해에 41만 8,812대를 팔아 치우며 그때까지의 연간 최다 판매 대수 기록을 경신했고 이 일로 인해 그는 '머스탱의 아버지'라는 별명을 얻게 된다. 머스탱의 성공으로 그는 다음 해에 파격적으로 포드사의 자동차 트럭 부문 총괄직에 발탁된다. 이 승진으로 그는 드디어 포드 자동차의 총본산인 글래스 하우스(Glass House)로 진출하게 되는데 글래스 하우스는 미국 미시간주 디어본에 있는 포드의 본사 건물 별명이다. 그때의 느낌을 그는 자서전에서 다음과 같이 쓰고 있다.

"새로운 사무실은 포드 사람들 모두 '세계 사령부'라 불렀던 글래스 하우스(Glass House)에 마련되었다. 드디어 거물급 직원이 되어 헨리 포드와 함께 점심을 먹을 수 있게 된 것이다. 며칠 전까지만 해도 헨리 포드는 회사의 최고 우두머리일 뿐 나와는 별 상관이 없는 사람이었다. 그런데 갑자기 매일 부딪치는 동료가 된 것이다. 최고 경영진의 숨 막힐 듯한 분위기도 낯설었지만, 단지 머스탱 덕택에 어른들 노는 물에 머리에 피도 안 마른 것이 떡하니 들어앉은 자리가 그렇게 불편할 수가 없었다. 더구나 그 자리는 포드 왕국의 국왕이 친히 내린 특별 보좌관의 자리였으니 압박감은 더할 나위 없었다."

그는 이 시절에 다시 '마크 쓰리(Ⅲ)'를 만들어 크게 성공했고 드디어 1970년 포드사의 사장직에 오른다. 그러나 이때부터 오너 헨리 포드 2세와의 충돌이 잦아지기 시작하는데 이는 마치 멀리서 보면 푸른 풀밭만 보이던 것이 가까이 가서 보면 소똥 말똥 다 보이는 것과 비슷한 현상이었다. 오너와 직급이 하늘과 땅으로 아득한 밑의 부하일 때는 직접 대면해서 서로의 주장을 토론할 일이 없다. 그러나 이때부터는 오너의 최측근으로써 직접 오너의 안 좋은 성격도 목격하게 되고 자기가 애써 만든 신차 계획을 단 한마디로 취소해버리는 일도 겪게 된다. 그리고 헨리 포드 2세가 그를 견제하기 위해 그의 측근들을 이유 없이 해고하기도 하고, 아이아코카의 비리를 캐기 위해 변호사를 고용해 뒷조사를 시키기도 했으며, 일부러 사장을 여러 명 두어서 2인자에서 서열을 내리기도 했다. 그런 일들을 겪으면서 아이아코카는 헨리 포드 2세에게 극도로 나쁜 감정을 갖게 되었는데 그의 자서전에는 이렇게 기술되어 있다.

"헨리는 편집성 인격 장애자였다. 세상의 모든 권력을 쥔 헨리가 버릇없는 철부지처럼 구는 이유가 무엇일까? 무엇이 그를 그토록 불안정한 인간으로 만든 것일까? 아마도 내 생각에는 그가 평생 일을 할 필요가 없다는 사실 때문일 것 같다. 그는 자신이 성취한 것을 아무리 떠올리려고 해도 생각해 낼 수 없는 불쌍한 사람이다. 내가 보기에 포드의 설립자 헨리 포드의 손자인 헨리 포드 2세가 평생 하는 것이라고는, 물려받은 재산을 자신의 대에서 말아먹지나 않을까 하는 걱정뿐이었다. 항상 눈에 불을 켜고 궁정 반란이 일어나지 않을까 살핀 이유도 바로 그 때문이었다. 로비에서 두 사람이 모여 가볍게 이야기하는 모습도 헨리에게는 반란 회의였다."

이외에도 자서전 곳곳에 헨리 포드 2세를 '개망나니, 쓰레기'로 기술한 곳이 많다. 물론 가장 가까이서 지켜본 그가 잘 알기 때문에 그렇게 썼겠지만, 필자의 눈에는 감정적으로 나쁘게 평한 측면이 있다고 본다. 왜냐하면 잘나가던 포드 자동차가 위기에 처했을 때 26살의 나이로 회사를 맡아서 재건해낸 것이 헨리 포드 2세라는 것은 잘 알려진 사실이기 때문이다. 나중에 복잡한 가정사와 술 때문에 의심 많고 즉흥적이며 광적인 독재자로 변했다고 하지만 아예 평생 한 일이 없다는 것은 지나친 평인 것 같다.

진실이 무엇이든, 이 책에서 다루고자 하는 것은 헨리 포드 2세가 어떤 사람인가가 아니기 때문에 이제 아이아코카가 불시 해고, 즉 토사구팽을 당하는 그 순간으로 돌아가보자. 자서전에서는 이렇게 묘사하고 있다.

헨리 포드 : 나는 회사를 구조 조정하기로 했네. 자네와 함께 일했던 것은 좋았네만 이제는 떠나야 할 때가 되었다고 생각하네. 그게 회사를 위한 최선의 길일세.
아이아코카 : 이유를 알고 싶습니다.

헨리 포드 : 그냥 개인적인 사정 때문이야. 더 이상은 말해줄 수 없네. 그냥 그렇고 그런 일 때문이야. 자네도 그냥 아무 이유 없이 누군가가 싫을 때가 있지 않은가?

그것으로 끝이 아니었다. 바로 다음 날 아이아코카의 사무실을 잡동사니를 쌓아두는 창고에 마련해서 그를 추방해버리는데 이 부분이 상당히 중요하다. 즉, 창고로 추방당하는 치욕이 아니었다면 골프장에 가고 가족들과 여행을 다니며 한동안 휴식을 취했을 것이라고 자서전에 쓰고 있다. 결국, 분노한 그는 보름 만에 경쟁사인 크라이슬러 사장으로 옮겨가는데, 왜 오너들은 버리는 부하에게 창고 사무실을 주어서 망신을 주려고 할까? 감히 천하의 아이아코카와 비교할 수는 없지만, 똑같은 경험을 했던 필자는 그 당시 그가 느꼈을 좌절과 분노를 깊이 이해한다.

어쨌든 파산 직전의 크라이슬러로 옮겨간 그는 곧바로 회사를 살리는 일에 전력을 기울이는데 먼저 35명에 달하는 부사장급 임원 중 33명을 경질하고, 그가 일했던 포드 출신을 포함해 새로운 임원진을 구성하였다. 더불어 '1달러 연봉 선언'을 하면서 크라이슬러의 노동조합을 설득하여 2번이나 임금 삭감을 끌어냈으며 1980년 한 해에만 15,000명의 정규 직원을 해고한 뒤 유럽 지사도 매각하는 구조 조정을 단행하여 5억 달러에 달하는 비용 절감을 이루었다. 그리고 워싱턴 D.C.에 가서 상원, 하원 청문회에 불려 다니며 노력한 결과, 연방 정부로부터 15억 달러 규모의 융자금 보증을 얻어냈다. 그리고 당시의 시장 상황과 고객의 니즈를 고려한 신차들을 출시하면서 계속 히트를 기록했다.

이런 노력 끝에 1983년 여름, 상환 기한이 7년이나 남은 부채 15억 달러를 일시에 갚고 7억 달러의 순이익을 남기는 신화를 이루어 냈다. 5% 삭감했던 노동자 연봉도 원래 수준으로 돌려놓았고 해임했던 직원들 상당수도 다시 불러들였다.

이상이 파산 직전의 크라이슬러를 살려낸 기적을 이룩한 아이아코카의 스토리인데 필자가 말하는 리더십 이론에 의하면 그는 전형적 순수형(PS) 리더를 거쳐서 공유형(SO) 리더의 길을 걸어간 사람이라고 본다. 그러면 이제 우리의 주 관심사인 팽에 대해서 살펴보자. 아이아코카의 토사구팽에서 우리가 얻을 수 있는 교훈은 무엇인가? 그것은 자만(自慢)과 반성(反省)이라는 지극히 상반된 두 개념과 '덧없는 의리'이다.

첫째 자만은 대부분 팽당하는 순수형(PS) 리더들에게 나타나는 공통점이다. 항우를 없애면 그다음은 당신 차례라는 괴철의 말을 듣지 않고 '나만은 다르다'고 자만에 빠져 있다가 끝내 가마솥의 끓는 물에서 죽음을 맞이한 것이 2,000년 전 중국의 한신이다. 그런데 2,000년 후 미국의 아이아코카에게도 똑같이 그런 일이 일어난다. 자서전에 그가 직접 쓴 말을 인용해보자.

"내가 해고된 실제 이유는 내가 헨리에게 위협적인 존재였기 때문이다. 위협이 느껴지는 상황이 전개되면 헨리는 어김없이 2인자를 잘라냈다. 그의 눈에 2인자의 성공과 인기는 자신을 향해 돌격하려는 무리의 반란으로밖에 보이지 않았던 것이다. **그래도 나만은 다른 눈으로 보겠지**

하고 희망을 품은 것이 잘못이었다. 다른 사람보다 뛰어난 데다 운까지 좋았으니 나만은 다르겠지 생각한 게 잘못이었다. 반란의 주동자로 지목되어 내 목이 잘려나가는 일은 없으리라고 믿은 게 잘못이었다."

'나만은 다르다고 믿은 게 잘못'이라는 말이 무려 3번이나 연달아 나온다. 왜 그렇게 가슴을 치면서 자신을 질책했을까? 포드사에서 잘리기 이전에 잘나갈 때 수많은 회사에서 더 나은 조건으로 CEO 자리를 제의했는데도 자신이 있을 곳은 포드사밖에 없다고 철석같이 믿어서 다 거절했기 때문이다. 추락하는 것은 날개가 있다고 하지 않는가? 아무리 회사에서 잘나가는 사람이라도 높이 올라갈수록 항상 내려갈 때를 생각해야 한다. 나만은 다를 것이라는 자만에 사로잡혀 있다 보면 오너의 피붙이가 아닌 이상, 아니 피붙이라도 어느 날 갑자기 가슴을 치며 후회할 일이 생길 수 있다.

둘째, 반성은 아이아코카가 크라이슬러에서 인력 감축을 할 때 일어난다. 본인이 토사구팽이라는 절절한 아픔을 경험했기에 이번에는 거꾸로 당하는 사람들의 아픔을 생각해서 진지하게 일을 처리했다. 역시 자서전에서 그 부분을 살펴보자.

"높이 올라갈수록 떨어질 때의 충격은 큰 법이다. 나는 그 주 내내 한참을 떨어져야 했다. 땅에 닿을 때의 충격도 컸다. 나는 순식간에 예전에 내가 해고했던 사람들과 똑같은 입장에 놓이고 말았다. 포드에서 나온 후 몇 달이 지나지 않아 크라이슬러에서도 회사를 살려내야 한다는 일념으로 다시 수백 명의 임원을 해고해야 했다. 그래도 **쫓겨나야 한다는 게 얼마나 비참한지 배운 나는 최대한 배려해서 내보내려고 노력했다.** (중략) 살아남겠다는 투쟁에는 어두운 단면도 분명 있었다. 비용을 절감하기 위해 많은 사람을 해고해야만 했다. 승리는 했지만 전사한 아들은 돌아오지 못하는 그런 전쟁이었다. 고통도 많았다. 자식을 대학에서 중퇴시키고 술을 찾아 돌아다니고 이혼을 당하며 사람들의 생활은 파괴되어 갔다. 결국, 우리는 승리해 회사를 사수했지만 위대한 사람들의 희생을 대가로 치러야 했던 가슴 아픈 승리였다.”

　실제로 아이아코카는 임원들의 경우 일일이 해고를 직접 통보하면서 그래야만 하는 이유에 대해서 절절하게 설명하고 동의를 구했다고 한다. 그리고 본인도 한 해 동안 연봉을 1달러만 받기로 하면서 직원들의 연봉을 삭감했고 나중에 회사가 살아나고 나서는 모두 보전해줬으며 해고자들을 대거 복귀시켰다. 그는 순수형(PS) 리더로서 팽이라는 아픔을 겪었기에 나중에 일인자가 되었을 때 아랫사람의 고통을 진심으로 이해하는 공유형(SO) 리더로 발전한 것이다. 우리나라에서도 경기가 안 좋고 기업이 어려워지면 '칼바람이 분다'고 표현하면서 구조 조정이라는 이름으로 직원들을 내보낸다. 그러면서 살아남은 자들은 안도의 한숨을 쉬는데 이는 잘못이다. 회사가 살아남기 위해서 누군가가 희생되어야 하는 것은 맞다. 그러나 살아남은 자들은 모두 미안함을 느껴야 하며 특히 오너나 경영자는 자신도 먼저 연봉을 줄이는 등 희생을 감수해야 한다. 이것을 아이아코카는 '균등 희생'이라 불렀는데 우리에게는 왜 그런 공유형(SO) 리더가 없을까?

셋째, 덧없는 의리이다. 즉 권세가 있을 때는 다 그 앞에서 굽실대지만 오너가 버리기로 마음먹은 걸 아는 순간 대부분 등을 돌린다는 것이다. 아이아코카도 예외가 아니었다. 이제 마지막으로 그의 자서전 한 부분을 살펴보자.

"옛 친구들 모두 헨리의 도청을 겁내 전화도 하지 않았다. 모터쇼에서 얼굴을 보고도 모른 척하고 지나쳤다. 간간이 대담한 친구들이 내게 다가와 인사했다. 그러나 악수하는 장면을 기자들에게 들킬까 봐 재빨리 손을 빼고 사라졌다. 신문에 사진이라도 난다면 큰일 날 일이었겠지. 헨리가 사진을 보았다면 나 같은 천민에게 말을 걸어준 사람은 공개 처형이라도 했을 것이다. 어느 정도까지는 나도 이해할 수 있었다. 그러나 회사 친구들 대부분이 나를 저버렸다는 사실은 일생일대의 충격이었다."

필자도 회사에서 팽당할 때와 당한 뒤 어김없이 그런 일을 겪었다. 혼자서 점심을 먹으러 다녀야 했고 빈방에 책상 하나 놓고 온종일 앉아 있을 때 아무도 찾아주는 이 없었다. 그리고 그만둔 뒤에는 옛 부하의 아내한테서 먼저 전화가 걸려온 적이 있었는데 '회사에서 잘렸으면 창피한 줄을 알아야지, 왜 우리 남편을 만나서 술을 마시느냐'고 항의를 하는 게 아닌가? 그 전날 그 부하와 저녁에 만났기 때문이었다. 물론 몇몇 사람은 진심으로 위로하며 연락을 하기도 했는데, 어쨌든 사람이 한결같기란 참으로 어렵다는 것을 그때 절실히 느꼈다. 그리고 직장인 고민 상담을 하다 보면 동료들이 나서라고 하는데 총대를 메어야 하는지에 대한 질문을 해올 때가 있다. 즉 동료들이 '네가 나서면 뒤에서 우리가 받치겠다. 만약

불이익을 준다든지 하면 우리도 가만있지 않겠다'고 하는데, 나서야 하는
지를 묻는 것이다. 나서면 어떻게 될 것 같은가? 당신이 용감하게 상사
의 방문을 발길로 걷어차고 들어가면 동료들은 문에 귀를 바싹대고 동정
을 살핀다. 만약에 성공하고 나오면 '우리가 해냈다'고 환호하지만, 큰소
리가 나면서 당신이 호되게 당하거나 '당신 해고야!'라는 소리가 나오면
다들 천리만리 도망가서 숨어버린다. 그리고 당신이 비통한 눈물을 흘릴
때 술 한잔 사면서 '회사가 어찌 이럴 수 있느냐'고 분개하는 척해도 결코
동반 사직은 안 한다. 그러므로 **총대를 메고 나설 때는 당신의 의지로 해
야지, 동료들의 응원에 기대서 하는 것은 어리석은 처신이다.**

2019년에 개봉한 영화 〈포드 V 페라리〉에 보면 헨리 포드 2세와 아이
아코카가 나오는데 시대 배경이 1966년 르망 대회이니 이때는 아이아코
카가 자동차 트럭 부문 총괄 담당을 할 때의 일이다. 이때는 둘 사이가 좋
았으므로 영화에서는 별다른 갈등 장면이 나오지 않는다.

영화에는 캐롤 쉘비(맷 데이먼 분)가 켄 마일스(크리스천 베일 분)를 레
이서로 쓰기 위해 헨리 포드 2세(트레이시 레츠 분)를 경주용 차에 태우
고 시속 300km로 달리는 장면이 나오는데 필자의 눈에는 이게 명장면이
었다.

차를 세우고 나서 엉엉 우는 헨리에게 쉘비가 이렇게 말한다.

"아무나 타서 조종하는 차가 아닙니다."

그러자 헨리가 답한다.

"그래, 난 정말 몰랐다네. 정말 몰랐어."

이 장면이 눈에 밟힌 이유는 오너들이 아랫사람의 고통과 눈물을 직접 겪어보지 않고 말로만 안다고 하기 때문에 진정한 이해가 없는 것을 보여주기 때문이다. 아랫사람의 고통을 피부로 겪어봐서 안다면 어떻게 땅콩 때문에 비행기를 돌리고, 회의에서 물컵을 집어던지고, 직원의 따귀를 때리고, 소리를 지르며 쌍욕을 할 수 있겠는가?

인생이 행복하려면, 그 어떤 강물도 거부하지 않는 바다처럼
가슴 아픈 불행까지 받아들이는 큰 포용력을 지녀야 한다.

# 토사모에 답한다, 정직한 사람이 왜 당하는가?

이제 마지막으로, 프롤로그에서 이야기했던 K의 문제에 대해 생각해볼 차례이다. K의 이야기가 잘 생각나지 않는다면 프롤로그로 돌아가서 다시 한 번 읽어보기 바란다. 그가 도봉산에서 자살로 생을 마감하는 시발점이 된 그 사건, 즉 회사를 나오기 전 사장과 대판 싸우던 바로 그 현장에서 느꼈을 그의 감정이 중요하다. 그 감정이 질기게도 그를 붙잡고 놓아주지 않았기 때문에 결국 그가 그런 극단적 선택을 하게 된 것이다. 자 그러면 그 감정을 머리에 떠올리며 그에 관한 이야기를 해보자.

첫 번째 가장 큰 잘못은, 독점형 오너십(MO) 리더인 자기 사장을 공유형 오너십(SO) 리더로 잘못 본 것이다. 이는 본문에서 수없이 언급한 부분인데, 바로 한신과 같은 실수를 범한 것이다. 물론 그의 실력을 인정해준 점, 회사가 급성장하면서 파격적으로 30대에 이사로 승진시킨 점 등은 고마운 일이다. 따라서 사장을 믿을 수밖에 없었을 것이다. 그러나 곰곰이 생각해보라. 누구를 위해서 실력을 인정해줬고 누구를 위해서 파격적인 승진을 시켜줬을까? 사장은 어디까지나 사장 자신을 위해서 그의 실력을 알아보고 유용하게 잘 써먹은 것이다.

왜 그렇게 부정적으로만 보느냐고? 절대 그렇지 않다. 아무리 평소에 사장이 K한테 잘해줬더라도 연수복 원단을 바꿔치기한 사실을 공장장과 사장만 알고 K에게 속였다는 점은 이미 사장이 K를 사업의 진정한 파트너가 아닌 도구로만 봐왔다는 증거이다. 그러나 K는 그것을 무시했다. 그랬기 때문에 그 사실을 알았을 때 '아, 이 사장이 나를 믿지 않는구나. 내가 생각하는 그런 리더가 아니구나.'라고 생각을 고쳐먹기보다 '어떻게 당신이 이럴 수가?' 하면서 쳐들어간 것이다. **내 상사가 나에게 달콤하게 대해준다고 해서 그 사람이 지닌 본성까지 달콤하게 여겨서는 안 된다.** 그것이 나를 부려먹는 방편인지를 구분할 줄 알아야 한다. 그러나 K는 독야청청으로 이에 무관심한 순수형(PS) 리더였는데 그러면 아무리 잘나도 결국 당할 수밖에 없다.

두 번째 실수는 공장장을 끌고 사장실로 쳐들어가서 큰 소리로 항의한 것이다. 상사는 설령 자기가 잘못했더라도 그 사실에 대해 남들 앞에서, 특히 부하들 앞에서, 부하에 의해 공개적으로 비난받는 것을 죽기보다 싫어한다. 즉 위신을 중시한다는 것인데 K는 이를 여지없이 짓밟아 버렸다. 사장이 "강 이사, 거 좀 살살 이야기해요. 직원들 다 듣겠어."라고 다급하게 K를 만류한 것은 그 사실이 부하들에게 알려지는 것을 막고자 한 것이 아니다. 자신의 위신이 깎이는 것을 두려워한 것이다. 그래서 얼른 좋은 말로 입막음하려 했지만, 반대로 K는 여기서 한 발 더 나갔다. 즉 사장을 '사기꾼'이라고 몰아붙인 것이다. 물론 연수복 원단을 속였다는 사실로만 보면 사장은 '사기꾼'이 맞다. 그러나 이는 둘 사이에서만 그렇게 몰아붙여서 사과를 받아냈어야 할 일이다. 사장이 사과할지는 모르지만 말이다.

　여기서 필자는 맥아더의 실수를 생각한다. 왜 트루먼이 그렇게 꼭두새벽에 해임을 발표하면서까지 맥아더에게 망신을 주고자 했을까? 웨이크 섬에서 맥아더한테 공개 망신을 당했다고 여겼기 때문이다. 아무리 맥아더가 잘나고 위대하고 영웅이라도 트루먼은 대통령으로서 엄연한 그의 상사이다. **단 둘이 있을 때야 편안하게 친구처럼 굴든, 지가 위인 것처럼 행동하든 예쁘게 봐주겠지만, 적어도 많은 사람 앞에서는 그러면 안 되는 것이다.**

　세 번째, 홧김에 한 말이긴 하나 사장의 역할을 개무시한 게 결정적 실수이다. 바로 오너를 제쳐놓고 K 자신이 회사를 다 키웠다고 생각한 것이다. K가 소리 높여 "아니, 사장님 돈으로 월급 줍니까? 사장님이 옷 만듭니까? 저와 직원들이 옷 잘 만들어서 회사 이만큼 돌아가고 사장님도 돈 벌어가는 거 아닙니까?"라고 외쳤는데 사장이 듣기에는 '도대체 이게 웬 자다 봉창 두들기는 헛소리?'인 셈이다. 사장은 '내가 회사 키우고 내가 월급 다 주고 내가 노력해서 돈 벌어가는데?'라고 생각한다. 이런 심리를 베네펙턴스 현상이라고 하는데 여럿이 모여서 어떤 일을 성공시켰을 때 저마다 '내가 가장 크게 공헌했다'고 생각하는 것이다. 물론 저마다 그런 생각을 하는 것은 자유다. 그러나 나 혼자 다 했다고 생각하는 건 과장이요 그 당사자가 아랫사람이라면 오버를 넘어서 위험해지는 것이다. **큰일을 이루는 데에는 화려한 기술을 가진 실무 참모진이 능력을 발휘해서 크게 공헌하지만, 그 못지않게 중요한 것이 바로 오너십을 가진**

**리더의 역할이다.**

체 게바라가 왜 볼리비아에서 비참한 결말을 맞이했는가? 오너십 리더의 역할을 간과했기 때문이다. 전형적 순수형(PS) 리더인 그가 자신의 정체성을 잊어버리고 스스로 오너십 리더를 하려고 했으니 실패한 것이다. 모택동과 주은래의 예에서 보듯이 이런 이치를 정확히 인식하면 파트너 관계가 원만히 유지되지만, 참모가 '내가 다 했다'고 하는 순간 그는 위험해진다. 왜? 독점형(MO) 리더는 자기가 혼자 그 일을 다 했다고 생각하므로!

네 번째, 자신감이 너무 지나쳤다. 회사가 작을 때와 클 때의 상황은 여실히 다른데, 어떤 점이 가장 크게 다를까? 그것은 인재 공급량이 달라진다는 점이다. 즉 회사가 작을 때는 실력 있는 전문가를 데려오고자 해도 연봉이나 복지 등이 부족해서 어려움이 많지만, 회사가 커지면 실력 있는 인재들이 제 발로 찾아든다. 따라서 **나 아니면 이 회사 안 돌아갈 것**'이라는 생각은 하면 안 된다. 사장이 "잘한다, 잘한다 하니까 이제는 아주…"라고 말을 끝맺지 못한 부분이 있는데 그 뒷부분이 과연 무슨 말이었을까? 아마 '잘한다, 잘한다 하니까 이제는 아주 눈에 보이는 게 없구먼. 이 세상에 실력 있는 디자이너가 당신뿐인 줄 알아? 당신보다 더 잘하는 사람 많아! 이거 왜 이래?'라는 말이었을 것이다.

다섯 번째, 최악의 경우를 제대로 예측하지 못했다. 아니 더 정확히 말하면 제대로 예측하지 못한 것이 아니라 아예 아무런 생각도 없이 사장실로 쳐들어간 것이다. 앞에서 살펴본 조착은 그나마 삭번 정책을 쓰면 왕들이 반발할 것으로는 예상했지만 그 규모를 오판해서 결국 목숨을 잃었다. 그러나 K는 공장장이 원단을 속였다고 자백하는 순간 아무런 예측도 없이 뚜껑이 열려서 사장실로 바로 직행했다. 그는 사장실에 가서 원단을 왜 속이냐고 따지면 사장이 '미안하다. 다시는 그러지 않겠다. 이번만은 용서해달라'고 빌 것이라고 생각했을까? '내가 옷 잘 만들어서 회사 이만큼 돌아가고 사장님도 돈 벌어가는 거 아닙니까?'라고 하면 '그 점은 정말 고맙게 생각한다. 당신 덕에 내가 돈 많이 번다'고 머리를 조아릴 것이라고 생각했을까?

물론 후자는 그럴 수도 있다. 그러나 그것은 시무식이나 종무식 등의 행사에서 사장이 직원들에게 고마움을 표시하며 격려하는 뜻에서 하는 말이지, 공장장 멱살을 잡고 와서 왜 사장이 사기 치냐고 따지는 자리에서는 절대 나오지 않는 말이다. 결국 **잘못은 사장이 시작했지만, 자신의 운명을 막다른 골목으로 몰아넣은 것은 K 자신이다.** 그러면 K는 왜 절벽에서 몸을 던졌을까? 사장에 대한 집착 때문이다. 그날 강연에서 토사모 회원이 마지막에 던진 '왜 정직한 사람이 당해야 하는가? 나쁜 놈은 사장인데!'라는 질문 안에 K의 심정이 다 들어 있다. '나쁜 짓은 사장이 했는데 왜 내가 잘려야 하는가? 왜 나쁜 사람이 돈을 더 벌면서 정직한 나에게 적반하장으로 나가라고 큰소리치는가?' 모르긴 해도 K는 사장에 대한 복수도 생각했을 것이다. '회사와 공장에 확 불을 싸질러버릴까? 사장이 사는 집 근처 골목에 숨어 있다가 사장을 납치한 뒤 사과하지 않으면 죽이겠다고 협박을 해볼까?' 등등.

다음은 주요한의 시 「불놀이」의 일부 구절이다.

"어제도 아픈 발 끌면서 무덤에 가 보았더니 겨울에는 말랐던 꽃이 어느덧 피었더라마는, 사랑의 봄은 또 다시 안 돌아오는가, 차라리 속 시원히 오늘 밤 이 물 속에… 그러면 행여나 불쌍히 여겨줄 이나 있을까… 아아, 강물이 웃는다, 웃는다, 괴상한 웃음이다, 차디찬 강물이 껌껌한 하늘을 보고 웃는 웃음이다…"

시에 나오듯이 그렇게 목숨을 끊으면 직원들이, 사람들이, 세상이 K를 동정해주고 오너를 욕하지 않을까? 그러면 복수가 되지 않을까? 온갖 생각을 다 했을 것이다. 처음에는 그 사장만 밉다가 나중에는 점점 세상 모든 사람이 다 미워진다. 오랫동안 재취업이 안 되어서 고통을 받게 되면, '정의를 구현하려다가 잘린 사람을 왜 다른 회사 사장들은 등을 돌리는 것일까?'라고 생각하다가 더 나아가 '왜 세상이 이렇게 돌아가는 것일까? 왜 이렇게 썩어버린 것일까? 왜 정직하고 순수한 내가 설 땅이 없을까? 이런 세상 굳이 살아서 무엇 하나?' 생각하게 되고 마침내 '차라리 저 절벽에 몸을 던져서 나의 순수나 간직하리라.' 하게 되는 것이다.

이상의 모든 것을 한마디로 표현하면 K는 본인이 억울하게 당했다는 생각을 끝까지 버리지 못한 것이다. 앞에서 누누이 말했듯이 억울하면 이길 수 없다. 아무리 토사모 회원들과 어울려 등산하고 술을 마셔도 내면에서 억울한 생각을 버리지 못한 K는 남은 물론 자신도 이길 수 없었고, 삶이 행복할 수 없었기에 결국 비극으로 인생을 끝맺은 것이다.

# 바다는 결코 비에 젖지 않는다

요즘 대부분 직장인 사이에는 회사를 언제 때려치울지 고민하는 것이 대세라고 한다. 그만큼 살아가는 게 힘들다는 것이다. 그러나 절대 성급해서는 안 된다. 필자에게 들어오는 고민 상담 중에는 이전 회사로 돌아가고 싶다는 질문도 꽤 많기 때문이다. 저 멀리 보이는 곳이 아름다운 초원 같지만, 막상 가까이 가보면 그곳에도 역시 소똥 말똥이 다 널려 있다. 그래서 '인생은 멀리서 보면 희극이지만 가까이서 보면 비극이다.'라고 하는 것이다.

사람들은 대부분 반전을 꿈꾸며 산다. 그러나 반전을 꿈꾸면서 막상 용감하게 거사(擧事)를 감행하는 사람은 드물다. 현실에 밀려서 하루하루를 개미 쳇바퀴 돌 듯 살아간다. 필자도 꼭 그런 인생이었다. 날마다 회사에 목숨 걸고 쉼 없이 일하는 '회사 인간'이었다. 그러나 '고속승진을 했네, 30대에 이사를 달았네.'하고 자랑했는데 일진광풍이 불면서 토사구팽을 당하고 나니 모든 게 허무해졌다. 나에게 남은 것은 아무것도 없었다.

그러나 그런 나 자신에게 분노하고 판을 바꿔서 전혀 다른 세상에서 완전한 밑바닥을 경험하고 나니 토사구팽은 불행한 위기가 아니라 오히려 나를 일깨워준 절호의 기회였다. 만약 토사구팽이 없었다면 나는 우물 안 개구리처럼 그 회사를 인생의 전부로 알고 살았을 것이다. 그리고 날이면 날마다 오너 앞에 손바닥 비비며 하인 노릇을 했을 것이다. 그러나 이제는 모든 것이 달라졌다. 비록 돈을 크게 벌지 못해도, 대표이사 같은 높은 직함이 없어도 내가 내 삶의 주인이 되어 행복하게 산다. 그래서 나는 그 회사에서 잘린 것을 다행이라 생각한다!

이제 필자가 책에서, 방송에서, 강연에서 기회 있을 때마다 수없이 반복해서 하는 이야기를 들려주면서 이 책을 마치겠다. K가 살아 있을 때 이 이야기를 들려주지 못한 것이 못내 아쉽다.

한 사내가 여객선을 타고 가다가 풍랑을 만났고 배가 가라앉는 바람에 혼자 살아남아 바다에 표류하게 되었다. 널빤지를 붙잡고 몇 날 며칠을 흘러가던 그는 거의 초주검이 되었을 때 겨우 한 무인도에 닿았다. 열매를 따 먹고 흐르는 물을 마셔서 기운을 차린 그는 우선 거처할 집을 짓기 시작했다. 거의 일주일 걸려 엉성하지만 뱀과 독충을 피할 수 있는 2층집을 지었다. 그리고 드디어 불을 피울 차례가 되었다. 나무 막대를 손에서 피가 나도록 비벼 마침내 불씨를 얻었는데 검불로 옮겨 붙이는 순간 돌풍이 불면서 지어놓은 집 지붕으로 불씨가 튀더니 삽시간에 검은 연기를 내며 집이 홀랑 다 타버렸다. 사내는 하늘에 대고 주먹질을 하며 부르짖었다.

"하느님! 이건 너무하지 않습니까?"

그때였다. 수평선 저 멀리서 점 하나가 보였다. 그리고 점점 커지며 다가오는데 배였다. 마침내 바닷가에 도착한 배에서 보트가 내려지고, 선장이 모래사장을 지나 저벅저벅 다가오더니 사내에게 이렇게 물었다.

"이 무인도에서 구조해달라고 연기를 피운 사람이 당신이오?"

그렇다. 인생은 그런 것이다. 즉 하나의 끝은 하나의 시작일 뿐이다. 그리고 운명은 항상 내 편이다. 그 남자의 운명은, 집이 중요한 게 아니라 구조(救助)가 중요함을 알았기에 집을 태워서 배를 부른 것이다. 그런데도 그 남자가 그 사실을 몰랐기에 하늘에 대고 억울하다며 절규한 것이다. 내 운명이 왜 이리도 야박하냐고 말이다.

**바다는 결코 비에 젖지 않는다.** 그 이유는 비를 피하거나 거부하지 않고 받아들이기 때문이다. 세상에는 무수히 많은 시련이 있다. 그 시련을 원망하고 피하려 할수록 그 시련에 젖어서 주저앉게 된다. 시련은 내 운명이 더 나은 삶을 주기 위해 나에게 보내는 정찰병이다. 그러니 위축되지 말고 당당하게 나아가 가슴을 열고 받아들여라.

실패에 좌절하거나, 버려져서 괴로워하거나, 배신당해서 억울해하거나, 남들이 몰라줘서 고독한 사람이 있다면 절대로 절벽에 몸을 던지지 말고 때를 기다려라. 아무리 잘난 사람도 때가 이르지 않으면 몸을 일으키지 못한다. 현대는 너무나 각박하고 거친 세상이다. 필자는 새삼, 인내의 화신이었던 사마의를 생각한다. 그를 깊이 존경하지는 않지만 인생의 쓴맛을 참고 이겨낸 그의 삶에는 탄복한다. **실패를 모르는 탁월한 사람이 이기는 것이 아니라, 실패해도 다시 일어서는 질긴 사람이 이긴다는 사실을 명심하자.** 그러면 성공해서, 힘들었던 시절을 옛날이야기라고 하면서 웃을 날이 반드시 온다!